职业教育研究成果

中高职课程衔接体系建构

谭强 著

中国轻工业出版社

图书在版编目（CIP）数据

中高职课程衔接体系建构/谭强著. —北京：中国轻工业出版社，2020.6

ISBN 978-7-5184-2960-8

Ⅰ.①中… Ⅱ.①谭… Ⅲ.①职业教育-课程-教学研究 Ⅳ.①G712.3

中国版本图书馆 CIP 数据核字（2020）第 059361 号

责任编辑：贾 磊　　责任终审：劳国强　　封面设计：锋尚设计
版式设计：王超男　　责任校对：晋 洁　　责任监印：张 可

出版发行：中国轻工业出版社（北京东长安街6号，邮编：100740）

印　　刷：三河市国英印务有限公司

经　　销：各地新华书店

版　　次：2020年6月第1版第1次印刷

开　　本：720×1000　1/16　印张：13.5

字　　数：260千字

书　　号：ISBN 978-7-5184-2960-8　定价：98.00元

邮购电话：010-65241695

发行电话：010-85119835　传真：85113293

网　　址：http://www.chlip.com.cn

Email：club@chlip.com.cn

如发现图书残缺请与我社邮购联系调换

191273Y1X101HBW

本书为贵州省重点学科"教育学"项目——《基于现代职业教育体系的中高职课程衔接研究》阶段性建设成果（黔学位办〔2017〕11号）、贵州省一流师资团队"小学教育专业教学团队"阶段性建设成果（黔教高发〔2017〕158号）、黔南民族师范学院一流学科"教育学"阶段性建设成果（院政发〔2019〕25号）和黔南民族师范学院民族教育研究院建设的阶段性成果之一。

序

FOREWORD

建设教育强国是中华民族伟大复兴的基础工程。加快发展现代职业教育是党中央、国务院做出的重大战略决策。深化教育改革，加快推进教育现代化，办好人民满意的教育是中国特色社会主义进入新时代的重要历史使命。《现代职业教育体系建设规划（2014—2020年）》指出："牢固确立职业教育在国家人才培养体系中的重要位置，到2020年，形成适应发展需求、产教深度融合、中职高职衔接、职业教育与普通教育相互沟通，体现终身教育理念，具有中国特色、世界水平的现代职业教育体系。"

改革开放以来，我国职业教育改革发展取得了巨大成就，中高等职业教育快速发展，职业院校基础能力显著提高，产教结合、校企合作不断深入，行业企业参与不断加强，中高职衔接呈现良好势头。但是，我国中高职课程衔接实践中的脱节、断层或重复等现实问题在课程培养目标、课程标准建设、课程内容选择、课程教学实施、人才培养模式与评价等方面的问题仍然突出，这些问题严重影响了我国现代职业教育体系建设的步伐，它们是制约职业教育人才培养质量提高的重要因素。能否构建层次分明、连贯一体的中高职课程衔接体系关系到我国现代职业教育体系建设的顺利进行。

本书从现代职业教育体系的视角出发，综合运用多种教育科学研究方法，对我国中高职课程衔接的现实状况进行深入调查，从课程目标、课程内容、课程实施和课程评价四个维度对中高职课程衔接理论与实践进行了多角度、多方位的系统分析。分析结果发现，中高职课程衔接体现了我国职业教育相关政策的历史诉求，贯穿了我国从构建职业教育体系到构建现代职业教育体系，再到构建与完善现代职业教育体系的职业教育改革发展全过程，体现了从构建中高职衔接体系到构建中高职课程衔接体系的实践必然选择。具体内容从课程的结构要素、基本特征和价值功能出发，根据中高职课程衔接的理论依据与实践诉求，提出了我国中高职课程衔接的理论框架；从现代课程理论出发，根据中高职课程衔接现状与概念模型进行对比的结果，提出了在我国现代职业教育体系下中高职课程衔接的原则、技术线路、主要内容和保障措施等对策建议。

目前，我国中高等职业教育协调发展的人才培养模式改革取得了明显成效，各地逐步形成了各具特色的课程衔接模式。未来实施中职教育、高职教育与应用型本科及专业硕士研究生教育的课程有效衔接必然需要进一步开展科学调查与研究。职业教育体系现代化是中国教育体系现代化的重要组成部分，中高职课程衔接研究是职业教育现代化的关键环节，因此本书具有一定的理论与实践价值，也可作为未来教育科学研究的参考资料，对教育行政部门和一线教育实践工作者也有所裨益。

本书是在吸收了近50所中高职院校与20多位一线教育实践工作者3~5年的教育实践研究成果的基础上完成的，实属难能可贵，来之不易。当然，还有许多需要进一步反思与完善的方面。希望作者不忘初心，在未来教育科学研究之路上，实践黔南民族师范学院民族性、地区性、师范性与应用型之理念，扎根黔南民族地区，关注贵州民族地区青少年未来发展，开拓创新，继续前行。

崔延强

2020年3月

崔延强　博士，教授，博士生导师，西南大学副校长、研究生院院长；致力于马克思主义理论的教学与研究；系重庆市首届学术技术带头人、重庆市"五个一"文化宣传人才，全国哲学专业教学指导委员会委员、全国教育专业学位教学指导委员会委员。

目 录
CONTENTS

第一章　绪论 ··· 1
　　第一节　我国中高职课程存在的问题 ································ 1
　　第二节　我国中高职课程衔接研究现状 ····························· 7
　　第三节　中高职课程衔接相关概念 ··································· 21
　　第四节　中高职课程衔接探索的理论基础 ·························· 27
　　第五节　中高职课程衔接体系研究的设计 ·························· 34
　　第六节　中高职课程衔接研究的意义与特色 ······················· 43

第二章　中高职课程衔接的理论分析 ······································ 45
　　第一节　课程结构与中高职课程特征 ······························· 45
　　第二节　中高职课程衔接的理论与实践诉求 ······················· 55
　　第三节　中高职课程衔接的理论框架 ································ 67

第三章　中高职课程衔接的基本现状调查与分析 ······················ 78
　　第一节　中高职课程衔接现状调查设计与实施 ···················· 78
　　第二节　中高职课程衔接调查结果统计分析 ······················· 85
　　第三节　中高职课程衔接问题表征分析 ····························· 95

第四章　中高职课程衔接的个案调查与分析 ···························· 107
　　第一节　个案情境描述 ·· 107
　　第二节　个案现状调查 ·· 109
　　第三节　个案相关系统的根定义和概念模型建构 ················· 116
　　第四节　比较与变革 ··· 118

第五章　中高职课程衔接问题的归因分析 ······························· 122
　　第一节　理念变革分析 ·· 122
　　第二节　顶层设计分析 ·· 124
　　第三节　教育制度分析 ·· 128
　　第四节　办学定位分析 ·· 131

第六章 中高职课程衔接的理念与思路变革 135
第一节 普通性与职业性 135
第二节 补充性与主流化 136
第三节 由宏观走向微观 138
第四节 由凌乱走向系统 140

第七章 中高职教育课程衔接的系统建构 144
第一节 基本原则:忠实体现现代职业教育体系的基本内涵 144
第二节 技术路径:构建符合职业教育特点的课程衔接模式 149
第三节 内容设计:构建层次显著连贯一体的课程体系 162
第四节 保障措施:建立政府主导与多元参与相结合的机制 168

第八章 中高职课程衔接探索的反思 175
第一节 中高职课程衔接探索结果总结 175
第二节 中高职课程衔接探索中的主要问题 177
第三节 进一步探索中高职课程衔接问题的建议 178

附录 180
附录一 中高职课程衔接高职院校教师调查问卷 180
附录二 中高职课程衔接中职院校教师调查问卷 184
附录三 中高职课程衔接现状调查问卷(高职学生) 188
附录四 中高职课程衔接现状调查问卷(中职学生) 194
附录五 中高职课程衔接访谈提纲 200

参考文献 206
后记 208

第一章 绪　　论

第一节　我国中高职课程存在的问题

一、我国职业教育的"三不两难"困境

教育的水平和质量是社会文明发展程度的一个重要标志。人类发展实践证明：教育水平越高，社会文明程度越高；社会文明程度越高，教育重视程度越高。今天，在房地产总体市场低迷的情况下，全国各地"学区房"却非常火爆，供不应求，由此可见我国老百姓对子女的教育重视程度。

那么，我国教育是否就得到了全体民众重视？教育是否全面火爆了呢？目前，我国教育领域却出现"冰火"两重天现象，即普通教育"火"，职业教育"冰"。这种"冰火"两重天现象由来已久，随着生源逐年下降，这种现象越来越严重，矛盾越来越突出。所谓"火"，就是指普通高中教育的"火爆"情景，每一个初中毕业学生都希望选择普通高中，如果有一个不选，那就是他中考成绩没有达到普通高中的分数线，学生家长千方百计也要把子女安排进普通高中的大门。与普通高中"火爆"情景截然相反，中职学校招生可谓"冰冷"和"残酷"，陷入"三不两难"的困境。一方面，学生和家长对中职学校态度"冰冷"，坚决抵制到中职学校就读；另一方面，各级各类中职学校（包括：公办、民办；县级、市级、省部级；技工学校、职业高中、普通中专）为争夺生源上演了一幕幕精彩荒诞的招生大剧。

为什么会出现"冰火"两重天的现象？为什么普通高中会有如此的吸引力？为什么中职学校陷入如此的尴尬局面？这些问题直接导致我国职业教育陷入这种"三不两难"的困境，即家长不愿送学生上中职，学生不愿进中职，企业不愿用中职，中职学校招生难，中职学生就业难。

经调查发现，学生和家长都有一个梦——希望以后有机会能接受高等教育。读普通高中可以有机会实现，读中职学校就几乎不可能。简单地说，就是有没有一个升学机会的问题。

怎样才能改变这种现象？我们为改变这种现象已做了哪些事情？问题解决了吗？核心问题在哪里？

要解决这个问题，那就是要给中职学生提供一个可能的升学机会。政府出台了一系列的重视职业教育发展的规划、政策和措施，如鼓励和开展职业教育科学研究，提供奖励和减免职业教育学生费用政策（生活费资助、学费减免等），提高职业教育办学能力建设，提高职业教育师资水平，试行中高职衔接（对口升学、单招单考、五年高职、注册入学等），校企合作，提出建设现代职业教育体系规划，提出两类高考，提出地方本科院校转型等。当然，这些政策和措施，在一定程度上起到了积极的作用，是不是就能够解决全部问题呢？

一般来说，教育系统由职业教育系统与普通教育系统共同组成，职业教育和普通教育是不同类型的两种平行的教育类型或者类别，普通教育是一个完整系统，职业教育也是一个完整系统。目前，我国普通教育系统基本上已构成了从初级教育到高中教育、大专、本科、硕士、博士的层次结构完整的教育体系，但职业教育尚未形成一个完整体系。虽然我国在完善现代职业教育体系建设方面取得了显著成绩，如在政策和终身教育理念、基本框架、外部产业适应性、专业设置、中高职协调发展和体系建设的目标等方面，但是，在理论研究与实践探索方面仍然存在诸多问题。关键问题是我国中高职课程衔接体系尚未真正形成，严重制约了人才成长通道的建设步伐。

中高职课程衔接体系的核心是课程衔接。课程是人才培养的核心要素，推进中高职课程的衔接，是实现中高职衔接的根本保障。对当前中高职课程衔接的基本现状进行调查，对存在的问题进行分析研究，加快中高职课程衔接体系建设，创新技能人才培养模式，不断提高职业教育整体吸引力，对于满足社会对教育的不同需求、满足社会经济发展对各种技能人才的需求和现代职业教育体系建设等具有非常重大和深远的现实意义。

二、研究中高职课程衔接的意义

中高职课程衔接是现代职业教育体系建设的重要内容。我国要实现完善现代职业教育体系的宏伟目标就必须首先促进中高职协调发展，要实现中高职协调发展就必须实现中高职课程有效衔接。所以，中高职课程衔接是现代职业教育体系完善的重要内容，是现代职业教育体系构建的关键环节，是关系高等职业教育的巩固发展和我国职业教育整体吸引力有效提升的焦点问题。

（一）现代职业教育体系构建的基础要素

现代职业教育体系的基本特点就是中等职业教育与高等职业教育两个层次之间的相互衔接与协调发展。中高职课程衔接是中高职衔接的核心内容。课程是人才培养的核心要素，推进中高职课程的衔接，是实现中高职衔接的根本保障。当前，我国现代职业教育体系建设正处于全面推进时期，深入研究中高职课程衔接问题，变革技术技能人才系统培养的课程及体系，加快中高职课程衔接体系建设，创新技能人才培养模式，不断提高职业教育的社会地位和整体吸引力，对于满足人们大众对教育的不同需求、满足社会经济发展对各种技能人才的需求具有重要的理论研究和实践探索指导意义。

构建中高职课程衔接体系是加快推进职业教育改革的紧迫任务。职业教育变革的核心内容就是课程改革，课程在职业教育系统中位于核心地位。对于教师来说，它是教师各种的蓝本、评价的依据；对于学生来说，它就是家长为学生购买的看得见的服务产品；对于国家和职业院校来说，它是实现教育目的和培养目标，实施教学计划和教育考核的基本载体和重要条件。20世纪80年代以来，我国现代职业教育体系建设工作在各个方面取得了显著成效，职业教育层次和专业结构不断完善，中高职教育统筹发展的格局基本形成。但是，职业教育在课程教学衔接方面出现基础课脱节、目标断层和实践课程疏离等问题，这些问题严重制约了职业教育系统内部中高职两个层次的协调发展，严重影响了我国现代职业教育体系建设进一步深化。因此，推进中高职课程衔接体系建设已成为我国当前职业教育深化改革中必须抓紧的重要任务，必须抓实的核心环节，必须首先落实的职业教育基础科研课题。

（二）我国现代职业教育体系构建的关键环节

在国家政策法规上，确立了中高职衔接是现代职业教育体系构建的关键地位。1985年至今，教育部先后制定和颁布了一系列政策法规，规定构建中高职教育课程衔接的职业教育体系的发展目标，指明了中国当代职业教育发展的方向，中高职课程衔接的实践和理论有了政策前提。1985年，中共中央在教育体制改革方面要求，高等职业教育招生应该优先和对口招收中职毕业学生。这不仅为中等职业教育和高等职业教育的衔接提供了最有力的政策依据，也开始推动了我国职业教育体系的建设步伐。1996年第八届全国人民代表大会常务委员会第十九次会议通过的《职业教育法》第十二条规定，我国职业学校教育分别由初等职业学校教育、中等职业学校教育和高等职业学校教育组成。

1997年，国家教委下达了关于高等职业院校招收应届中等职业学校毕业生进入高等职业院校学习的相关通知，并决定在北京等10个省、市进行试点。教育部在2001年提出"大力发展我国高中阶段的职业教育，到2005年至少15%的中等职业学校毕业学生可以进一步升入高等职业院校学习"。国务院在2002年为高职发展提出了战略性发展思路，教育部再次强调：提高中职毕业生的升学百分比，适当提高高职专科毕业生升入本科大学的百分比；初中五年制高职大专适度发展。在2010年国家教育发展纲要进一步对"完善中国特色社会主义现代教育体系""推进课程内容和职业标准衔接""构建职教课程衔接体系"提出明确指示。

（三）有效提升我国职业教育整体吸引力的焦点问题

长期以来，中等职业教育在我国被视为"终点教育""断头教育""二流教育""末等教育""无奈选择"的教育。对学生和家长没有吸引力可言。如果选择中等职业教育的学生，也可以与选择普通高中教育的学生一样，毕业后可以升入普通高等教育机构（大学），接受普通高等教育，那么学生和家长也许就会主动选择接受中等职业教育，只有这样才能有效提升中等职业教育的吸引力。解决这一问题的关键就在于中高职课程衔接问题的有效解决。

改革开放以来，我国职业教育得到前所未有的高速发展。在职业教育发展方面，虽然国务院出台了一系列积极鼓励与引导的政策与措施，职业教育院校的数量和在校生的规模得到快速发展，但是学生不想读职校，中职招生困难仍然存在。原因有很多，以重庆为例，2012年重庆市教育委员会和重庆市职教学会针对中职学校招生问题进行了调研，调研历时一个半月，对学生及其家长开展了542人次的问卷调查，组织了近20余次各类座谈会，参与调查调研的各级各类职业院校23所。调研通过对参加调查196人家长进行问卷调查，有94%的家长认为只要家庭经济条件能够支撑，家长还是希望小孩就读普通高中。家长和学生传统成才观念根深蒂固，家长和学生始终认为"只有上大学才能成才，才能在社会上立足，才能找到好工作"，而对中等职业教育不屑一顾。也就是说，如果条件允许，学生和家长都希望接受高等教育，认为要有机会读大学必须读普通高中，读中职学校则没有机会。目前在中职学校读书的学生，其中大部分人做出的是无奈选择。

当今世界科学技术日新月异，产业机构不断加速转型升级，社会经济发展对各种技术技能人才层次和规格需求提出了新的要求，职业教育到了不得不改革的关键时期。如果能把中高职衔接通道有效贯通，职业教育与普通高中一样，读中职学校也可以有机会接受高等职业教育，我国职业教育整体吸引力必然上升。

（四）巩固和发展高等职业教育的核心问题

在制约我国高等职业教育发展的众多因素中，生源问题是一个核心问题。没有生源，就没有职业教育的发展壮大。如果有效解决了中高职衔接，中职毕业生成为高职院校重要的生源之一，那么高职院校才能稳定发展，高等职业教育才能壮大。在高考生源持续下降和录取比例不断增长的情况下，生源危机已经影响到了高职院校的招生计划，部分高校将因生源枯竭面临严峻生存危机。虽然2015年全国普通高校招生报名总数约为942万人，比2014年增加3万人左右，但是部分地区生源仍然严峻，人数逐年下降，一年比一年减少。湖北省普通高考报名2015年为36.84万人，比去年减少约3万，比2010年减少12.36万。2014年40.27万，2013年43.8万，2012年45.7万，2011年48.47万，2010年49.2万。

高考生源持续下降，生源危机直接冲击到高职院校的招生。据全国各地教育考试院公布的高考录取情况显示，2010年起，虽然省市高职专科录取线已降到180分以下，其中上海2015年高职专科录取线144分，但在全国有相当数量高职院校普遍存在三个录取批次无人填报的记录。一方面，高考报名人数逐年减少；另一方面，高等教育不断追求规模效益。高等职业院校招生对象主要面向普通高中毕业生，而大部分中等职业学校毕业生升学空间被压缩。除了高等职业教育提高人才教学培养质量等因素外，可能打通中高职衔接这一通道才是今后必然的选择。

三、运用软系统方法论研究中高职课程衔接的原因

教育是职业教育系统和普通教育系统组成的一个庞大生态系统。职业教育系统是教育系统的二级子系统，它是中等职业教育系统和高等职业教育系统组成。没有中高职业教育衔接和协调发展，就没有现代职业教育体系。所以，中高职业教育衔接研究必须在现代职业教育体系下进行，否则容易走上片面的机械论。

中高职课程衔接不是简单的课程或院校衔接，而是职业教育体系内部的系统衔接。如同在全国统一的交通规划体系内的高速路规划建设，而不是简单的几个城市或道路的连接。中高职课程衔接是现代职业教育体系建设的关键着力点，中高职课程衔接也应该和必须符合现代职业教育体系要求进行衔接，这是一个系统工程，而不是简单的为了衔接而衔接。所以，研究中高职课程衔接必须以现代职业教育体系为指南和准则，必须站在一

个完整系统的全域视觉去研究它，必须符合现代职业教育体系建设的系统要求和整体目标。

中高职课程衔接既然是一个独立系统，就应该用系统论方法去研究它。系统方法论分为硬系统方法论（HSM）和软系统方法论（SSM）两种。硬系统方法论主要用于研究目标明确、结构清楚、边界清晰的问题，常常采用数学建模的研究方式，多见于研究自然科学、理工科类的课题。在人文社科领域，而对于具有相反特点的问题，由于不同的人世界观不同，利益相关不同，无法采用硬系统方法论的数学模式解决，后来的软系统方法论就是针对此类问题而诞生的研究技术工具。

中高职课程衔接问题具有的特征完全符合采用软系统方法论研究（解决）的问题独特特征。一是政府部门和中高职院校是中高职课程衔接的主体，由于价值的多元性和事物的复杂性，不同主体的不同目标追求，所以对中高职课程衔接问题的解决方式，解决问题目标的价值标准没有统一的模式，具有边界模糊、难以定义的特点。严格地说，只能算是一种愿望。政府部门或中高职院校的决策者们注意到完善现代职业教育体系可以通过优化中高职课程衔接系统的方式来解决，便希望通过中高职课程衔接系统优化来实现或促进我国现代职业教育改革的良好愿景。二是中高职课程衔接的问题结构性差。中高职课程衔接问题解决目标因每个课程、地区或者院校有着各自的特点而无法统一或者统一明确，更无法用统一的具体的数学模型来描述或者定义，所以问题的结构不可能是固定的。三是中高职课程衔接目标必须满足多方的要求。中高职课程衔接的主体分别由各级教育行政部门、中等职业教育学校、高等职业教育院校、中等职业教育学校教师、高等职业教育院校教师、中等职业教育学校学生、高等职业教育院校学生组成。各方主体对中高职课程衔接的目标不可能完全一致，有时甚至可能方向是相反的。四是中高职课程衔接无法得到一个一劳永逸的最终的最优的完善的操作模式或者答案，现代职业教育体系下的中高职课程衔接体系架构需要在职业教育实践中不断验证、修订、比较、优化。五是中高职课程衔接之所以属于软系统方法论解决的问题，主要是人们的生活环境、工作经历、社会观念、价值观念不同，对同一问题的理解和认识不同，分析问题和解决问题的方式不同，达到的目标不同。

综上所述，软系统方法论的"现实世界"和"系统思维"将中高职课程衔接现实世界中存在的衔接问题按照理论世界中理想的概念假设来考察，以提出可行的、合乎需要的措施来改善中高职课程衔接现实世界中的问题，使得设计模型更具可行性、合理性。因此，软系统方法论是现代职业教育体系下中高职课程衔接问题较为合适的研究技术工具选择。

第二节 我国中高职课程衔接研究现状

教育科学研究，目的就是要提出教育问题、分析教育问题和解决教育问题，从而找出教育的特殊规律。中高职衔接问题是我国现代职业教育体系建设的关键因素。中高职衔接研究情况如何，不仅在某种程度上代表着我国职业教育的研究状况，也反映着我国职业教育发展与改革情况。下面对刊载在中国知网（CNKI）上的关于现代职业教育体系、中高职衔接研究和中高职课程衔接的文章进行文献计量分析，了解当代中高职衔接领域的研究概况，从宏观研究到微观的视角来分析中国职业教育发展情况，并试图从中揭示我国中高职课程衔接的发展方向。

一、现代职业教育体系研究现状

在Elsevier SDOL资源总库中进行标准检索，以关键词"the modern vocational education system"为主题检索，检索结果为515条文献；在中国知网资源总库中进行标准检索，以关键词"现代职业教育体系"为主题精确检索，检索结果为780条文献；以关键词"现代职业教育体系"为篇名精确进一步检索，检索结果有207条文献，年度文献数量分布如图1-1所示。

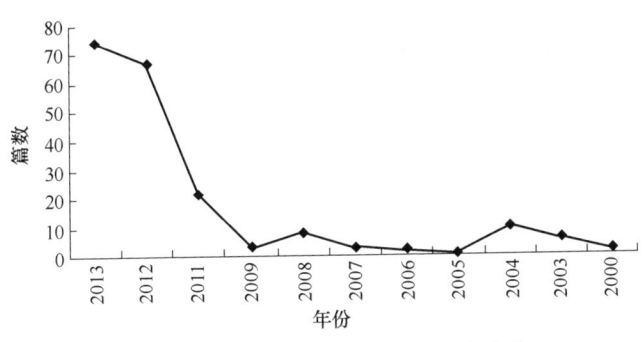

图1-1 现代职业教育体系文献数量年度分布

其中中国期刊全文数据库199条，重要报纸49条数据、博士学位论文0条数据、重要会议论文6条数据、硕士学位论文2条、国际会议论文0条。以关键词"现代职业教育体系"为篇名且包含"中高职衔接"精确检索，检索结果有1条文献（以上文献检索时间截至2015年9月25日）。

20世纪80年代以来，现代职业教育体系建设逐渐变为研究职业教育的重要内容和关键主题。数量方面，我国在这一方面的研究经历了一个由从无到有、由少到多的快速增长过程（图1-1）。从现有的文献中发现，关于现代职业教育体系的文献研究内容主要有：第一，现代职教体系的内涵问题；第二，建设现代职业教育体系目的和原因；第三，建设现代职业教育体系的途径和方式。

（一）现代职业教育体系的内涵问题

现代职业教育体系的内涵（或定义）随着社会发展而发展，它不是一个固定不变的概念或名称。从国家政策文献资料我们看出：改革开放以来，我国职业教育发展的主要问题之一就是在我国建立现代职业教育体系，完善国家教育体系和层次。现代职业教育体系首先是作为我国的一个教育政策性概念出现的。1985年，党中央做出对我国教育体制进行改革的决定时，对现代职教体系的建设提出了初步要求，到1996年，我国《职业教育法》有了更加清晰的相关规定，全国各个地方要根据本地社会发展和教育发展的实际情况，开展对初中教育后阶段的学生分流到相应的中职学校。通过这种方式，逐渐使职业教育与普通教育相互沟通和协调发展，在此基础上，不断形成新的现代的职教体系。到2002年，国务院明确提出，初步建立满足社会发展需要的现代职业教育体系。21世纪初期，国家在职业教育发展相关文件中提出，不断把我国职业教育体系进一步完善，建设成为具有符合中国国情和现代特色的职业教育体系，建设目标和内容在2010—2020年的中长期规划纲要中得到进一步明确。

此外，部分专家和学者们在职业教育规律与本质、现代职业教育体系系统特征、社会特征、时代特征、主体特征、类型特征等方面做了大量的论述。如姜大源的《现代职业教育体系构建的理性追问》、蒋旋新等的《中国特色现代职业教育体系内涵与特征研究》、欧阳育良等的《论我国现代职业教育体系的构建》、唐高华的《基于大职业教育理念的现代职业教育体系构建》、周建松的《关于全面构建现代职业教育体系的思考》、张振元的《"现代职业教育体系"命题探析》。

（二）建设现代职业教育体系目的和原因

目前，虽然我国职业教育体系建设在政策和终身教育理念、基本框架、外部产业适应性、专业设置、中高职协调发展和等方面取得了令人瞩目的成效，但是仍然存在诸多问题。很多学者纷纷指出了当前我国职业教育体系存在的问题。范唯等认为，我国职教体系建设虽然在许多方面取得一定的成效，但是也存在许多不容忽视的问题，他们在肯定我国职业教育体系取得显著成绩的基础上，指出了当前职业教育体系存在的主要问题：

第一，系统比较封闭，与其他相关教育系统缺乏互通，职业教育体系结构完整性差，职业院校管理不清晰；第二，社会观念认识不到位，孤立地看待现代职业教育体系，由于角度与观念不同，对现代职业教育体系理解存在许多误区；第三，中职学校毕业的学生进一步升入高一级学校机会渺茫，中等职业教育毕业生缺乏继续学习路径不畅；第四，国家政府财政支持力度不足，基础能力建设滞后，职业院校教师科研能力不足，教育教学研究体制不健全，缺乏积极性和活力；第五，国家政策环境制约，职业教育政策法规滞后，保障力度不够。欧阳育良指出，传统的职业教育体系存在以下几个问题：首先，教育规模不对称，政府部门条块分割；其次，职业教育体系没有明确的功能定位，严重与现实社会实际分离；最后，职业教育没有形成对立的教育类型，系统内部中高职各层次缺乏有效衔接。

（三）建设现代职业教育体系的途径和方式

怎样建设现代职业教育体系？建设目标是什么？建设内容有哪些？建设方法和途径？如何保障体系建设？文献资料对以上问题进行了研究和探讨。总体来看，研究重点有三个方面的内容。第一，宏观层面，相关政策措施的制定研究。第二，中观层面，职业教育体系与其他社会子系统的相互关系研究。例如，有的学者提出模仿德国、美国等发达国家的职业教育制度进行建设。第三，微观层面，职业教育内部的职业学校办学理念、专业设置、课程与教育教学改革、教育质量评估等问题研究。

研究者基于不同视角，提出诸多建议，并无完全统一意见。蒋旋新等的《中国特色现代职业教育体系构建与发展的背景、原则与目标研究》对结构系统性、特色定位、现代性、功能完备、体现教育终身性、社会适应性和国际开放性等方面进行了论述。徐涵的《关于我国现代职业教育体系的构想》论述了现代职业教育体系应该提供多样化的服务。张振元的《"现代职业教育体系"命题探析》从系统论视角出发，论述了"现代学校体系、培训体系、成绩评价体系、教育环境的构建设计"。唐高华的《基于大职业教育理念的现代职业教育体系构建》从大职业教育视角出发，论述了职业教育的"全面性、全民性、全程性、全贯性、完备性"。陈效民等的《质量保障视野下现代职业教育体系的构建》从质量保障角度出发，提出了"整体思维、信息化、质量反馈、师生对话机制"质量保障体系建设。

二、中高职教育衔接研究现状

在 Elsevier SDOL 资源总库中进行标准检索，以关键词"Connection between Secondary and Higher Vocational Education"为主题检索，检索结果为 3158 条文献；在中国知网中进行标准检索，以关键词"中高职衔接"为主题精确检索，检索结果为 509 条文献；以关键词"中高职衔接"为篇名精确进一步检索，检索结果有 177 条文献，年度文献数量分布如图 1-2 所示。

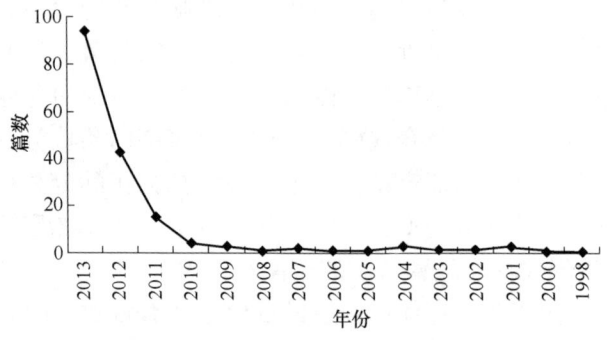

图 1-2　中高职衔接文献数量年度分布

其中，期刊全文数据 174 条、报纸 10 条数据、博士论文数据 1 条、国际会议论文 0 条、硕士学位论文 4 条、重要会议论文 0 条；以关键词"中高职教育衔接"为篇名精确检索，检索结果有 59 条文献（文献检索时间截至 2015 年 1 月 26 日）。

从 20 世纪 80 年代以来，我国专家学者对中高职衔接的研究与实际探索经历了由少到多、由浅到深、由分散到集中、由形式到内涵的发展过程，取得了阶段性成果。总的来说，主要在以下方面的研究：中高职衔接的必要性；中高职衔接模式；中高职衔接方法；中高职衔接内容；中高职衔接的政策；国外中高职衔接研究等。虽然研究者角度不同，研究意见各异，但在中高职衔接必须体现终身教育理念、适应社会需求、个人发展和实现课程衔接等方面表现了高度一致。

（一）中高职衔接的必要性

朱雪梅认为，"学生在中职阶段的学习就是为进一步升入高职作准备，高等职业教育发展是以中等职业教育的发展为基础条件。一方面，如果失去了中等职业教育这个基石，高等职业教育就无从谈起；另一方面，如果缺少高等职业教育层次，中等职业教育就没有发展方向，必然失去前进的动力和源泉。"高永平认为，"中高职衔接首先是经济发展的客观要求，其次是社会发展要求，再次是高等教育大众化需求，第四是我国现代职业教育体系建设的必然要求。"刘荣才则认为，"中高职衔接的目的：一是我国职业教育改革的需要,二是进一步完善和调整我国职业教育系统结构,三是充分利用教育资源达到最大优化程度,四是构建我国现代职业教育体系的现实需求。"刘春生等提出了中等职业教育与高等职业教育之间衔接的理论依据:"一是心理学依据,认为中高职衔接符合人的成长和发展规律;二是经济学依据,认为中高职衔接符合经济学原理和原则;三是现代教育学依据,认为中高职衔接符合搭建终身教育的平台。"

(二) 国内中高职衔接的模式和方法

我国中高职衔接从20世纪80年代以来,由萌芽初期,经过慢速发展到今天的快速增长,衔接模式从灵活学制模式、对口升学模式到今天的以五年高职和单招单考模式为主的发展,我国关于中等职业教育与高等职业教育之间的衔接的研究成果也逐渐升温。刘育锋在她的《论我国中高职衔接的模式》对我国中等职业教育与高等职业教育之间的衔接模式作了比较全面的论述,并做出了形式和内涵两种模式判断。根据我国中高职衔接方法,具体有五种模式:五年一贯制模式;五年分段模式;对口升学模式;单招单考模式;灵活学制模式。如表1-1所示。

表1-1　　　　　　　　　　我国中高职衔接模式类型

衔接模式	分段时间	具 体 内 容
五年一贯制模式	三年中职 两年高职	在一所高职院校内部独立完成的。由高职院校直接招收初中毕业生入学,前三年按中专教学计划实施教育,然后按三年的学业成绩和综合表现择优选拔部分学生升入专科,再学习两年,完成高职专科学业,考试合格颁发专科毕业证书
五年分段式模式	三年中职 两年高职	一个高职院校与几个中职学校形成的衔接模式,即学生在三年完成中等职业教育的基础上再接受三年的高职教育,毕业后发给相应的中职和高职文凭。一般情况下,这种模式,中职和高职学校之间是有合作协议的,在人才培养计划的衔接上是有具体分工的
对口升学模式	三年中职 三年高职	即中职与高职各自根据自己的学制年限进行教育,部分中职毕业生(中专、技校、职高毕业生)完成三年中职学习,通过对口升学进入专业对口的高职院校接受三年的高职教育的衔接模式
单招单考模式	三年中职 三年高职	根据不同专业要求,中职毕业生参加高职院校组织的"知识+技能"的自主招生考试后取得高职的入学资格,进入高职院校学习的升学模式
灵活学制模式	三年中职 3~6年高职 (大专)	中职毕业生参加成人高等教育或者高等网络教育考试(或者高等教育自学考试)的方式去完成高职或者高等教育专科教育模式

(三) 国外中高职衔接模式和方法

在对我国中高职衔接进行实践探索和理论研究的同时,国内职业教育的一批专家学者对国外在这一方面进行了比较深入的研究，特别是对世界主要发达国家的职业教育，并取得了一定的研究成果。高原等的《论发达国家中高等职业教育衔接的模式》对发达国家的中高职衔接模式进行了归纳和总结，认为"以德国法国为代表的补习衔接模式，英国为代表的文凭等值衔接模式，俄罗斯为代表的大纲衔接模式，美国为代表的社区学院模式是国外具有代表性的中高职衔接模式。"具体内容如表1-2所示。

表1-2　　　　　　　　主要发达国家中高职衔接模式类型

衔接模式类型	主要特点和内容	主要代表国家
补习衔接模式	由职教机构对中职毕业生进行一定时间的专门补习，使之达到高中段学历标准从而实现中、高职的有效衔接，法国、德国高校原则上不设入学考试，凡有高中(普通高中、专科高中、职业高中等)毕业会考文凭或毕业证书者均享有高校入学资格	德国、法国
文凭等值衔接模式	国家出台职业资格制度，认可不同层次职业资格与相应普通教育文凭的等值关系，并使其具有升学与就业的同等效力，职业资格的获得者由此取得接受各类高等教育的权利。在职业资格考试过程中实行学分认可、累计学分制。	英国、澳大利亚
大纲衔接模式	按照《俄罗斯联邦教育法》(1992年)规定，初、中、高三个层次职教大纲是相互衔接的，即较低层次的职教大纲的完成者可直接进入更高一层次，并按精简大纲提前完成学业	俄罗斯
社区学院模式	中等后职业教育可以是两年职业培训，取得职业证书，主要是两年的社区学院教育，取得大专文凭，获得副学士学位。中学毕业进入社区学院学习，一般不需要经过考试，社区学院敞开大门	美国

(四) 中高职衔接的内容

高永平提出中高职衔接的内容有培养目标和规格的衔接、中高职教育专业方面的相互衔接、国家教育政策等。邢辉在论文中提出培养目标衔接、专业设置衔接、课程标准衔接、学制衔接、教学模式衔接等内容。曾仙乐提出衔接内容：第一是国家统一专业设置；第二是设置国家课程标准；第三是通过技能训练，实现学历证书与职业资格证书的对接等。陈建玲在《中职与高职衔接：我国中等职业教育走出困境的必经之路》中也做了专门论述。研究者由于研究角度不同，他们的研究结果各有侧重，但在培养目标、专业、课程、教学方面表达了相同的观点。

(五) 中高职衔接的政策

关于中高职衔接的政策的专门研究文献太少，在所有文献中有零星提起。李全奎总结了改革开放以来我国中高职衔接的政策发展经历了 1985—1997 年初步衔接、1998—2002 年的快速衔接、2002 年至今的优化衔接三个阶段。明确提出了中高职衔接的四条保障：提高全社会对高对职业教育的高度认可，为中高职衔接提供理念保障；健全法规体系，加强政策导向为中高职衔接提供法规政策保障；制定和完善相关制度，创新人才培养模式为中高职衔接提供教育教学质量保障。刘荣秀在对中高职衔接政策发展进行总结后，讨论了政策的影响和局限，他提出："政策在提高职业教育的吸引力、变中职教育为阶段性教育、新国民教育体系和经济建设方面有积极导向作用；同时，中职和高职绝不是简单的链接，而是两个系统的衔接。政策在中高职衔接的保障体系、进一步如何实施衔接操作程序上设计有待进一步完善。"戴成林提出"扩大高职招生自主权，进一步改革高职对口招生，逐步试行注册入学政策。"

（六）**中高职衔接的问题和对策**

在理论研究的同时，很多都进行实践调查，对实践中的问题进行了探索，并提出了解决问题的对策或方案。吴金林等认为"在中高职衔接方面问题突出，比如在专业课程内容重复、文化课脱节、技能训练课倒挂等方面，并建议实施分类培养和弹性教学，以兼顾不同生源素质培养；打破学科型教学模式，构建模块课程体系；改革招生考试方式，实行宽进严出的制度等。"邵天行等认为中高职衔接主要在学制结构、入学考试、课程结构方面存在问题，并提出解决意见："首先，在办学思想上，中职和高职是同类教育，要统一基本内容，要从培养目标、专业设置、课程设置、教学形式和途径入手，开展办学思想的检查和评估；其次，在衔接模式设计方面，要贯彻中职为基础，高职为主导的基本原则；再次，在保障措施上，要理顺和统筹中央和地方教育管理机构的关系；最后，教学管理上积极探索以学分制为主的弹性学制。"朱雪梅在《我国中职与高职衔接研究述评》中对中等职业教育与高等职业教育衔接在政策制度方面做了深刻论述，并提出了相应的积极探讨和建议。高原在《我国中高职衔接研究综述》中对我国中等职业教育与高等职业教育衔接的问题与对策研究做了专门评述。

三、中高职课程衔接研究现状

在荷兰爱思唯尔 Elsevier SDOL 资源总库中进行标准检索，以关键词"（Curriculum Connection）&（Secondary and Higher Vocational Education）"为主题检索，检索结果为 1172 条相关文献。在中国知网资源总库中进行标准检索，以关键词"课程衔接"为篇名精确检索，检索结果为 180 条文献。年度文献数量分布：2013年为47篇，2012年为49篇，2011年为13篇，2010年为11篇，2009年为4篇，2008年为11篇，2007年为7篇，2006年为6篇，2005年为8篇，2004年为6篇，2003年为4篇，2002年为3篇，2001年为0篇，2000年为2篇，1998—1999年0篇，1997年为2篇，1996年为2篇。进一步以关键词"课程衔接"为篇名且包含"中高职"精确检索，检索结果为65条文献。课程衔接与中高职课程衔接文献年度分布对比为如图1-3所示。

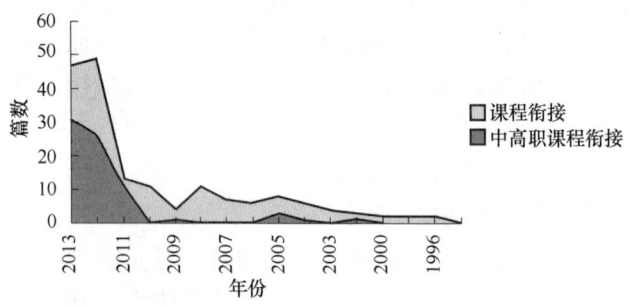

图1-3　课程衔接与中高职课程衔接文献年度分布

以关键词"中高职课程衔接"为主题精确检索，检索结果为80条文献。文献数量分布年度：2002年为1篇，2003年为1篇，2004年为0篇，2005年为5篇，2006—2008年均为0篇，2009年为1篇，2010年为1篇，2011年为4篇，2012年为31篇，2013年为36篇。年度文献数量分布趋势如图1-4所示。

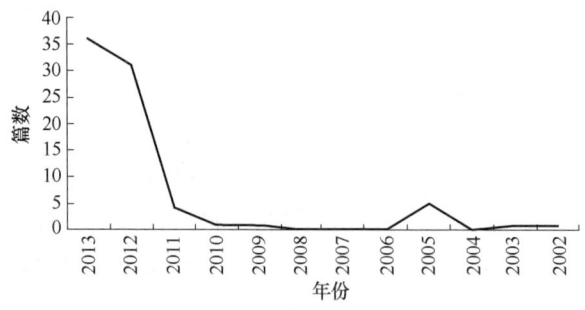

图1-4　中高职课程衔接文献数量年度分布

其中，期刊全文数据76条、报纸0条数据，博士论文数据0条、国际会议论文0条、硕士学位论文2条、国内会议论文2条、工具书0条（以上文献检索时间截至2015年9月26日）。

自20世纪80年代以来，国家先后出台了一系列关于中高职课程衔接方面的政策和措施，鼓励高等职业学院对口招收中职毕业生，解决中高职衔接问题，解决中职毕业生的升学需求。20世纪90年代以来，我国各地不断开始了中高职衔接的实践探索，并不同程度取得了一定成效。学术界对于中高职衔接和中高职课程衔接方面的理论研究成果逐渐在报刊出现，通过实践探索和理论研究的双重推动，中高职课程衔接已成为我国职业教育科学研究的热点。

纵观以上文献，关于中高职课程衔接研究的文献数量从无到有、从少到多，近年来迅猛上升，已在中高职衔接和课程衔接研究中占有绝对优势。他们主要集中在概念和定位、理论基础、衔接内容、衔接方式、问题归因和策略、改革试点和实践探索、保障制度和措施、国际比较研究等方面。

（一）中高职课程衔接的概念和定位

胡春光在《课程衔接：含义分析、学理基础及主要问题》中对课程衔接的内涵做了初步论述，他认为"人们从不同的角度会给予不同的结论。首先，从课程概念出发，包括课程的内涵与结构、课程管理、课程发展社会背景等结论；其次，从衔接层面出发，包括'连接、贯通、转接、连续'等不同程度的课程衔接。课程衔接是课程编制和设计的重要组成部分和过程。课程衔接就是如何确定课程内容的范围和逻辑组织排列顺序。对于如何实现课程衔接的目标，他分别从课程结构、衔接方式、课程发展以及教师、学生等方面做了分析。关于课程衔接的学理基础，他分别从哲学观点、知识社会学角度、认知心理学角度等三个方面进行了深入论述（图1-5）。文章最后对我国目前在课程衔接方面存在的问题进行了讨论，并提出了相应的问题解决建议。"对于中等职业教育与高等职业教育之间的课程衔接，除了在我国部分教育政策文件中有初步阐述外，在现有文献中的论述鲜有系统的论述。

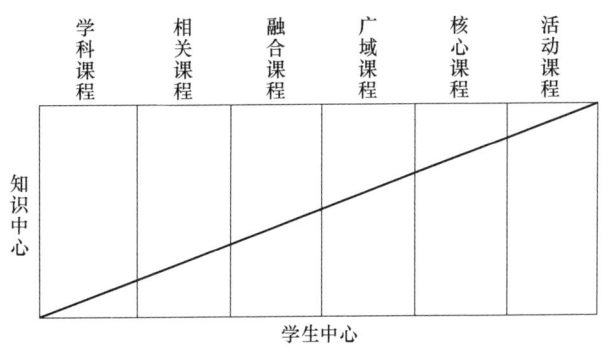

图1-5 哲学观点：知识中心和学生中心的课程衔接关系

(二）中高职课程衔接理论基础

吴军等在《中高职课程衔接的理论依据》中提出了中高职课程衔接的理论基础，"即人的身心发展次序性、认知能力发展与阶段性规律和效益最大化原则。"刘育锋的《中高职课程衔接：依据、制度与方法》对英国课程开发的依据、方法和制度做了介绍，提出"构建职业资格标准的课程衔接依据。"邹玉兰的《中高职课程衔接的理论依据分析与内涵依据》认为，"中高职课程衔接理论依据是，人的终身教育需求，人的认知能力发展阶段性规律，教育发展与社会经济发展需求相适应。"匡瑛的《中职课程衔接需要一体化制度设计》认为，"中高职课程衔接逻辑起点是课程培养目标及人才培养规格。"

（三）中高职课程衔接内容

沈凌的《工程机械专业中高职衔接的课程标准设计》中认为"中等职业教育与高等职业教育之间的课程衔接包括课程目标与内容、教学方法与职业能力等是衔接内容。"张弢等在《学分制模式下的中高职课程体系衔接问题及对策研究》中提出包括"课程标准、课程内容、课程体系结构等衔接内容。"张健认为应该包括"课程标准、课程内容、课程结构、教材等内容。"刘培琴认为应该包括"培养目标、文化基础课程、专业课程、专业技能课程等内容。"陈章等认为应该包括"课程目标、课程体系、课程内容、课程排序等内容。"贾艳丽认为应该包括"课程内容、进行形式、评价机制等内容。"综上可以看出，研究者认为中高职课程衔接的主要内容包括课程标准、课程目标、课程内容、教材、培养目标、文化基础课程、专业课程、专业技能课程、课程体系、课程排序、进行形式、评价机制等多方面内容。

（四）国内外中高职课程衔接方式对比

国外中高职课程衔接模式主要有以德国和法国为代表的补习衔接模式、英国为代表的文凭等值衔接模式、俄罗斯为代表的大纲衔接模式、美国为代表的社区学院模式是国外具有代表性的中高职衔接模式（表1-3）。

表1-3　　　　部分国家中高职课程衔接方式对比

课程衔接类型	主要特点	主要代表国家
补习衔接模式	法国课程分类衔接法，德国采用学制的螺旋式上升和课程实行阶梯综合职业课程衔接法	德国、法国
文凭等值衔接模式	英国单元衔接法，澳大利亚开发了培训包衔接法	英国、澳大利亚
大纲衔接模式	课程大纲直接衔接的中高职衔接课程模式	俄罗斯
社区学院模式	一体化课程体系	美国

秦虹在《国外中职与高职衔接模式的启示》中对国外中高职课程衔接模式进行了比较全面的总结。刘育锋在《论我国中高职衔接的模式》中对我国中高职衔接模式进行了探讨。根据相关文献整理发现,我国中高职课程衔接主要模式:五年一贯制模式,五年分段模式,对口升学模式,单招单考模式,灵活学制模式。如表1-4所示。

表1-4　　　　　　　　　国内中高职课程衔接方式对比

课程衔接类型	分段时间	主要内容和特点
五年一贯制	三年中职 两年高职	前两年主要学习公共基础课程,后三年学习专业课,最后一年顶岗实习;知识结构具有"宽基础、复合型"特点
五年分段制	三年中职 两年高职	中职学校与高职学院在专业培养目标和课程设置上整体设计,分段实施教学,管理相对独立,具有明显的阶段性和紧密的关联性
对口升学	三年中职 三年高职	国家从高校招生计划中选择部分专业,拿出专门指标,对希望继续深造的中等职业学校学生进行对口专业的高考,提供上大学深造的机会,对口高考科目一般为文化基础课程与对应专业课程
单招单考	三年中职 三年高职	单考单招全称"高等职业教育单独考试单独招生",是由国家教育部单独对中等专业学校(三校生中的中专,技校,职高)应届毕业生高考招生的一种形式。单考单招的考试采用3+X,"3"是指语文、数学、外语,"X"是指综合专业课一科或专业基础课、职业技能课两科
灵活学制	三年中职 3~6年高职(大专)	中职学生可以依据自己的学习能力和时间等灵活选择课程学习,获得一定的学分或通过高职入学考试测试,证明达到了高职的入学条件

(五) 中高职课程衔接问题、归因和对策

通过对相关文献资料整理,将中高职课程衔接问题、归因和对策研究列举在表1-5中。黄彬等的《中高职课程衔接存在的问题及其解决路径》、张弢等的《学分制模式下的中高职课程体系衔接问题及对策研究》、陈章等的《从构建走向运用:三峡库区中高职课程衔接模式改革与实践探索》、王丽雅的《中高职课程进阶式衔接的探索与研究》、肖凤翔等的《基于课程论视角的中高职课程衔接制约因素及对策研究》、李晋等的《应用化工专业中高职课程有效衔接》、祝士明等的《中高职教育课程衔接的思考》、任平等的《中高职课程和谐衔接的问题与建议》、贾艳丽的《对口单招模式下的中高职课程衔接问题研究》、张健的《对中高职课程有机衔接的思考》等都对我国中高职课程衔接问题、归因和对策研究进行了比较深入的探讨。

表1-5　　　　　　　中高职课程衔接问题、归因和对策统计

作者	一级观点问题	二级问题列举	归因列举	对策列举
黄彬等,张弢等	课程标准	课程标准不统一,课程标准不清	国家没有统一的课程设置标准与依据;中高职院校各自为政,课程标准论证不足	制定中高职课程的主要专业目录;建立学分制系统衔接机制
陈章等,王丽雅,张健	课程目标	课程目标断层;培养目标不衔接	中高职院校课程目标分轨不衔接	岗位定位、任务分层、能力分级;制定统一的课程标准
黄彬等,陈章等,肖凤翔等,任平等,张弢等,李晋等,祝士明等,张健,贾艳丽,王丽雅	课程内容(选择、组织、排序结构、教材、专业设置)	课程设置缺乏梯度;课程内容重复;文化基础课脱节;专业理论课程重复;课程体系脱节;课程开发模式学科化;课程教材陈旧;专业不对口	中央集权的课程管理体制;单一学科课程模式;未兼顾生源差异性;中高职专业设置不衔接	准确定位、整合教学内容、重构课程结构;建立多元课程管理体制;制定相关法规、制度、政策;建立国家课程标准;统一教材编写、专业设置;创新体制机制
黄彬等,任平等,王丽雅,李晋等,贾艳丽	课程实施(教学)	职业技能倒挂;教学计划不衔接;教学形式问题	高职院校设备、双师型教师缺乏;高职院校套用本科压缩版教材	中高职课程模块化设置、建立基于工作工程系统化课程开发;培养双师型教师
贾艳丽	课程评价(机制)	课程评价机制问题	评价机制与现代职业教育体系不够融合	市场调研,建立多元评价体系

研究者从不同的研究视角出发,提出了中高职课程衔接的各种问题,进一步对问题的归因作了分析,并根据不同的角度提出了解决问题的建议和策略。个别问题比较集中一致,但是问题解决缺乏系统的理论指导。既然是系统的问题,就应该用从系统出发去发现问题、分析问题和解决问题。

四、我国中高职教育课程衔接研究现状分析

综上所述(图1-6),从数量趋势上,关于以上现代职业教育体系、中高职衔接、中高职课程衔接的研究近20余年从无到有,迅速同向放量趋势;问题聚焦上,中高职课程衔接研究在中高职衔接研究和课程衔接研究中逐渐占有绝对分量;研究文献层次上,虽然高层次硕士、博士研究文章开始出现,但在中高职课程衔接研究文献中仍然非常薄弱。由此可见,中

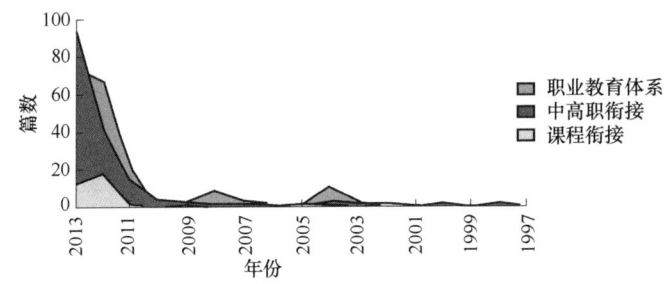

图1-6　现代职业教育体系、中高职衔接、中高职课程衔接文献对比

高职课程衔接研究成为我国当前职业教育发展与改革的前沿研究主题之一。现代职教体系是我国中高职课程衔接研究的出发点和归属，中高职课程衔接是我国现代职业教育体系建设的突破口和关键内容。职业教育长期处于二等教育地位，对中等职业教育与高等职业教育之间的课程衔接研究和实践是提升职业教育地位的有效途径。

目前，在文献数量方面，学术界在中高职课程衔接、中高职衔接和现代职业教育体系等理论问题的研究和实践经验的探索已取得了阶段性成果，国内外学者对大量相关相似的研究成果为我国进一步完善中高职课程衔接和现代职业教育体系提供了宽厚的理论基础，为中高职院校进一步探索中高职课程衔接的实践提供了理论源泉和动力；同时，为进一步对中高职课程衔接的研究奠定了坚实的理论基础和研究经验。总的来看，对于中高职课程衔接问题研究还有以下需要进一步明晰或拓展的研究课题。

（一）课程衔接的内容结构与逻辑关系需要进一步明确

上述文献中，尽管研究者认为中高职课程衔接的主要内容包括培养目标、课程目标与内容、教材、教学方法与职业能力、课程体系结构、课程标准、专业课程、专业技能课程、文化基础课程、课程结构、课程体系、课程排序、进行形式、评价机制等多方面内容，但是，它们都存在同一个问题，那就是课程衔接的主要内容结构或者要素之间的内涵与外延逻辑关系与层次划分标准无法统一，概念的上下位关系不明确。

尽管胡春光在《课程衔接：含义分析、学理基础及主要问题》中认为"对课程衔接的内人们从不同的角度会给予不同的结论"。但是，课程衔接作为一个概念，首先，一个概念的内容结构元素应该齐全且无遗漏，无论从课程概念出发，包括课程本身含义方面的衔接、课程结构方面的衔接、课程管理级别方面的衔接、课程发展社会背景等结论，还是从衔接层面出发，包括"连接、贯通、转接、连续"等不同程度的课程衔接，还是从课程衔接的学理基础出发。其次，结构元素之间应该是按照同一等级并列，不能上位概念与下位概念并列。再次，每一种排列应该只有同一种分析维度，不能将不同维度的划分排列到一起。所以，明确和规范中高职课程衔接的内容结构的逻辑关系是应该是今后研究的一个着力点和必要前提。

（二）影响课程衔接的因素需要进一步梳理和系统研究

首先，已有文献研究者主要是从各自的研究角度出发，缺乏宏观与整体的角度考察中高职课程衔接的问题，或者更多地总结问题的表征，缺乏对问题症结的系统分析。这些研究成果基本上是对影响课程衔接的某一方面因素或某几个方面因素进行考察，缺乏对中高职课程衔接系统及内部要素与外部系统及环境的相互关系相互影响的系统研究。其次，已有研究主要是质性研究方法，缺乏量化研究方法。再次，中高职课程衔接是基于中等职业教育体系和高等职业教育系统之间的课程衔接，课程衔接应该是一个独立的系统，未来研究应建立中高职课程衔接的系统模型，对影响课程衔接的因素需要更系统和科学的考察，才能进一步解决课程衔接的问题，提升中高职课程衔接的质量，促进职业教育教学水平，提升课程衔接理论研究水平。

（三）中高职课程衔接的逻辑起点有待进一步明确

要研究中高职课程衔接，首先必须明确为什么要研究中高职课程衔接，如果这个问题搞不清楚，就不需要去研究如何衔接的问题了。我国相关政策文件中明确指出，中高职课程衔接是促进中等职业教育与高等职业教育协调发展和建设现代职业教育体系的基础工程和关键突破点，所以，现代职业教育体系就是中高职课程衔接的根本出发点或者逻辑起点。根据目前现有的关于中高职课程衔接问题等相关研究，总体来说我国在这一方面的研究质量参差不齐。国内关于中高职课程衔接问题的研究尚且处在初始阶段，没有形成有完整的研究问题体系，几乎仅限于为衔接而衔接，缺乏现代职业教育体系研究视角，缺乏科学的职业教育理论做指导，研究与中国现实社会经济发展现状脱离，与我国中高职课程实际现状脱节，与中高职院校教师和学生的实际分离，理论多、实践少，文章多、行动少，所以，我国中高职课程衔接的研究必须遵循现代职业教育体系的根本内涵和符合中高职教育协调发展构建的基本原则。

（四）中高职课程衔接的质性与量化研究需要进一步结合

质性研究和量化研究是教育科学研究的两个主要研究方法，他们可以单独使用，也可以同时结合使用。目前现有的中高职课程衔接研究文献中把他们同时结合使用的效果优势逐渐明显，虽然在同一研究中运用有明显的上升，但是整体数量并不普及，需要进一步推广和总结。总体来说，我国中高职课程衔接研究主要还是质性研究占据着明显的优势，因此，未来对中高职课程衔接研究，在加强量化研究的同时，更需要把质性研究和量化研究两种研究方法结合起来，在同一研究中，以一种研究方法为主，多种研究方法结合使用。另一方面，在研究方法上，中高职课程衔接所涉及的结构要素以及要素之间的逻辑关系缺乏明确、辩证的思考与探究，对相关现实问题归因分析缺乏系统与现实环境分析，大多数要么研究过于宏观缺乏针对性，要么研究结果过于微观不成体系，脱离社会现实，不能解决中高职课程衔接问题，无法有效推动我国现代职业教育体系的建设和发展。

第三节 中高职课程衔接相关概念

一、课程

（一）课程溯源

课程就是学习的范围和进程的意思。宋代理学家朱熹在《朱子全书·论学》中多次使用"课程"一词。在古代，课程与教学方法是分别约定，课程只是规定学生学习内容以及时间顺序安排。后来由于学校把学生分为不同的班级进行上课，课程的含义才逐渐得到扩大和丰富。

（二）课程内涵

课程内涵丰富多样，研究者从不同的角度出发，给予课程不同的含义。

课程是一个发展的概念。由于社会环境和社会需要的不同，它的含义也随之变化。广义的课程包括各级各类学习的教学科目以及课程目的、课程内容、课程实施、课程评价等相关内容，包括学生学习经验和社会经济发展环境与教育政策的广泛内容。影响课程的三个因素是知识、学生、社会。

（三）课程理论

课程论就是研究课程的专门理论，是根据对学科体系、学生心理特征、社会需要的不同价值选择而建立起来的关于课程编制的理论与方法。如何确定合理的教育目标？泰勒认为，必须要考虑三个方面的因素：学科的逻辑体系；学生心理发展的逻辑顺序；社会的教育需要。

在教育学界，存在多种划分方法，主要有经验主义课程论、学科中心主义课程论、社会改造主义课程论、存在主义课程论、后现代主义课程论等流派。

1. 经验主义课程论

代表：杜威。他们认为课程应以儿童的活动为中心，与儿童的生活相沟通，以儿童为出发点、为中心、为目的；课程内容不超出儿童的经验和生活范围，考虑儿童的需要和兴趣。课程的组织应心理学化，应考虑到心理发展的次序以利用儿童现有的经验和能力。而传统学科课程的逻辑组织对于成人可能是适用的，但对儿童来说，情况就不一样。

2. 学科中心主义课程论

代表：斯宾塞、赫尔巴特、布鲁纳。他们认为：课程的内容应是人类文化的"共同要素"，课程设置原则中首先要考虑的是国家和民族的利益；具有理智训练价值的传统的"永恒学科"的价值高于实用学科的价值。

3. 社会改造主义课程论

代表：布拉梅尔德。他主张学生尽可能多地参与到社会去，因为社会是学生寻求解决问题方法的实验室。以广泛的社会问题为中心。

4. 存在主义课程论

代表：奈勒。他认为课程最终要由学生的需要来决定，人文学科应成为课程的重点。

5. 后现代主义课程论

代表：多尔。他认为课程标准"4R"，即丰富性（Richness）、循环性（Recursion）、关联性（Relation）和严密性（Rigor）。

（四）课程类型

从课程内容的固有属性来划分，课程可分为学科课程和经验课程；从课程内容的组织方式来划分，课程可分为分科课程和综合课程；从课程计划对课程实施的要求来划分，课程可分为必修课程和选修课程；从课程设计、开发和管理的主体来看，可将课程分为国家课程、地方课程和学校（校本）课程。根据课程任务，可将课程分为基础性课程、拓展性课程和研究性课程；根据课程的显示方式，可将课程分为显性课程和隐性课程。

（五）课程编制

课程编制是课程领域里最常用的术语之一。我国教育界20世纪20年代就开始使用这个术语了。最初，这个词源自英文 curriculum making（博比特）、curriculum construction（查理斯）以及其他人使用的 curriculum building 等类似的词语。后来，卡斯韦尔和坎贝尔于1935年出版了《课程编制》（Curriculum Development）一书后，课程编制被其他课程工作者迅速采用。简单地说,课程编制是指为了落实一项课程计划,从开始工作到结束计划的时间周期,它是一个完整的工作周期过程。这个过程主要指如何制定课程目标的过程,如何选择课程的内容过程,如何组织课程的内容过程,如何落实课程方案的过程以及如何制定课程评价标准、体系和实施评价方案等全部相关工作程序的完整过程。

1. 课程编制的模式

尽管课程系统千差万别,编排它们却总要遵循一定的规则和程序。这一过程或步骤就是课程编制。严格地讲,课程编制是一种在科学理论指导下的技术。课程编制理论或技术是专门研究如何按照一定的程序和步骤,科学地编制课程并使之形成某种结构的一门学问。但目前学校课程编制还没有一套比较成熟的理论和技术,这一方面是因为对教育的系统研究起步比较晚,另一方面是因为课程编制活动本身的复杂性。总结起来说,目前学校课程编制的模式大体上可以分为两种:经验模式和科学模式。

(1) 经验模式　自从有了学校以后,就有了学校的课程编制。与当时学校的产生与发展并没有多少科学依据一样,课程也没有相应的编制理论与原则来指导,经验与探索是最主要的编制依据。随着学校的延续与发展,课程内容一直处在变化与改革中,但每一次的变化与改革都不会使课程内容从零开始。从编制模式上看,一般是在大框架基本不变的前提下,对课程内容进行一些局部的改革与修正。这种改革模式基本上属于渐进式或改良式,既比较容易被人接受,也易于稳定教育教学秩序。但这种模式也有比较明显的缺陷,即比较容易满足于传统的经验,对课程编制过程中的科学性问题往往会出现思之过少或用之过少的问题。尽管这种模式在实际应用中还有一些问题,但它能在教育发展史上长盛不衰,也表明了人们对这种模式的接受,并不完全是因为使用起来比较方便,可能还有一些更深层次的原因,诸如文化传统等,当然,也不排除经验中所具有的科学性问题。

(2) 科学模式　这种课程编制模式较经验演进模式在时间上要晚一些,在指导思想上也更强调理性思维,一定程度上是对原来的经验演进模式的否定与革命。它主要是针对高等学校、科学技术进步以及与社会之间的关系日益密切以后,人们对原来的课程设置方式与内容表示不满,力图以新的课程设置模式来打破或代替传统课程的强烈愿望。这种模式的优点是,敢于摆脱原来课程设置模式的限制,按一种新思路和新规范来编制课程。但这种课程编制模式也有一定的局限性:一方面,课程编制模式的改革其实也是教育试验的一种,这就决定了新的课程编制出现之前,必须要有相当充分的论证与依据;另一方面,课程编制的影响很可能无法立即显现出来,可能需要一个比较长的周期,这对任何一种新的课程编制模式都是一个比较艰难的挑战。

当然,上述两种对课程编制模式的划分只有相对意义,在实践过程中,这两种模式往往是相互渗透和相互补充的。这也是长期以来高等学校课程内容既能保持传统,又能不断改革的根本原因。对两种不同编制模式划分的意义,主要在于促进课程编制者在考虑课程的设计与改革时,具有更全面的考虑与把握,使课程编制效果达到最佳。

2. 课程编制的步骤

一般来讲,课程编制大体上包含 4 个步骤(图 1-7):课程目标,确立目标和表述目标;课程内容,选择和组织课程内容并形成体系;课程实施;课程评价。

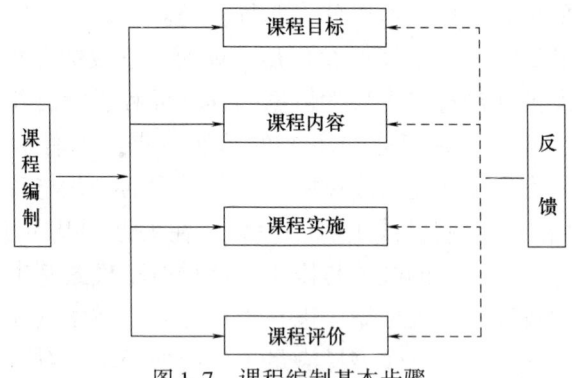

图 1-7 课程编制基本步骤

第一步,教育活动是一种有目的的活动,而课程居于核心地位,因此,第一步是确立和表述课程目标。第二步,在确立了目标之后,依据这些目标来选择和组织课程内容,形成某种系统或结构,才能达到目标。课程内容的选择与组织的结果,产生出课程方案(包括教学计划、教学大纲和教材)。第三步,把编制好的教学计划、教学大纲和教材拿到实际中去实施,把人们头脑中的教育思想观念及其物化形式(教学计划、教学大纲和教材)加以落实。第四步,课程评价,通过课程实施检验那些包含在课程中的目标是否达到了。如果达到了目标,说明课程体系构建得比较合理且可行;如果没有达到目标,则要找出原因,做出改进,使课程体系更加完善。这 4 个步骤是一个循环往复的过程,同时又是相互渗透的,在实践中,每个阶段都可以作为起点或突破口。对整个课程编制过程而言,4 个步骤缺一不可。

本书中，课程仅指职业教育院校正式的课程（formal curriculum），即指教育行政部门规定的课程计划（或者教学计划）、课程标准（或者教学大纲）和教材（或者课本），也包括列入学校课表中的课程。本书以课程编制的基本步骤为逻辑顺序，以课程标准、课程内容、课程实施和课程评价为考察功能要素，按照软系统方法论理论模型来构建中高职课程衔接的概念模型，对中高职课程衔接的问题表征和归因进行分析讨论，以期实现本研究的终极目标。

二、课程衔接

课程主要包括课程目标、课程内容、课程实施、课程评价等内容，这些都可以列入课程衔接的要素内容范畴。课程衔接是编制的重要过程，课程衔接是把连接各种不同的课程内容或学习经验进行一定的逻辑体系连接，使课程衔接系统要素结构和层次结构协调，充分发挥系统整体功能优势，通过一定的方式和程序去完成教学任务、提高教育质量，实现人才培养目标。课程可以泛指目标、学科、教材、计划，甚至包括教学方法、教师态度、学校环境和学生经验等等，这些都可以列入课程衔接的课程目标、课程内容、课程实施、课程评价等内容范畴。

课程衔接，人们从不同的角度会给予不同的结论，通常会依据课程的意义、结构、决定层级和发展时间的不同而呈现不同的内涵。首先，从课程概念出发，包括课程本身含义方面的衔接、课程结构方面的衔接、课程管理级别方面的衔接、课程发展社会背景等结论；其次，从衔接层面出发，包括连接、贯通、转接、连续等不同程度的课程衔接；课程衔接是课程编制和设计的重要组成部分和过程；课程衔接就是如何确定课程内容的范围和逻辑组织排列顺序。对于如何实现课程衔接的目标，必须考虑课程结构、衔接方式、课程发展以及教师、学生等多方面的相关因素。关于课程衔接的学理基础，应该分别从哲学观点、知识社会学角度、认知心理学角度三个方面进行深入考察。

课程衔接的主要方式有纵向衔接（垂直衔接）、横向衔接（水平衔接）、立体交叉衔接（多向衔接）。衔接方式可以归纳为由上而下和由下而上。由上而下的课程衔接强调，人能从一组一般的、抽象的理念中，演绎出所有的知识，它是假设—演绎取向。因此在课程设计时，必须依据课程学习内容的基本概念、主题或原理原则，学生在了解这些基本概念后，才能发展应用能力。这种由上而下取向的方式缺点主要是：一方面忽略了学生的学习主体特征，学生学习都有一个生理和心理的发展过程，一个由感性认识到理性认识的过程；另一方面过于强调了知识内容的逻辑结构，将逻辑体系放在了学习主体更加重要的地位。

由下而上的课程衔接强调学生学习的主体地位。首先，对影响学生学习的相关技能进行分析，我们的学生是否具有这些基本技能；其次，在课程设计方面，按照先易后难，先简后繁，层次递进的顺序安排进度。由下而上的课程衔接方式强调学生学习的感性认识和经验积累，由一般具体到抽象系统，再逐步形成概念和知识理论，最后学会理论指导实践，进而达到学习目标。

三、中高职课程衔接

课程衔接是课程编制和设计的重要组成部分和过程，包括如何确定课程内容的范围和逻辑组织排列顺序。课程衔接，从课程概念出发，包括课程本身含义方面的衔接、课程结构方面的衔接、课程管理级别方面的衔接、课程发展社会背景等课程衔接内容。从衔接层面出发，包括连接、贯通、转接、连续等不同程度的课程衔接。

中高职课程衔接的社会发展背景是构建我国现代职业教育体系和促进中高职协调发展。中高职课程衔接是中高职衔接的重要内容，是现代职业教育体系的基础工程。现代职业教育体系就是中高职课程衔接的根本出发点和逻辑起点。中高职课程衔接涉及两个教育层次，即中等职业教育层次与高等职业教育层次。

中高职课程衔接的学理基础是哲学观点、知识社会学、认知心理学。中高职课程衔接的特征是具有层次显著、连接贯通、协调发展等特征。系统功能：一是完善现代职业教育体系的层次结构，明确和提升职业教育类型特点和系统的独立性；二是满足社会经济发展，特别是科学技术发展对技能人才的客观诉求；三是构建终身教育体系，满足学生和家长对现代高等教育的多样化追求。

中高职课程衔接的主要内容，从课程管理层次级别来说，包括国家教育行政部门、中等职业教育学校、高等职业教育学院、中高职院校教师、中高职院校学生等主体要素；从课程编制或者开发来说，包括中等职业教育和高等职业教育层次之间的课程标准、课程内容、课程实施和课程评价等客体要素。

综上所述，对于中高职课程衔接的概念，可以理解为：当前，为了适应社会经济发展，特别是科学技术发展对技能人才的客观诉求，为了满足学生和家长对现代高等教育的多样化追求，在哲学、知识社会学、认知心理学等理论指导下，在现代职业教育体系内，中高职课程衔接就是对中等职业教育和高等职业教育两个层次之间的课程主体和课程要素按一定的顺序和层次进行组织或设计的重要过程。本书中，课程仅指职业教育院校正式的课程，即指教育行政部门规定的课程计划（或者教学计划）、课程标准（或者教学大纲）和教材（或者教学资料），也包括列入学校课表中的课程。

第四节　中高职课程衔接探索的理论基础

一、中高职课程衔接的价值追求：终身教育理念

（一）终身教育理念的主要主张

世界四大文明古国（中国、古罗马、古印度、古埃及）的古老哲学思想曾经涉及终身教育理念。后来一些著名的教育家曾经在他们的教育思想中表达或者提出了终身教育思想，如伟大的民主主义教育家扬·阿姆斯·夸美纽斯 Comenius, Johann Amos（1592—1670）、法国哲学家让·雅克·卢梭 Jean-Jacques Rousseau（1712—1778）等。20 世纪 70 年代后，终身教育思想对现代世界教育界的影响越来越深刻，教育家保罗·郎格朗在《终身教育引论》的报告中明确提出了终身教育概念。终身教育已经被认定为进入 21 世纪的关键所在。终身教育关注知识、技能、共同生活知识和生存知识之间的密切联系，也强调不断造就人，不断扩充其知识和才能以不断培养判断力和行为能力。

终身教育理念的主要主张有以下几点。第一，主张终身教育就是一个人一生过程中所受教育的总和。教育是一个人一生的事情，它不受时间、空间、形式的影响，也不受民族、职业、性别、年龄的限制。第二，主张人们的教育观念的变革，教育制度和教育体系的变革，教育形式和学习方式的变革。第三，主张世界各国建立终身教育体系，满足人们对教育的个性化、多样化需求，以期不断提高全人类的综合素质。终身教育思想已经成为国际性的教育思潮，并逐渐作为各国教育决策和官方行动。有的国家制定了相关法规，规定终身职业教育是公民的一项基本权利，如法国的《终身教育法》、美国的《终身学习法》、日本的《促进终身学习法案》等。我国在《教育法》和《关于深化教育改革全面推进素质教育的决定》中明确了素质教育的实质就是终身教育。

(二) 终身教育理念在教育研究中的应用

终身教育理念在我国教育实践和理论研究中逐步得到广泛的响应和推广。我国提出的构建现代职业教育体系的奋斗目标，就是终身教育理念原则的具体体现。我国教育领域出现的普通教育与职业教育的"冰火"两重天现象。这种"冰火"两重天现象由来已久，随着生源逐年下降，这种现象越来越严重，矛盾越来越突出。目前，从形式上看，我国普通教育基本上已构成了从初级教育到高中教育、大专、本科、硕士、博士的层次结构完整的终身教育体系，但是，职业教育的终身教育体系还远未形成，层次短缺，结构不尽合理。所以，我国提出了加快建设现代职业教育体系的目标，在政策、基本框架、外部产业适应性、专业设置、中高职协调发展和体系建设的目标等方面遵循终身教育理念，构建终身教育体系。

建设现代职业教育体系就是建设终身教育体系的重要渠道，中高职课程衔接就构建现代职业教育体系的基础工程，是终身教育思想的终身教育课程延伸的具体体现。一方面，中高职课程衔接就是改变中等职业教育"断头化""终点化"的重要行动，搭建终身教育的阶段性桥梁，构建人生终身教育教育体系；另一方面，中高职课程衔接也必须遵循人才成长规律和终身教育的规律和原则，实现终身教育的目标。所以，终身教育理念和原则是指导中高职课程衔接和实现中高职衔接协调发展的根本保障。对当前中高职课程衔接的基本问题进行研究，建设技术技能人才系统培养的课程及体系，夯实现代职业教育体系建设的基础工作，不断提高职业教育吸引力，满足社会对教育的不同需求、满足社会经济发展对各种技能人才的需求等等具有非常重大和深远的现实意义。

二、中高职课程衔接的理论基石：课程设计的目标模式

(一) 课程设计的目标模式主要内容

课程设计的目标模式也称泰勒模式（原理）。它是以课程目标为基础和出发点，围绕课程目标的确定及课程内容的选择、课程目标的实现、课程目标的评价而进行设计的课程开发模式。课程目标模式主要有4个设计步骤（图1-8）：

第一步，如何确定学校课程目标？
第二步，如何选择和组织课程内容？
第三步，如何组织课程教学（实施）？
第四步，如何评价课程目标实施情况？

首先，确定课程目标。课程目标的3个来源：学生（对学习者自身的

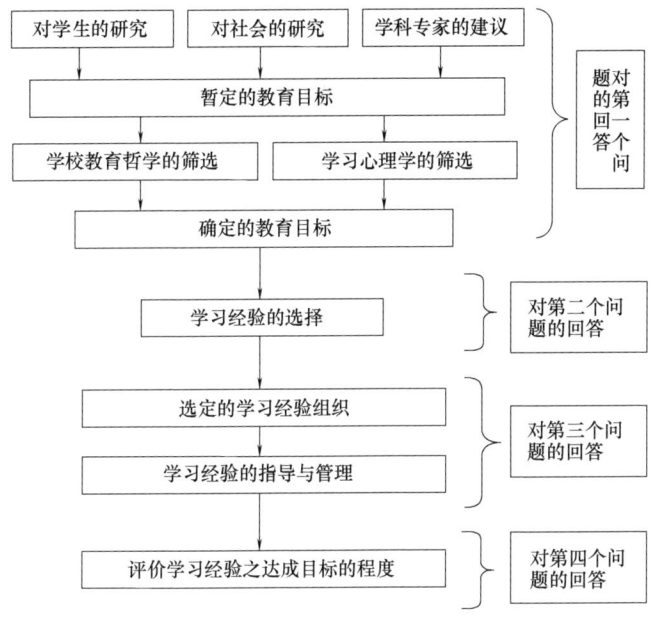

图 1-8 课程设计的目标模式

研究)、社会(对现实社会和经济发展的研究)、学科专家(学科专家的意见);选择目标应该遵循的两个原则:教育与社会哲学、学习心理学;课程目标的描述(表达)方式:内容与行为的二维图表。

其次,选择课程内容。课程内容选择的五条原则:这些学习经验必须满足学生的实践和理论的需求;同时必须是学生的学习过程需求;必须不能超越学生的能力范围之外;相同的课程目标可以通过不同的学习经验来实现;相同的学习经验可以来实现不相同的课程目标。

再次,课程实施。组织学习经验的两种方式:纵向组织,即不同学习层次(或者阶段)的学习经验实现纵向沟通;横向组织,即不同课程领域的学习经验实现横向联络。组织学习经验的三条原则:连续性,课程的主要内容具有连续性;序列性,学习经验要具有一定的顺序,即前面的经验是后面的基础,后面的经验是前面的提升;整合性,所有的学习经验应该形成一个有机整体。组织学习经验的三个层次:最高层次,一定的学习期间的课程总体计划;中间层次,按时间先后顺序安排的学期(或学年)的课程计划;最低层次,按照每一节课或者(一个单元)的课程计划。组织学习经验的一般步骤:确定课程实施总体计划;确定单个课程计划的实施原则;确定最低层次的实施方案。

最后，课程评价。课程评价就是把实施结果状态与课程目标进行对照，以便确定课程目标的实现程度。评价的一般程序：明确课程目标；收集课程状况；制定评价方案；分析和处理评价结果。

（二）课程设计目标模式的重要地位

泰勒的课程设计目标模式是世界课程开发理论研究与实践领域的主流模式。泰勒被誉为世界课程之父，他的《课程与教学的基本原则》在世界课程理论与实践方面产生了深远而持久的影响。

泰勒的课程设计目标模式开创了世界课程开发与课程评价的新纪元。课程目标模式主要成果：一是严格区别了课程评价与课程测试，课程评价此次成为独立的科学领域；二是课程设计目标模式成为世界课程理论研究与实践的主流课程模式，目前还未有其他人的课程开发成果与泰勒的课程设计目标模式比肩；三是泰勒的课程设计目标模式虽然有一些局限性，但是它在世界课程领域做出了巨大贡献，至今仍然发挥着深刻而难以取代的作用。

三、中高职课程衔接的系统依据：软系统方法论

（一）系统理论的主要观点

系统是由相互联系、相互作用的若干要素组成有机整体。系统要素之间具有相互协调的关系；系统是具有某种或者几种特定功能的整体；系统是更大系统的子系统。一个完整的系统是由输入、转换处理、输出和信息反馈等主要环节组成。对于外部环境对于系统的"干扰"，经过系统转换处理，由输入变为输出，结果又反作用于环境。研究系统的结构、要素和功能，就是通过调整结构和要素关系，优化系统的功能。系统的功能和结构是观察系统的两个视角，如图1-9所示。

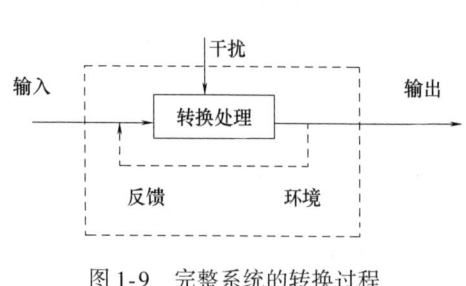

图1-9 完整系统的转换过程

整体性是系统理论的核心思想。整体性原理是系统的核心原理，系统之所以能成为系统的前提就任何一个系统都是一个有机的整体，系统中各要素之间是相互联系、相互作用，它们绝对不是孤立地放在一起，在系统中要素都有特定的顺序、位置和作用。

层次性是系统理论的基本观点。系统是由要素组成的，系统要素在组成上具有层次结构，复杂的系统具有空间层次、时间层次、功能层次等层次结构。系统、要素、上级系统和下级子系统不是绝对的，而是相对的。一方面，系统相对上级系统，它就是（下级）子系统，或者组成要素之一，相对它自身系统组成要素（或者它下级系统）来说，它就是系统（或者上级系统）；另一方面，上级系统之上还有上级系统，下级体系有更低层次的下级系统组成。所以，要素、系统、上级系统、下级系统，由于它们所处的层次和地位不同，它们的角色在不同的变换。

（二）软系统方法论的理论模型

为了解决系统问题，人们总是要在一定的方法指导下，遵循一定的原则，采取一定的步骤，把这种解决问题的方法（或者知识体系）称之为系统方法论。系统方法论（SM）可以分为硬系统方法论（HSM）和软系统方法论（SSM）两大类。硬系统方法论主要针对目标明确、结构与边界清楚、不受主观影响的系统问题。它解决问题的一般分析步骤：问题提出，系统环境分析，系统结构分析，确定系统目标，系统建模，系统优化，综合评价，实施策略等几个环节（图1-10）。它一般采用数学模型方法定量描述和分析系统功能，大量的工程实践证明，造成信息系统失败的原因，主要不是技术因素，而是人文社会因素。使用源于技术工程的硬系统方法来开发信息系统，其局限性日益明显。

软系统方法论主要针对目标不明确、结构与边界不清楚、受主观影响的系统问题。它一般采用概念模型的系统分析方法。它解决问题的一般分析步骤：系统环境；系统问题情境表达；对相关问题进行根定义；概念模型构建；将概念模型与对

图1-10 硬系统分析的步骤

系统现状进行比较；通过比较找出系统现状与模型的差距或者问题，提出可行的变革或者优化策略；策略实施行动7个步骤（图1-11），即阶段1 无结构问题的情境；阶段2—表达问题的情境；阶段3—相关系统的根定义；阶段4—建立相关系统的概念模型；阶段5—概念模型与对现实问题主观感知的比较；阶段6—寻找期望与可行的变革；阶段7—行动以改善问题的情境。

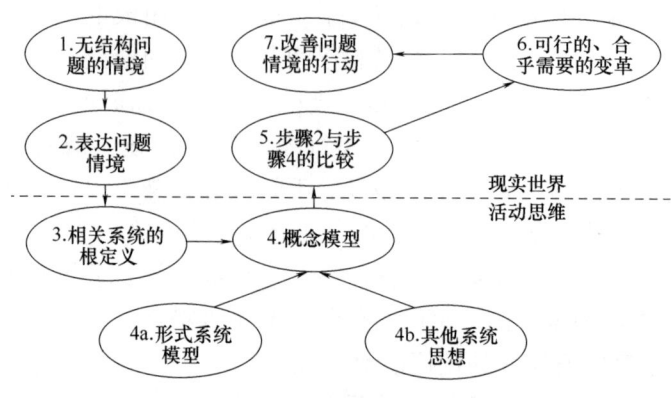

图 1-11　软系统方法论的逻辑步骤

阶段 1 和阶段 2——问题情境描述。表达这两个阶段的意图是找出有关的问题情境，即从广泛的处于问题情境中的人们那里收集尽可能多的对问题的知觉。需要尽量全面地调查和掌握所要解决的复杂问题所处环境、状态，以及环境中各因素间的相互关系。

阶段 3——相关系统的根定义。找出当前关注的关键问题，需要回答的问题是"什么是与问题有关的系统"，而不是"什么系统需要设计"，必须慎重地回答这个问题，明确解释所选出系统的基本性质，这就是相关系统的根定义（基本定义）。根定义是对某一个特定的系统进行简要而精确的描述。根定义仅仅是一种观点或理念，不是对一个特定的、现实存在的系统的描述。根定义通常包含有 6 个基本元素，使之做到结构化和标准化或逻辑上的完整性。这 6 个元素的英文首字母缩写为 CATWOE，简述如下。

C——Customer（顾客）。谁接受系统输出？获益者或者受损者。

A——Actor（执行者）。负责执行系统的输入和输出的人或者机构。

T——Transformation Process（转变过程）。完成了什么活动？

W——Worldview（世界观）。表示转变流程应该具有的对问题认识的世界观。

O——Owner（所有者）。有权决定系统启动和关闭的人或者机构。

E——Environment（环境）。在什么样的情景下？影响转变过程的环境因素。

阶段 4——建立相关系统的概念模型。根定义描述了系统"是什么"，而概念模型则描述系统"做什么"才能是根定义规定的系统。在已建立的根定义基础上，构建概念模型进一步仔细探讨"如何做"才能达到目标。

概念模型是系统必须"做什么"的模式，即在明确了"做什么"的基础上，要"怎样做"的过程。该模型完全来源于根定义，而不是来自于现实世界的其他知识。它着重探索如何采用逻辑上合理，理论上更为理想的行动达到目标。构造模型由4a和4b加以补充：4a是运用一般人类活动系统的模型来检查所构造的模型是否有根本缺陷；4b的任务是修改模型，或者如果有必要，把模型转变为其他更适于特定问题的形式。

阶段5——概念模型与现实问题主观感知的比较。阶段2是对问题情境的直觉认识，概念模型则提供了更深入的描述。用理论模型与现实情况进行比较分析（即调查反馈过程），找出现实和概念模型之间的差异，并讨论概念模型（与现实比较）的合理性、可行性。

阶段6和阶段7——可行的符合需要的变革。认识世界是为了改造世界。对差异进行讨论，在系统和文化许可的条件下，确定一个既是系统期望的，又是现实可行的具体改进方案并组织实施。可能引起一个较为缓和的变革，可能是结构的、过程的或态度的变革。

（三）中高职课程衔接问题具有软系统方法论研究的特征

中高职课程衔接问题具有的特征完全符合采用软系统方法论研究（解决）的问题独特特征。一是中高职课程衔接问题的提出通常是政府或中高职院校，但其提出要解决的问题并不明确、目标也很含糊，具有边界模糊、难于定义的特点。严格地说，只能算是一种愿望。政府或中高职院校的决策者注意到中高职课程衔接是职业教育发展的趋势和出路，便希望通过中高职课程衔接来实现或促进职业教育发展的愿望。但是对于课程衔接究竟要解决什么问题、达到什么样的明确目标，问题的提出者并不清楚。二是中高职课程衔接的问题结构性差。中高职课程衔接问题目标很含糊，难以定义。中高职课程衔接系统是一个复杂系统，各子系统之间的关系非常复杂，很难用具体的数学模型来描述。课程衔接所要解决的问题通常是每个课程、地区或者院校有着各自的特点，因而缺乏一套固定的问题结构。三是中高职课程衔接目标必须满足多方的要求。但在课程衔接操作目标上各方主体却有不同的要求、利益表达和行为准则，它们甚至是冲突的。四是通常的思路是课程衔接结果得到一个最优的操作方案，但这在实际中是不可能实现的。现代职业教育体系下的中高职课程衔接体系架构需要在职业教育实践中不断验证、修订、比较、优化。五是不同的人对同一问题有不同的理解和认识，因为他们有不同的世界观、文化背景、工作经历等，这一切使他们对问题的观察和分析彼此有所不同。因此，软系统方法论是现代职业教育体系下中高职课程衔接问题比较合适的研究选择。

本书的研究技术或者方法计划采用软系统方法论为主，结合硬系统方法论相关研究技术，对中高职课程衔接系统进行研究。

（四）关于软系统方法论在教育领域的应用研究

切克兰德认为，在人类活动系统中，由于人的世界观、价值观的普遍存在，其间大多是那些边界模糊、难以定义、结构不良的"软问题"。相对硬系统方法论，切克兰德提出的软系统方法论就是用于解决社会系统中的大量的非结构型的系统问题，这些问题是难以用统一的数理方法或者公式来解决的，这些问题是因为人们的价值观念和行为习惯或者需求不同而不同，没有统一的标准和要求。作为职业教育、职业教育体系、中高职课程衔接等相关问题，由于不同的国家政府决策、不同的职业院校特点、不同的教师观念、不同的学生需求、不同的社会环境、不同的社会发展阶段，他们对相同的问题的解决方式和方案都会采用不同的标准得到不同的结果，所以职业教育问题研究符合软系统方法论的思维特征。目前，软系统方法论在职业教育问题研究中逐渐得到认可和广泛推广。

采用以关键词"软系统方法论"为主题精确检索，检索结果为 205 条文献；以关键词"软系统方法论"为主题且包含"教育"精确检索，检索结果为 14 条文献，通过甄别，有效文献为 11 条，年度文献数量分布为 1995—2012 年。其中，博士学位论文 4 条、重要会议论文 1 条数据、期刊 4 条数据、优秀硕士学位论文 1 条、国际会议论文 1 条、报纸 0 条（以上文献检索时间截至 2015 年 10 月 6 日）。

20 世纪 90 年代以来，软系统方法论从单纯的外部角度来分析解决复杂问题发展到内外兼顾，理论和实践都得到了进一步发展。软系统方法论日益成为解决现实问题的最常用的软性方法之一，从逻辑思维合理性发展到与社会文化接纳性兼而有之。软系统方法论已经广泛应用于组织设计、信息系统、绩效评价、教育等领域。软系统方法论的理论发展和实践应用研究的研究人员在各国大量出现，如巴西、南非、美国和日本等。

在我国，软系统方法论的研究应用尚处于初级阶段。文献表明，关于软系统方法论在分析复杂教育问题上的应用实践情况的研究成果相对较少。但是，教育类研究已逐步接受和应用软系统方法论的研究方法，特别是在高学历学位研究论文的应用方面已取得一定成功。

第五节　中高职课程衔接体系研究的设计

"凡事预则立，不预则废。言前定则不跲，事前定则不困，行前定则不疚，道前定则不穷。"做如何事情之前都要有充分的计划和周密的安排，科学研究莫不如此。一个研究课题是否具有一个完善的研究设计是决定该研究是否成功的关键环节。我们从既定的研究目标着手，由此来确定研究内容、研究思路与研究方法，指导研究工作的各项任务顺利完成。

一、研究内容

本书按照"研究步骤、研究模块、层次推进"的思路进行研究。主要内容有以下 5 个方面，如图 1-12 所示。

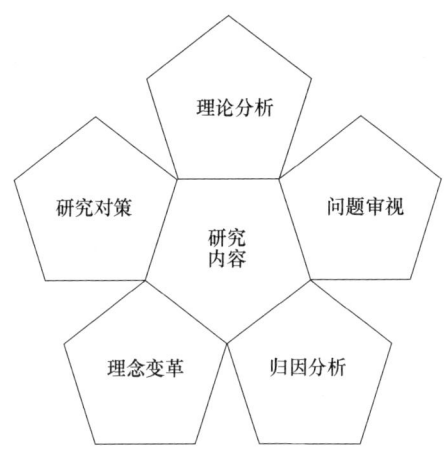

图 1-12　研究内容结构图

（一）中高职课程衔接的理论分析

本部分研究的内容主要是围绕中高职课程衔接的内涵及要素、中高职课程衔接的功能价值、中高职课程衔接的内容及结构、中高职课程衔接的差异表征及其理论与实践诉求，以及中高职课程衔接的策略转型等内容展开研究分析。

（二）中高职课程衔接问题审视

本部分以四川省德阳市中高职课程衔接为例进行基本现状调查和个案调查，对中高职课程衔接的课程目标、课程内容、课程实施和课程评价的问题调查结果进行描述及表征分析。

（三）中高职课程衔接的问题归因分析

本部分研究内容包括中高职课程衔接现状扫描，中高职课程衔接特质下的中高职院校之间在课程目标、课程内容、课程实施和课程评价等方面的问题归因分析。

（四）中高职课程衔接的理念与思路变革

中高职课程衔接需要坚持什么样的价值标准是本研究的宏观原则。基于中高职课程衔接相关文献的梳理，本研究认为：职业教育正由普通教育化走向真正的职业教育，中高职课程衔接由补充角色走向主流角色、由宏观化走向宏观与微观结合、由凌乱化走向系统化。

（五）中高职课程衔接对策研究

根据现状研究所得结论提出系统思路或者策略，以此作为国家相关教育行政决策部门和中高职院校提高职业教育质量和构建我国现代职业教育体系的参考意见。本部分研究内容主要围绕上述研究结果，讨论中高职课程衔接系统优化的基本原则、技术路径选择、内容设计和保障措施等相关对策研究。

二、研究思路

（一）研究技术线路

本书以研究步骤为主线，研究内容为中心，研究目标为前提，确立研究思路与研究方法，如图1-13所示。

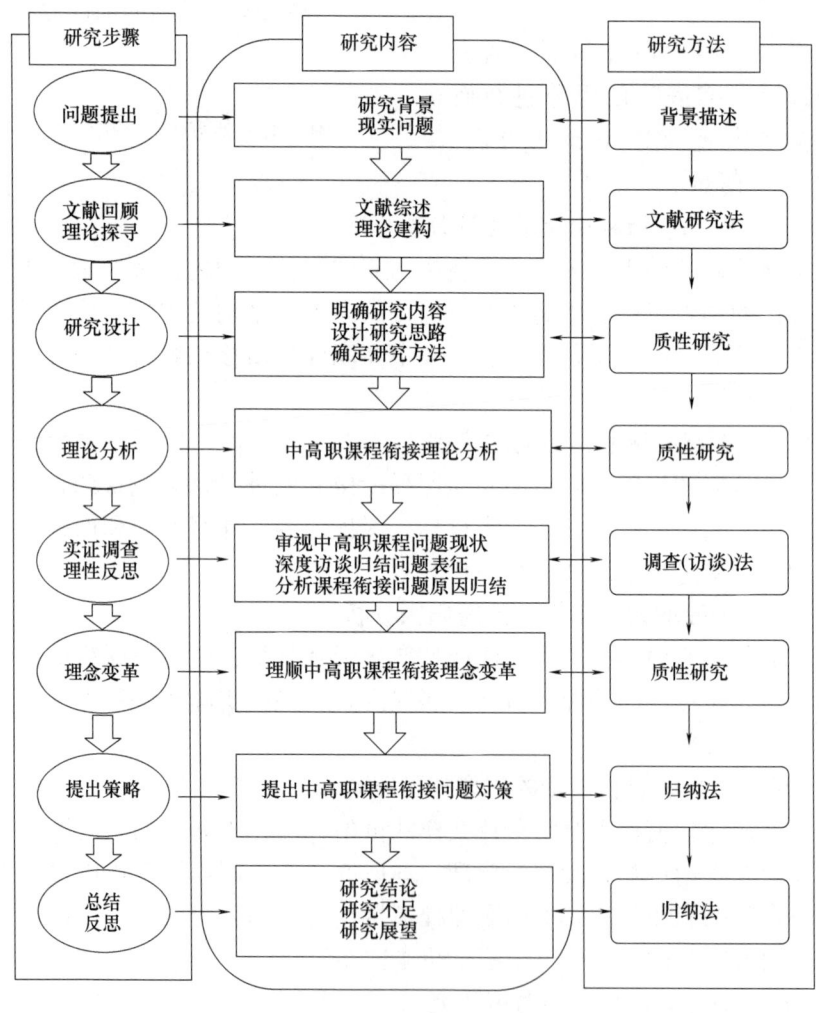

图1-13　研究技术线路

(二) 基于软系统方法论的中高职课程衔接研究的步骤

根据软系统方法论原理的研究步骤，可以得到基于软系统方法论的中高职课程衔接的研究步骤，如图 1-14 所示。

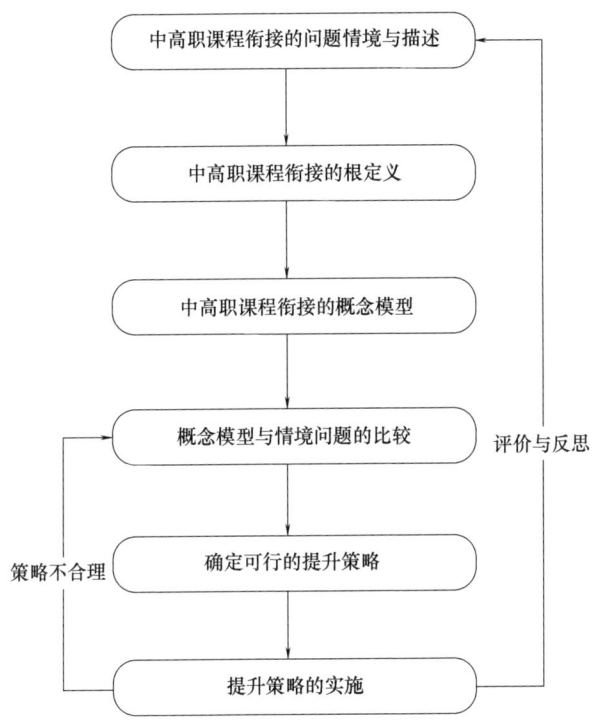

图 1-14 基于软系统方法论的中高职课程衔接研究步骤

步骤 1，中高职课程衔接的问题情境与描述；步骤 2，中高职课程衔接系统相关的根定义；步骤 3，建立中高职课程衔接系统的概念模型；步骤 4，中高职课程衔接的概念模型与现实问题的比较；步骤 5，确定改善中高职课程衔接问题的提升对策；步骤 6，将中高职课程衔接提升策略付诸行动。

1. 中高职课程衔接问题现状描述

通过中高职课程衔接基本现状调查和个案调查，对现状存在的问题表征进行描述与分析。为了能够更好地通过中高职课程衔接的质量水平，我们首先要调查中高职课程衔接的现状，了解存在的问题，在充分了解各类问题的基础上进行问题表征的描述。这个步骤包括软系统方法的第 1、2 阶段，问题状态识别和问题状态描述。具体可以从以下几方面实现，如表 1-6 所示。

表 1-6　　　　　　　　　中高职课程衔接问题现状调查

	相关主体	相关客体	衔接手段	衔接内容
问题现状描述	教育行政部门 中等职业学校 高等职业院校 教师 学生	中职学校课程 高职院校课程 时间 空间 社会环境	制度 政策 衔接模式 课程模式	课程目标 课程内容 课程实施 课程评价

（1）中高职课程衔接的相关主体调查　中高职课程衔接的主体分别由各级教育行政部门、中等职业教育学校、高等职业教育院校、中等职业教育学校教师、高等职业教育院校教师、中等职业教育学校学生、高等职业教育院校学生组成。

（2）中高职课程衔接的相关客体调查　中高职课程衔接的客体分别由中等职业教育学校课程、高等职业教育院校课程、中高职课程衔接的时间、中高职课程衔接的空间、中高职课程衔接的社会环境等构成。

（3）中高职课程衔接的手段调查　中高职课程衔接的客体分别由中高职课程衔接的制度、中高职课程衔接的政策、中高职课程衔接的模式等构成。中高职课程衔接的制度与政策是中高职课程衔接的重要保障条件，中高职课程衔接的模式是课程衔接的重要途径和手段。

（4）中高职课程衔接的内容调查　中高职课程衔接内容主要包括中高职课程相关的课程目标、课程内容、课程实施和课程评价四个方面的课程衔接内容。

2. 中高职课程衔接系统相关的根定义

根据软系统方法论的根定义，把中高职衔接相关系统的根定义做出如下规定。

C——中高职课程衔接过程中的收益或受害者是指学生、中高职院校。

A——中高职课程衔接的执行者或者行动者指的是中高职院校（教师）。

T——在职业教育发展过程中，T 指的是从现有的中高职课程衔接水平发展到符合各方期望的中高职课程衔接水平所采取的发展策略。在中高职课程衔接发展中，将输入（从现有的中高职课程衔接水平）转化为输出（提高的中高职课程衔接水平）的方法（中高职课程模式变革）就是通过具体的发展方案来实现的。

W——不同的有不同的世界观。本书的观点是中高职课程衔接是现代职业教育体系建设的基础工程和关键因素，通过不断提高中高职课程衔接水平，可以减少教育资源浪费，提高技能人才教育质量，搭建人才成长立交桥，为构建现代职业教育体系提供基础。

O——中高职课程系统的所有者是中高职院校、政府。

E——中高职课程衔接的环境因素。现代职业教育体系、国家招生考试制度、课程标准、专业目录、课程开发机制、国际国内中高职课程衔接的理论研究与实践探索等。

在上述六要素分析的基础上，进行系统的梳理和全面总结，得到一个概括性的表述。各级政府和中高职院校，在现代职业教育体系、国家招生考试制度、课程标准、专业目录、课程开发机制、国际国内中高职课程衔接的理论研究与实践探索等环境条件下，由中高职院校和教师通过采取一定的发展策略，提升和改善中高职课程衔接水平，逐步形成了符合职业教育特点和人才成长规律的职业教育课程体系，减少中高职院校教育资源浪费，提高中高职院校技能人才教育质量，搭建中高职学生成长立交桥，加快建设现代职业教育体系的步伐，满足了人民群众对教育的多样化需求，满足了社会经济建设发展对各类技能人才的需要。

3. 建立中高职课程衔接系统概念模型

一般情况下，可以采用专家研讨法或借鉴国内外的先进经验的方法来确定概念模型。本书提出的中高职课程衔接的概念模型，如图1-15所示。

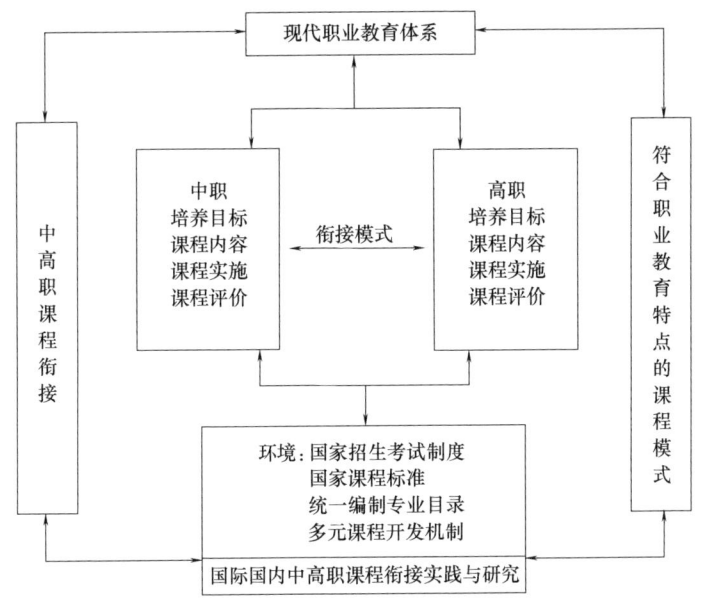

图 1-15　基于软系统方法论的中高职课程衔接概念模型

中高职课程衔接是中高职协调发展和现代职业教育体系的核心和基础，现代职业教育体系是中高职课程衔接的逻辑起点和根本前提。中高职课程衔接系统分为内部系统和外部系统，内部系统具体体现在课程目标、课程内容、课程实施、课程评价等方面的衔接，同时受到外部系统国家职业教育招生考试制度、国家课程标准、统一编制的专业目录、多元化课程开发机制和国际国内中高职课程衔接实践和研究等因素的影响和作用。

要实现提高或者改善中高职课程衔接的质量或有效性，在内部系统中，为提高中高职衔接的教育教学质量和效率，中高职院校必须加强调研，通过实施中高职课程开发模式变革等相关的措施，实现和提高课程目标、课程内容、课程实施、课程评价等方面的衔接质量和效率。在外部系统中，国家政府和中高职院校必须提供有力的外部保障：建立国家职业教育招生考试制度，确立中等职业教育升学和高等职业教育招生主渠道；建立国家课程标准；统一编制的专业目录；建立多元化课程开发机制；配置数量与规模适应的高层次（本科及以上）高职院校，完善和建立从中职、高职专科、本科及以上专业学位完备的职业教育层次结构体系等保障措施。同时，不断总结全国各地实践经验，借鉴国际科研和实践成果。

4. 概念模型与现实问题的比较

在现状调查的基础上，将中高职课程衔接的概念模型与问题相比较，明确概念模型要达到的水平与现有水平之间的差距，这就是策略的着眼点。

5. 确定改善中高职课程衔接问题的策略

通过概念模型与问题状态的比较就可以确定中高职课程衔接的提升策略，即阶段6和阶段7：中高职课程衔接的可行的、符合需要的变革。

6. 变革与行动

将上述提升策略制成优化方案交由有关中高职院校和教师执行，并且根据实施的效果不断来调整优化方案。

三、研究方法

本节以软系统方法论为主要研究工具，首先在文献分析和实证调查的基础上设计了调查问卷和访谈问卷，之后选取四川省德阳市有代表性的中等职业教育学校和高等职业教育院校进行实证调查，综合问卷结果进行分析与讨论，最后针对实证调查做出结论，并提出具有一定可行性的中高职课程衔接系统设计建议。在具体研究中，使用以下研究方法。

（一）文献研究法

文献研究法是一种在科学研究中通常普遍使用的研究方法。它是对于研究对象或者问题的基本情况和相关研究历史发展、主要观点、成果数据、研究趋势等等书面资料的搜集和整理的一个非常有效的研究方法。根据文献研究法的优势和特点，本研究通过收集国内外研究者在中高职课程衔接方面的相关研究成果，对课程衔接的研究理论和维度、方法等方面的情况进行归纳、整理和分析。

在本书研究中，文献研究法被广泛使用。通过中国知网对国内外有关现代职业教育体系的研究、中高职衔接的研究以及中高职课程衔接研究的相关文献进行梳理和归纳；在对相关文献进行分析的基础上，寻找关于中高职课程衔接研究的基本现状和发展特征，从而获得相关的研究灵感和启示；最后，明确相关研究概念，寻找研究规律和符合相关研究的基础理论，对中高职课程衔接进行现状调查研究，提出研究的结果和行动策略建议。

本书第一章主要采用的是文献研究法。第二章的中高职课程衔接的理论分析、第六章的中高职课程衔接的思路与理念变革和第七章的中高职课程衔接的对策研究都主要运用文献研究法，抑或是以文献研究法为主来分析其中高职课程衔接的本体认识、理念变革和系统设计。

（二）问卷调查法

1. 问卷的设计

问卷是笔者针对研究主题进行相关文献收集，整理出专家与学者对中高职课程及课程衔接的相关研究成果，参考相关问卷设计方式，结合国内外研究者关于中高职课程衔接的问卷编制经验资料，采用自编问卷与已有调查问卷相结合的方式，形成调查问卷初稿。进行问卷初稿预测。预测问卷初稿实施目的即确保正式调查问卷的信度和效度，确定正式调查问卷的可行性，依此为基础来分析预测结果。形成正式问卷，最终进行问卷调查与回收，并筛选出无效问卷，保留有效问卷。

2. 问卷的结构

结合国内外研究者的中高职课程衔接问卷编制资料，在实证调查的基础上将中高职课程衔接问卷分为课程目标、课程内容、课程实施和课程评价等4个研究维度，采用四点量尺记分制。问卷结构整体上包括：第一部分问卷调查背景，第二部分问卷正文的结构模式。本书在第三章的中高职课程衔接的基本现状调查与分析中采用了问卷调查法。

（三）访谈法

为了弥补问卷调查的不足，本书同时采用了访谈法。与问卷调查相比，访谈在时间、空间具有更大的灵活性，更能通过面面相对去捕捉调查对象的内心世界。访谈法主要是采用面对面的交谈形式进行研究性交流，研究者根据被访谈对象的答复搜集客观的、不带偏见的事实材料，以达到准确说明实际问题的目的。本书对一些问题通过访谈深度挖掘中高职课程衔接的相关系列问题，并通过事先设计好访谈提纲，直接了解调查对象对中高职课程衔接某一问题的态度，由于是面对面的交谈，研究者在调查过程中，可以根据具体情况和调查对象的反应，有针对性地对访谈的方式和内容进行调整和修正，以便得到中高职课程衔接问题更确切的资料，这样有利于收集到本研究最希望得到的真实研究资料。

本书在第三章中高职课程衔接的基本现状调查与分析和第五章中高职课程衔接的问题归因中主要运用的就是访谈法。根据研究目的，围绕研究问题，从对德阳国家高等职业教育综合改革实验区的行政部门、中等职业学校行政干部、高等职业学校干部、中等职业学校教师、高等职业学校教师以及中高职课程衔接相关学生进行了面对面的正式访谈，以及电话或者网络聊天室的非正式访谈，对访谈内容进行了笔录，在归纳的基础上进行了分类整理，为中高职课程衔接的研究提供较为详细全面的研究基础资料。

（四）观察法

观察法是调查法的一种方法，它是对问卷法和访谈法的进一步补充和完善。任何一项科学项目研究的都应该事前明确目的，制定计划，具有系统的和可循环相关问题设计。观察法主要是根据研究者的研究目的合作研究问题提纲或相应资料，亲临或者委托他人进入研究对象现场，带着自己的思想和智慧去感受和观察研究对象，并以此获得第一手研究资料的研究方法。在本书中，对中高职课程衔接的观察来自于研究者和研究者委托人根据事先确定的一些范畴对课程衔接或课程衔接中发生的事件进行系统的记录和整理。只有对当前的中高职课程衔接现状有了亲身体验，才能从根本上把握了中高职课程衔接所存在的问题，才能更加有利于解决目前中高职课程衔接中存在的问题。本书第三章的中高职课程衔接的基本现状调查与分析和第四章中高职课程衔接的个案研究中采用了观察法。

在此需要说明的是本书主要是针对四川省德阳市中高职院校的课程衔接进行的调查，问卷的设计主要以德阳市中高职院校学生为依据。因此，调查问卷和访谈问卷的结论主要来自于四川省德阳市的现实状况，结论的推广性可能存在一定的局限性。但从总体上来说，本书运用了实证分析的方法从中高职院校视角来认识中高职课程衔接问题，丰富了中高职课程衔接的研究思路和视角。

第六节 中高职课程衔接研究的意义与特色

一、研究意义

中高职课程衔接研究具有重要的现实意义。首先当前我国职业教育发展到了从规模到质量的"内涵式发展"的阶段转型，现代职业教育体系的构建关系到我国职业教育改革的进程和成果，职业教育改革关系到我国社会经济发展，中等职业教育与高等职业教育之间的课程衔接关系到我国现代职教体系建设成败，而中高职课程衔接就是中高职衔接的出发点和落脚点。因此，对中高职课程衔接问题的研究可以说是顺应时代发展要求，具有重要的现实意义。其次，中高职课程衔接已成为现代职业教育体系建设的关键因素，对于完善我国职业教育层次、中高职院校课程改革、满足人民群众对教育的多样化需求以及社会经济发展对技能人才的需求有着重要的实用参考价值。

中高职课程衔接研究具有一定的理论参考价值。首先，本书致力于研究中高职课程衔接相关问题，力求通过课程衔接的变革和重构，为当前进一步推进我国现代职业教育体系建设提供参考，为中高职课程衔接理论研究和实践探索提供一个新的视觉。其次，为四川省德阳市职业教育综合改革试验摸清中高职课程现状和问题提供理论指导，推动区域职业教育进一步发展。再次，为中高职院校之间加深合作与课程衔接实践探索提供理论与实践借鉴。

二、研究特色

跨学科突破与理论视角创新的研究特色。本书从一般系统理论的视角出发，交叉借鉴教育学、社会学、哲学等多学科理论视点，希望通过了解目前中高职课程衔接的现实状况，进一步发现中高职课程衔接中存在的问题与困境，然后再回归理论，在理论上找寻着力点和突破口，深入研究适合于职业教育学生学习的理论，力求研究结果能改变中高职课程衔接低效和无效的状况，提高毕业生适应社会发展需求的综合素质，满足我国社会对职业技术人才的需求，为进一步改善中高职课程衔接提供一定科学的途径，以及为建设我国现代职业教育体系提供相关的现实基础参考依据。

　　系统分析与重点透视相结合的分析框架。关于中高职课程衔接的相关研究，不同学者对其研究维度有着明显的差异，有的研究者侧重于中高职衔接的课程目标，有的研究者侧重于中高职衔接的课程内容，有的研究者强调中高职衔接的课程实施，还有的研究者侧重于中高职衔接的课程评价。本书从课程目标、课程内容、课程实施和课程评价 4 个维度对中高职课程衔接进行了多角度、多方位的系统综合分析，进一步明确中高职课程衔接的影响因素、透视了中高职课程衔接的问题表征和问题归因，提出了中高职课程衔接的系统设计策略。本书设计的系统分析与重点透视结合的分析框架是研究工作最基础条件，也是中高职课程衔接研究的难点所在。

第二章 中高职课程衔接的理论分析

对于中高职课程衔接的研究，首先需要对中高职课程衔接理论进行分析，这是研究的基础工作。中高职课程衔接的基础在于对中高职课程的基本结构、基本特征、基本框架和功能价值的认识。离开了对中高职课程衔接的基础认识，对中高职课程衔接的研究将如高楼大厦失去根基，成为海市蜃楼的美丽幻影。所以，对中高职课程衔接理论的研究是最基础性的重要探究阶段。本章从课程的结构要素、基本特征和差异特征出发，寻求中高职课程衔接的理性和实践诉求，从而建构中高职课程衔接的理论框架。

第一节 课程结构与中高职课程特征

一、课程的结构要素

课程历史上，对于课程结构要素的组成，学者、专家以及课程研究者众说纷纭，如表2-1所示，没有统一标准。

表2-1　　　　　　　　　课程结构要素的多元论说

	目的/目标	内容	学习经验	教学策略	教师	学习者	评价	分组、时间/空间
Tyler(泰勒)	√	√	√				√	
Taba(塔巴)	√	√	√				√	
Marsh(马什)	√				√	√		
Klein(克莱恩)	√	√					√	√
Eash(伊什)	√					√		

因为课程有广义和狭义之分，出发点不同，内涵就不同，所以对课程的要素组成就产生了不同的观点。如美国学者塔巴在泰勒模式的基础上提出"课程目的、课程内容选择、课程内容组织、课程学习经验选择与组织、课程评价"等课程要素。澳大利亚柯尔廷大学的马什教授提出"课程政策（或者计划）、课程教学与学习经验、教师和学生"等课程结构要素。

克莱恩教授提出"课程目的（或者课程目标）、课程内容、课程材料、课程资源、课程活动、课程评价、教学分组、课程与教学时间和空间环境"等课程结构要素。伊什教授提出"课程假设、课程目标（或者课程目的）、课程内容、课程交换模式、课程评价"等课程要素结构。

虽然课程要素观点很多，标准各异，但是他们对于课程要素也表达了共同的观点，他们认为课程结构的基本要素应该是课程目的或者课程目标，课程内容与课程经验是必不可少的要素，课程评价是重要的课程保障要素条件。现代课程理论之父泰勒对课程要素结构进行了精确的归纳，提出了著名的泰勒原理或者模式已成为当今世界课程领域公认的主流观点，他认为课程结构要素为课程目标、课程内容、课程（过程）实施和课程评价，如图2-1所示。本书采用泰勒原理的观点实施研究计划。

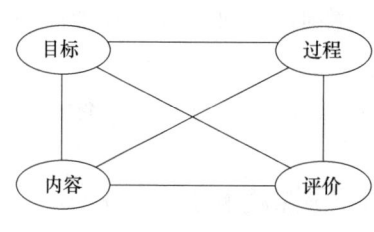

图2-1 课程结构要素

（一）**课程目标**

课程目标由教育目的转化而来，教育目的是对受教育者的质量规格的总体要求，是教育者的出发点和最终归宿。从国家制定的教育目的到实际的课堂教学目标，经历了一系列的转化。按照目标概括性的维度以此可以分为教育目的、培养目标、课程目标、教学目标4种层次的目标，如图2-2所示。

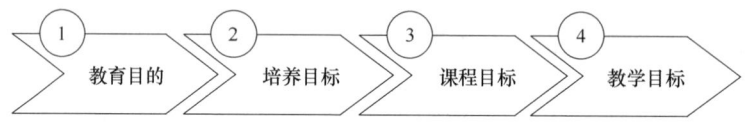

图2-2 课程目标与教育目的、培养目标、教学目标的关系

教育目的是一定社会（时期）条件下对人的培养程度的总要求。它是各级各类学校制定教育目标的根本依据，具有总体性和高度的概括性，为了保证国家或者法律规定的教育目的真正达到全面贯彻落和执行，各级各类教育机构需要根据各地实际情况和自身情况把教育目的具体化、明确化。

培养目标是具体化、明确化的教育目的。培养目标的制定依据是教育目的，教育目的是通过各级各类教育机构特定的培养目标实现。二者是特殊与一般的关系。培养目标的实现主要是通过各级各类学校的课程手段体现。培养目标不直接涉及具体的学习领域，它是课程设计的依据，所以必须将它进一步具体化，即课程目标化。

课程编制的根本指南就是课程目标，课程目标是根据学科的特点进一步具体化、明确化的培养目标。教学目标是课程目标的进一步具体化和明确化，它是教学工作的执行准则、教学实施与教学评价的基础。

我们把教育目的、培养目标转化为课程目标，最终通过教学手段去实现。如何确定课程目标？确定课程目标的依据是什么？对于这些问题，不同的人有不同的看法。但是，从20世纪到今天，世界主流观点认为课程目标主要有3个来源，即对学生、社会和学科的研究。例如：杜威的《儿童与课程》（1902）提出的学生、社会与教材等3个课程目标来源；拉格的《美国教育研究会NSSE年鉴》（1927）提出的学生、教材和社会等3个课程编制要素；波特的《处在十字路口的教育》（1931）提出的教材专家、课程实践者的观点和学生的兴趣爱好等3个课程目标来源；塔巴的《课程设计的一般技术》（1945）提出的3个课程目标来源——对社会、学生和教材的研究。后来，泰勒的《课程与教学的基本原理》对这些观点做了归纳总结，提出了课程目标的3个来源：对学生、当代社会生活的研究和学科专家的意见。泰勒的课程目标来源思想已成为当今世界课程理论的主流思想。

课程目标的内容是什么？布卢姆的观点认为课程目标的内容包括认知、情感态度、运动技能等内容。我国目前新课程改革中，明确课程目标内容为三维目标整合，即知识与技能、过程与方法、情感态度与价值观等内容。根据人们对学生身心发展过来、社会需求的重点及知识的性质和价值的看法存在的差异，对这三者之间的关系理解不同，因此对课程目标的取向不同，人们把课程目标分为行为目标、展开性目标和表现性目标三类。

如何确定课程目标？首先，明确教育目的，落实培养目标。其次，通过需要评估程序，系统阐述试验性目标，确定优先课程目标，对学生达到这些目标的可能性作出评估，根据目标的优先程度的顺序编制课程计划。再次，明确课程价值取向，确定课程目标的表现形式。最后，确定课程教学目标，形成课程目标体系。

（二）课程内容

课程内容就是"应该教什么"的问题，它是指课程中特定的事实、观点、原理、问题和处理方式。在组织和选择课程内容时，首先应该考虑课程内容与课程目标的相关性，其次考虑课程内容的科学性和有效性，对学生和社会的实际意义，再次考虑学生接受的问题，是否与学校教育的基本任务一致的问题。课程内容的问题涉及课程内容的取向，课程内容的选择与组织的原则，课程的类型和结构，课程的表现形式等相关内容。

在课程的研究领域中，根据教育目的观的差异，对课程内容有不同的理解。人们通常把课程内容分为3种：第一种是课程内容即教材。传统教育把课程内容理解为学生学习的知识，而知识的传递是以教材为载体，所以人们认为课程内容就是教材。第二种是课程内容即学习活动。20世纪以来，随着科学技术的飞速发展，科技影响社会，社会影响教育，课程及教材受到挑战，学习活动观强调课程联系社会和学生学习主动性。第三种是课程内容即学习经验。泰勒的课程原理为了区别那些把课程内容等同于教材或者学习活动的观点，提出了学习经验。泰勒认为是学习取决于学生自己学习了什么，而不是教师要求或者呈现了什么，他强调学生与外部环境的相互作用，同一课程中，不同的学生可能会有不同的学习经验。如今的课程内容包括和涉及这三方面的内容。

1. 课程内容选择的准则

一是课程内容的基础性。学生作为社会公民，课程内容应该教授学生作为应该公民的基本知识和技能，以及学生需要继续学习的技能和能力。二是课程内容要联系社会实际。学校课程内容不仅要以各门学科的基础知识和技能为主，还应该考虑学生学习内容需要联系社会生活实际，为进入社会做好准备，以便于学生学习的知识和技能服务社会发展和经济建设。三是课程内容与学生的实际和学校的特点结合。课程内容应该与一定阶段学生的兴趣、爱好、需要与能力相适应，不仅有利于学生更好地掌握文化科技知识，而且有利于帮助他们逐步形成良好的学习态度和良好的学风与校风。

2. 课程内容组织原则

如何将选择的课程内容进行教学？在教学实施前，必须将课程内容按照一定的原则或者方式进行组织，以便达成课程目标的实现。关于如何对课程内容进行组织的问题，根据泰勒原理提出的3个准则：一是连续性，即人们陈述课程内容要素按照连续不脱节的组织方式；二是顺序性，即前面的课程内容一定是后面的课程内容的基础，后面的课程内容一定是前面课程内容的深入和拓展；三是整合性，即围绕一个课程目标或者培养目标，各种课程之间形成一个整体或一个者体系。课程内容组织原则：纵向与横向组织，逻辑顺序与心理顺序，直线方式与螺旋方式，它们或者以某一种为主，或者相互结合，或者单一方式进行组织。

3. 课程类型

按照课程内容组织方式的不同，课程分为不同的类型或者种类。从课程内容的固有属性来划分，课程可分为学科课程和经验课程；从课程内容的组织方式来划分，课程可分为分科课程和综合课程；从课程计划对课程实施的要求来划分，课程可分为必修课程和选修课程；从课程设计、开发和管理的主体来看，可将课程分为国家课程、地方课程和学校（校本）课程。根据课程任务，可将课程分为基础性课程、拓展性课程和研究性课程；根据课程的显示方式，可将课程分为显性课程和隐形课程。泰勒原理把学校课程分为 4 类：学科课程，广域课程，核心课程和未分化课程。我国台湾学者将现代学校课程分为 6 类：科目本位课程，相关课程，融合课程，广域课程，核心课程和经验本位课程。

4. 课程的结构与课程内容表现形式

课程的结构是指课程各部分通过一定的比例和组织能够有机形成一个整体。当前，我国学校开设的课程主要由工具学科类（语文、数学和外语课程）、知识学科类（社会科学、自然科学）、技艺学科类（体育、艺术、技能）等学科类组成。我国中小学课程结构主要由必修课、选修课、活动课程、社会活动 4 个"板块"组成。课程内容表现形式指课程教学过程中所采用的具体内容和辅助资源，可以包括课程标准（教学大纲）、教科书（教材）、课程计划（教学计划）、课程表、教育资源等表现形式。

（三）**课程实施**

课程实施即是课程计划的具体执行过程。课程实施研究关注的是实施过程中发生的客观状况和对实施效果影响的各种因素。在课程实施过程中存在不同的做法，概括为 3 种取向：保守取向，相互适应取向和程序化取向。保守取向的课程实施的执行者，基本上是躲避问题，害怕风险和失败，不太注重步骤和过程，只关心自己和评价结果。相互适应取向，就是事先没有规定的步骤或者实施程序，而是要求实施者根据各自实际和习惯由自己决定，可以是实施步骤与课程计划部分适应，也可以是课程设计与课程实施者相互修改适应，也可以是课程实施者无须适应课程设计，而是对课程计划做全面的修改。程序化取向，或者称忠实取向，课程实施者忠实体现课程设计者的真实意图，有时尽管可以做少许修改，但是基本上是严格遵循一定的程序和要求，以确保课程设计者的意图实现。具体采取哪种取向，需要课程实施者根据各自实际情况来确定。

1. 课程实施的影响因素

课程实施的影响因素包括积极因素和消极因素。根据先前研究者的总结，概括起来主要有课程计划、课程编制与课程实施者、课程实施的领导与组织、教师、外部环境因素等。课程计划是影响课程实施的一个重要因素，即课程计划是否具有可传播性、可操作性、和谐性和相对优越性是课程实施有效性的重要保障。课程实施是否成功需要课程编制者与课程实施者，或者课程实施者之间的交流与合作，通过交流与合作，有助于课程实施者加深对课程计划的认识和对课程内容的理解。教师是课程计划的具体执行者，教师的素质、态度是影响课程实施的直接因素。各级教育行政部门和学校行政领导是课程计划实施的领导者、组织者，是直接影响课程实施者（教师）的积极性的重要因素。各种外部环境因素，比如社会舆论、学生家长、国家政策、技术支持、财政支持等都是影响课程实施的外部因素。

2. 改善课程实施的策略

（1）**课程实施变革**　包括课程计划的变革、课程目标的变革、教学方式的变革、教学手段的变革、教学资源的变革、课程评价机制的变革等。美国学者本尼斯把各种课程实施变革总结为3种：有计划的变革；强制性的变革；互动性的变革。

（2）**教学策略与教学内容的转化**　教师在教学过程中采取各种求教学策略和方式方法，根据教学情境的变化而变化，根据学生的需要或者教学内容的要求而变化，这些教学策略都是以提炼和转化课程教学内容为核心去达到课程目标。教学策略有时被理解为教学模式，教学模式无所谓优劣，关键是必须符合特定的教育情境，成功达到教学目标。

（四）**课程评价**

课程评价是研究课程价值的过程，它是由课程实施各环节中所开展的各类活动组成的。课程评价的作用主要有诊断课程、修正课程、比较课程之间的价值、预测教育的需求、判断课程目标的成功程度等。当前，课程评价作为一个独立研究领域在教育研究的作用日益显著，评价的观念和方法越来越丰富多样。不同的课程评价取向会采取不同的评价手段、技术和方法，进而形成了不同的课程评价模式，不同的评价模式的作用和重点各自具有不同的趋向。

对于课程计划的价值判断，无论期望结果如何，他们总是要受到人们一定的哲学观和教育思想的影响。无论是关注学生的课程绩效还是关注他们的自我发展，评价者都要思考如何收集评价的必需材料，他们将思考如何从学生或者教师的渠道和其他可能的条件获取，思考评价的行为方式，思考评价的标准等。但是无论如何，他们必须做出三个决定：课程计划是否需要改进；教师和学生等有关人员情况判断；课程计划管理是否需要改进。课程评价是一个不确定的可变活动，不同的决定导向就会产生不同的评价方案。当人们关注课程计划时，课程评价的直接目的就要确定课程计划的效果如何，与课程目标是否一致？哪些因素具有决定的影响作用？该课程计划已经产生了哪些效应？如何对现有课程计划进行修正？无论评价者做出何种决定，他们在评价时一定会体现他们的价值取向。课程评价的价值取向代表性类型：人文主义还是科学主义；内部评价还是结果评价；形成性还是总结性评价等价值取向。

不同的课程评价取向会采取不同的评价手段、技术和方法，进而形成了不同的课程评价模式。目前，比较常见的课程评价模式有目标评价模式，目的游离评价模式，背景、输入、过程、成果评价模式，外观评价模式，差距评价模式，斯泰克（CSE）评价模式，自然探究评价模式等。每一种评价模式都有其优点和缺点。有的评价模式便于操作，但是考虑不周；有的模式考虑比较周全，但是操作又比较复杂。由于评价者的判断常常带着个人主观因素，是非没有明确的鉴定，所以采取何种课程评价模式是根据评价者和评价对象的不同而不同，没有统一或者必然一致的说法。

虽然，人们在课程评价模式和手段或者价值观的方面具有不同的意见，但是在绝大多数评价模式中涉及的基本问题和步骤还是具有一些共同的特征。课程评价的目的是为了课程决策，课程评价需要一些共同的标准或者准则，以及一定的基本步骤，以便于形成一定的共同语言指导评价过程和评价工作。一是关于评价的一般准则，评价的程序是否遵守了伦理标准？资料的可信度是否保证？委托人的程序和政策是否得到遵守？二是评价概念是否清晰和评价方式是否适合？评价的范围是否有利于课程评价模式？对于影响评价的参数是否具有可控性？评价需要的时间、资料、人员和资金等资源是否有利于评价计划顺利实施？三是关于收集和加工信息是否合适的准则？资料的可靠性是否得到保障？资料的客观性是否确定？资料的代表性？资料的概括性？四是关于评价报告的结果是否合适的准则？评价报告的及时性？评价报告的渗透性？评价报告的应用目的是否达到？五是关于课程评价的基本步骤。第一步，确定课程评价的对象和问题焦点；第二步，确定收集信息的来源、手段、时间和步骤；第三步，评价信息汇总材料的组织、编码、储存和提取使用；第四步，资料信息分析；第五步，评价报告的撰写。

二、中高职课程的共同特征

（一）就业导向

中等职业教育与高等职业教育属于职业教育同一类型的不同层次。职业教育就是职业技能型专门人才的教育与培训，它的目标就是通过规范的教育过程培养学生毕业后从事职业活动必需的职业技能、知识和能力，它的本质就是帮助学生获得职业技能资格和能力。

职业教育培养学生的职业发展和全面发展，具备必要的职业技能，是人们谋生和个性发展的重要条件。职业教育对全社会的人开放，但是接受职业教育的人只希望成为技术技能的人才，它对于在职的、失业的和其他需要的人可以进行培训和再培训，提高他们就业所需要的技能和能力。对于参加职业教育的人，职业教育促进他们的全面发展，又促进了他们的职业发展，满足他们的就业准备。职业教育帮助他们取得或者提高技术技能资格和从业能力，从而使他们有机会获得相应的职业或者工作岗位。

人们谋求技术技能的职业能力和资格需求，影响职业教育办学模式、管理体制、培养目标、培养模式和教学内容。由于人们接受职业教育的水平和层次的不同，或者就业岗位对必需的技术技能层次不同，所需要的职业教育水平和层次不同，从而形成了中等职业教育和高等职业教育等不同层次，中等职业教育是高等职业教育的基础，高等职业教育是中等职业教育的延伸。

（二）技能主导

职业教育就是职业技能型专门人才的教育与培训，它的目标就是通过规范的教育过程培养学生毕业后从事职业活动必需的职业技能、知识和能力，它的本质就是帮助学生获得职业技能资格和能力。

职业技能贯穿于职业教育各要素之中。职业技能具体体现在职业教育的教育者、受教育者与教育过程等诸要素中。职业教育的教育者必须具有职业技能职业的工作经验，教育对象具有比较明确的职业技能职业意向，职业教育教学目标是使教育对象能够取得职业资格证和职业技能，并有机会从事相应职业技能从业经验，进入以职业为导向，教学环节强调与职业联系等。

职业技能特征将职业教育与基础教育、普通高等教育区分开来，具有显著的教育类型特征。普通教育一般没有特定的职业方向。普通高等教育的目的是为进入高级研究课程与从事高技术要求的职业作准备，工作具有研究、开发特征。而职业教育的课程内容面向职业工作实际，注重职业技能，主要帮助人们获取从事职业技能型职业的资格和能力。

职业技能贯穿于职业教育的各个发展阶段。自从职业教育发展以来，职业教育一直都是以职业技能为核心，以就业为导向。封建社会以前，职业教育主要以古代学徒制形式出现，主要培养的是手工业等职业技能型职业人员。近代社会，职业教育作为现代就业的一部分，主要是培养从事生产和管理工作的一线人才。现代社会，职业教育的范畴进一步扩大，但是职业教育培养的仍然是各种层次的现代职业技能型职业的人才。

（三）社会适应性

在现代教育体系中，职业教育发展的动力是工业化与教育大众化，职业教育对于促进经济发展、社会进步和个人发展具有不可替代的作用。职业教育是一定社会时期发展的产物，一方面职业教育满足了社会的发展，另一方面必须适应社会发展的需求。职业教育社会适应性主要表现在以下几个方面。

1. 职业教育必须适应国家社会制度

职业教育是一个国家教育事业的重要组成部分，世界各国把职业教育都纳入国家教育体系，在教育行政机关中设立专门机构，通过立法和行政的手段，把它作为国民教育事业加以推动和发展。国家发展职业教育的目的就是满足社会经济发展和社会进步，所以职业教育必须是适应相应的国家职业教育制度，包括办学方向、办学层次、教学内容、职业培训机构及对职业教育管理等都要始终处于主动适应的位置。

2. 职业教育与职业教育对象的适应

人是职业教育分为的对象。人从根本上影响着职业教育的发展。社会人口和接受职业教育的人口直接影响职业教育需求的规模和速度。职业教育发展的规模和速度，影响着人们接受职业教育的机会，关系着社会的稳定和谐。人们的人生观、世界观、价值观影响着社会对职业教育的认识、制度及发展方向。人们接受教育的水平影响着职业教育发展的层次和类别。人们的身心发展和智力发展阶段和水平影响着职业教育的教学效果。所以，职业教育必须与职业教育对象的特点相适应。

3. 职业教育办学模式与社会需求相适应

现代社会，职业教育必须由传统意义上的以学校教育为主的封闭的办学模式转向以行业、个人及学校等办学主体多元化模式。一方面，职业教育必须满足社会经济发展和产业结构调整对各种技能人才的需求。另一方面，职业教育必须满足人们对教育多样化的需求。

三、中高职课程的差异特征

（一）类型差异

在教育体系类型组成方面，相对普通教育来说，职业教育是不同的教育类型。中高职课程与普通教育课程属于不同的教育类型课程。职业教育就是职业技能型专门人才的教育与培训，它的课程目标就是通过规范的教育过程培养学生毕业后从事职业活动必需的职业技能、知识和能力，它的课程本质就是帮助学生获得职业技能资格和能力。职业技能是中高职课程的核心内容，具体体现在职业教育的教育者、受教育者与教育过程等诸要素中。职业教育的教育者必须具有职业技能职业的工作经验，教育对象具有比较明确的职业技能职业意向，职业教育教学目标是使教育对象能够取得职业资格证和职业技能，并有机会从事相应职业技能从业经验，进入以职业为导向，教学环节强调与职业联系等。

普通教育一般没有特定的职业方向。课程是否具有职业技能特征是区别职业教育与基础教育、普通高等教育的显著教育类型特征标志。普通基础教育，包括学前教育、小学教育和初高中教育，普通基础教育课程目的就是传授基础知识和培养学生基础学习能力，为进一步选择更高一级的学习作好课程基础和预备。普通高等教育课程的目的是为进入高级研究课程与从事高技术要求的职业作准备，工作具有研究、开发特征。而职业教育的课程内容面向职业工作实际，注重职业技能，主要帮助人们获取从事职业技能型职业的资格和能力。

（二）层次差异

在教育体系中，分为普通教育类型和职业教育类型两种类型。在职业教育类型中，分为初级职业教育、中等职业教育和高等职业教育等不同的层次。中等职业教育与高等职业教育属于职业教育同一类型的不同层次。中等职业教育是高等职业教育的基础，高等职业教育是中等职业教育的进一步提高和延伸。

由于中等职业教育和高等职业教育处于不同的教育层次，中高职课程在课程目标、课程内容、课程实施和课程评价等方面也相应具有显著的层次差异。中等职业教育课程的培养目标是满足社会经济发展和生产一线需要的中等技术技能人才，高等职业教育课程培养目标是满足社会经济发展和生产一线需要的高等技术技能人才和管理人才。

（三）学生差异

由于中等职业教育与高等职业教育的层次区别，招生对象不同。中等职业教育主要是以完成初中普通教育课程或者相当的学生为主；高等职业教育主要以完成普通高中教育课程或者中等职业教育课程的学生为主。由于教育对象不同，他们的身心发展阶段和学习能力有显著的差异，所以在课程目标、课程内容、课程实施和课程评价等方面，中等职业教育与高等职业教育必然应该体现层次和生源特征差异。

（四）人才规格差异

职业教育发展的动力源自社会工业和经济发展的需要，社会发展对人才层次或者规格表现出不同的需求，这种人才规格的需求表现在职业教育方面就是中等职业教育与高等职业教育的层次差异。所以，为了适应和满足社会发展对人才规格差异的不同需求，在课程目标、课程内容、课程实施和课程评价等方面，中等职业教育与高等职业教育必然应该体现课程培养目标的规格特征差异。

第二节　中高职课程衔接的理论与实践诉求

一、中高职课程衔接政策诉求

课程是人才培养的核心要素，推进中高职课程的衔接，是实现中高职衔接的根本保障。中等职业教育与高等职业教育之间的课程衔接是现代职业教育体系建设内容的重要组成部分。从我国现代职业教育体系构建需求出发，要努力实现中高职教育的协调发展，而中高职课程衔接成为探索中高职衔接须重点突破的内容。教育部在关于推进中高职教育课程衔接体系建设的指导意见中明确指出，中高职课程衔接是我国现代职业教育体系建设的最基础的工作，当前加快推进和深化我国职业教育改革的迫切任务就是构建中高职课程之间的衔接体系。

中等职业教育与高等职业教育之间的课程衔接是实现我国2010—2020年的中长期教育改革和发展规划纲要所提出的构建我国现代职业教育体系宏伟目标的具体要求，它更是我国职业教育实践需要和政策发展的必然要求。20世纪80年代以来，我国社会经济的发展不断对职业教育人才培养提出新的要求，并且出台了一系列有关职业教育的政策和措施。可以说，中高职课程衔接正是体现了我国职业教育相关政策的历史诉求，它贯穿了我国从构建职业教育体系，到构建现代职业教育体系，再到构建与完善现代职业教育体系的职业教育体系全过程，体现了从构建中高职衔接体系到构建中高职课程衔接体系的实践必然选择。总之，现代职业教育体系是中高职课程衔接的逻辑起点,中高职课程衔接是我国建设现代职业教育体系的基础和建立现代职业教育课程体系的政策要求和历史诉求。根据从构建中高职衔接体系到构建中高职课程衔接体系的实践发展阶段,把我国有关方面的政策及政策诉求做了一个梳理。表2-2 为构建中高职衔接体系期间政策诉求,表2-3 为构建中高职课程衔接体系期间政策诉求。

表2-2　　　　　　　　构建中高职衔接体系期间政策诉求

年份	政策名称	相关内容	政策诉求、作用
1985	《中共中央关于教育体制改革的决定》	要求"调整中等教育结构,大力发展职业技术教育",要"逐步建立起一个从初级到高级、行业配套、结构合理又能与普通教育相互沟通的职业技术教育体系。""根据大力发展职业技术教育的要求,我国广大青年一般应从中学阶段开始分:初中毕业生一部分升入普通高中,一部分接受高中阶段的职业技术教育;高中毕业生一部分升入普通大学,一部分接受高等职业技术教育"	首个提出要建立职业技术教育体系以及实施两次分流制度的政策性文件。虽然这一文件没有提出中高职衔接的要求,但其中要求高等职业技术院校要优先招收中职学校毕业生及有本专业实践经验、成绩合格的在职人员入学的要求,使得中职毕业生升入高职具有了政策保障,也为中高职衔接,尤其是中高职课程衔接在实践层面的要求的提出,奠定了一定的基础
1991	《国务院关于大力发展职业技术教育的决定》	"初步建立起有中国特色的,从初级到高级、行业配套、结构合理、形式多样,又能与其他教育相互沟通、协调发展的职业技术教育体系的基本框架"	强调体系框架中的中国特色,注重协调发展,为中高职衔接问题的判断及解决问题的思路,提供了政策指导
1994	《中国教育改革和发展纲要》	明确提出要"有计划地实行小学后、初中后、高中后三级分流,大力发展职业教育,逐步形成初等、中等、高等职业教育和普通教育共同发展、相互衔接、比例合理的教育系列"	首个明确提出不同级别职业技术教育之间要相互衔接要求的教育文件,它为构建现代职业教育体系进一步指明了方向
1996	《中华人民共和国职业教育法》	规定了我国职业教育体系的内容及职业教育体系与其他教育的关系	以法律的形式明确了我国职业教育体系的内容,为中高职衔接奠定了职业教育体系的法律基础
1997	《关于招收应届中等职业学校毕业生举办高等职业教育试点工作的通知》	《通知》指出从1997年起,决定在北京市、上海市等10个省、直辖市开展招收应届中等职业学校毕业生举办高等职业教育试点工作	为中高职衔接,尤其是中高职课程衔接的制度与方法,提供了很多有价值的经验

续表

年份	政策名称	相关内容	政策诉求、作用
1999	《面向21世纪教育振兴行动计划》	"逐步研究建立普通高等教育与职业技术教育之间的立交桥"。"初等、中等和高等职业教育与培训相互衔接,并与普通教育、成人教育相互沟通、协调发展"。"加快发展高等职业教育的步伐,探索多种招生办法,中等职业学校毕业生中有一定比例(近期3%左右)可进入高等职业学校学习"	实质上已将对中等职业教育与高等职业教育衔接的这一政策要求,延伸到了职业教育与普通高等教育衔接方面。为中高职衔接提供了制度层面的保障

表2-3　　　　　构建中高职课程衔接体系期间政策诉求

年份	政策名称	相关内容	政策诉求、作用
2002	《国务院关于大力推进职业教育改革与发展的决定》	"力争在'十五'期间初步建立起适应社会主义市场经济体制,与市场需求和劳动就业紧密结合,结构合理、灵活开放、特色鲜明、自主发展的现代职业教育体系"。"人才成长'立交桥'"的概念,它提出要"加强中等职业教育与高等职业教育,职业教育与普通教育、成人教育的衔接与沟通,建立人才成长'立交桥'"	首次提出了现代职业教育体系和五年制高职的概念,首次明确提出了"中等职业教育与高等职业教育相衔接的课程体系"的要求,并且扩展了"立交桥"概念的内涵。 提出的建立中高职课程衔接体系的要求,是顺利实施中高职衔接制度的客观保障
2005	《国务院关于大力发展职业教育的决定》	提出的现代职业教育体系,内涵更为丰富,要求该体系要"满足人民群众终身学习需要"。"建立职业教育与其他教育相互沟通和衔接的'立交桥',使职业教育成为终身教育体系的重要环节"	要求职业教育不仅在理念与制度上强调与各种教育衔接与沟通,而且,还对职业教育实践层面的问题,如课程等,提出了更高的要求,使包括中等教育与高等职业教育在内的衔接问题能够顺利实施
2010	《国家中长期教育改革和发展规划纲要》	"到2020年,形成适应经济发展方式转变和产业结构调整要求,体现终身教育理念,中等和高等职业教育协调发展的现代职业教育体系,满足人民群众接受职业教育的需求,满足经济社会对高素质劳动者和技能型人才的需要"	指导未来十年我国教育事业改革发展的纲领性文献。 提出到2020年现代职业教育体系的发展目标
2010	《国务院办公厅关于开展国家教育体制改革试点的通知》	通知决定在北京市、天津市、甘肃省部分市开展"改革职业教育办学模式,构建现代职业教育体系"的专项改革试点,在天津市、辽宁省、河南省、四川省开展包括"促进中等职业教育与高等职业教育协调发展"内容在内的职业教育综合改革试点	对于我国开展以上职业教育专项改革试点和综合改革试点工作的顺利开展,具有切实的指导意义

续表

年份	政策名称	相关内容	政策诉求、作用
2010	《中等职业教育改革创新行动计划》	要重点实施"十大计划"。"中等职业教育宏观政策与制度建设计划"和"中等职业学校专业与课程体系改革创新计划"其中两大计划	这两个计划实施的任务是构建"中等职业学校学生成长发展的立交桥"并"推进中等职业学校课程改革"
2011	《关于推进中等和高等职业教育协调发展的指导意见》	"构建灵活开放的终身教育体系,努力做到学历教育和非学历教育协调发展、职业教育和普通教育相互沟通、职前教育和职后教育有效衔接,为形成学习型社会奠定坚实基础"。"合理确定中等和高等职业学校的人才培养规格……注重中等和高等职业教育在培养目标、专业内涵、教学条件等方面的延续与衔接"。"完善职业学校毕业生直接升学和继续学习制度,探索中等和高等职业教育贯通的人才培养模式"等	是我国第一个指导中等和高等职业教育协调发展的专门的教育政策文件。在总结以往我国教育与职业教育关于中高职建设关系内容基础上,该文件全面系统地提出了中高职协调发展的意见,这些意见突破了狭义的课程衔接的思想,从广义的课程内涵出发,从专业设置及专业教学标准、培养目标、课程标准、教学条件等方面提出了中高职课程衔接的具体意见

根据对我国20世纪80年代以来若干与教育与职业教育相关的重要政策、文件的分析我们发现,我国社会经济的发展不断对职业教育人才培养提出新的要求,并且出台了一系列有关职业教育的政策和措施。可以说,中高职课程衔接正是体现了我国职业教育相关政策的历史诉求,它贯穿了我国从构建职业教育体系,到构建现代职业教育体系,再到构建与完善现代职业教育体系的职业教育体系全过程,体现了从构建中高职衔接体系到构建中高职课程衔接体系的实践必然选择。中高职课程衔接体系构建,始终随着相关政策的变化而变化,我国相关政策从重视形式上到实践上衔接的发展历程。

二、中高职课程衔接国际经验诉求

(一) 中高职课程衔接模式

众所周知,世界上,经济越发达的国家(或者地区)对职业教育的发展就越重视,因为他们知道其国家经济的"发达程度"与职业教育的发展程度具有密切关系,职业教育的发展程度取决于国家对职业教育的重视程度。第二次世界大战后的日本、德国等发达国家民族经济能够在短时间内迅速崛起和腾飞,他们的"秘密武器"就是对教育的重视,特别是对职业教育的重视。当然，世界上国家与国家的职业教育发展体系和发展模式是百花齐放、千姿百态的，但是他们都遵循了各自国家的社会、经济、文化等实际情况，基本都取得了他们预期的发展目标和成绩。中高职课程衔接模式因各国经济社会发展的不同而不同，但是总的来说，根据中高职衔接模式，可以把世界各国的中高职课程衔接模式大体归结为三种类型，即梯次课程衔接、螺旋课程衔接和系统课程衔接。

1. 梯次课程衔接模式

梯次课程衔接模式，就是在现代职业教育体系中把中等职业教育和高等职业教育这两个相邻的职业教育层次，根据层次对文化基础课程、专业基础课程和技能要求水平的层次要求不同，按照从低到高的顺序进行沟通和衔接，从而形成两个相互衔接的梯次课程衔接模式。如图2-3所示。

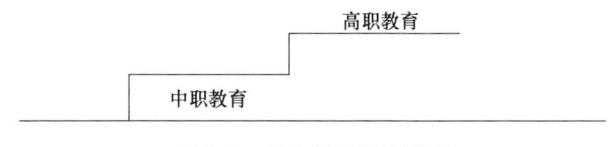

图2-3 梯次课程衔接模式

在这种梯次课程衔接模式中，中等职业教育作为较低层次的梯次，它是作为较高层次的高等职业教育的基础或者预备教育层次。处于较高层次的高等职业教育作为较低层次的中等职业教育的延伸层次。目前，世界不少国家和地区采用这种课程衔接方式。

2. 螺旋课程衔接模式

螺旋课程衔接模式，就是从较低层次的中等职业教育到较高层次的高等职业教育中，每一次晋级的必要条件就是需要较低层次的学习经验资历和必要的相关实际工作从业经验。如图2-4所示。

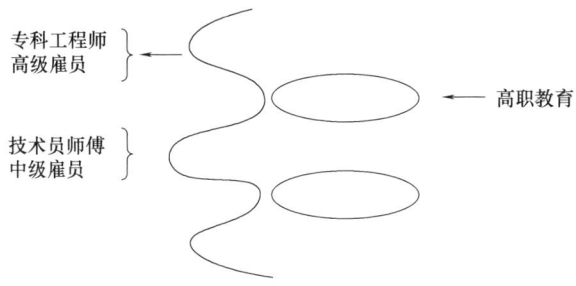

图2-4 螺旋课程衔接模式

例如，德国中等职业教育学校（专科高中和职业高中）的学生毕业后，如要升入高等职业教育学校，要求必须毕业后在相关企业中从事一定的工作，达到一定的期限后具备相应的工作经历或者从业经验，再申请升入高等职业教育学校深造。德国的"双元制"模式要求，中等职业教育的毕业生接受高等职业教育必须具备规定的从业经验，其中，职业技术师范学院要求至少有半年或一年以上的实际工作从业经验。

3. 系统课程衔接模式

中等职业教育和高等职业教育的课程目标、课程内容和课程评价具有层次性、连续性和系统性，这两个层次之间的课程衔接可以通过一定的方式衔接，从而形成一个有机整体的课程衔接系统。如图2-5所示。

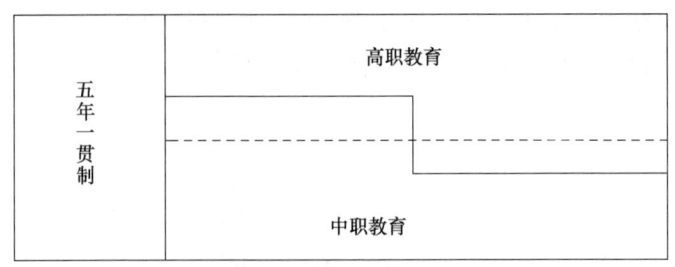

图2-5 系统课程衔接模式

中高职衔接中的五年一贯制是目前最典型的系统课程衔接模式。比如，在我国台湾地区，"五专"按照学分制培养模式，按照规定学生在前两年公共课学习结业后，至少要求修满220个学分，才能进行一次专业选择。再如，日本的中等职业教育与高等职业教育学制衔接模式采用的也是五年一贯制模式。在这种课程衔接模式中，课程教学内容在两个层次或者阶段的划分不是固定的，而是弹性的动态衔接模式，比如，英国和美国的中等职业教育和高等职业教育可以在同一所院校内完成。

(二) 中高职课程衔接模式的国际经验

国际上，中高职课程衔接模式虽然百花齐放、千姿百态、各领风骚，但是它们的中高职课程衔接都体现了终身教育思想，在完备的职业教育体系、健全的法规政策、以课程衔接为基础核心方面具有共同的特点和成功经验，这些都是值得借鉴和学习。

1. 完善的职业教育体系是中高职课程衔接的前提

各国职业教育体系模式不同，但是都保障了中高职课程衔接协调发展，建立了完善的职业教育体系。如德国职业教育的显著特色是"双元制"培养模式，通过螺旋式上升的学制体系为基础，在课程上实现了阶梯式职业教育课程的中高职衔接模式。如图2-6所示。

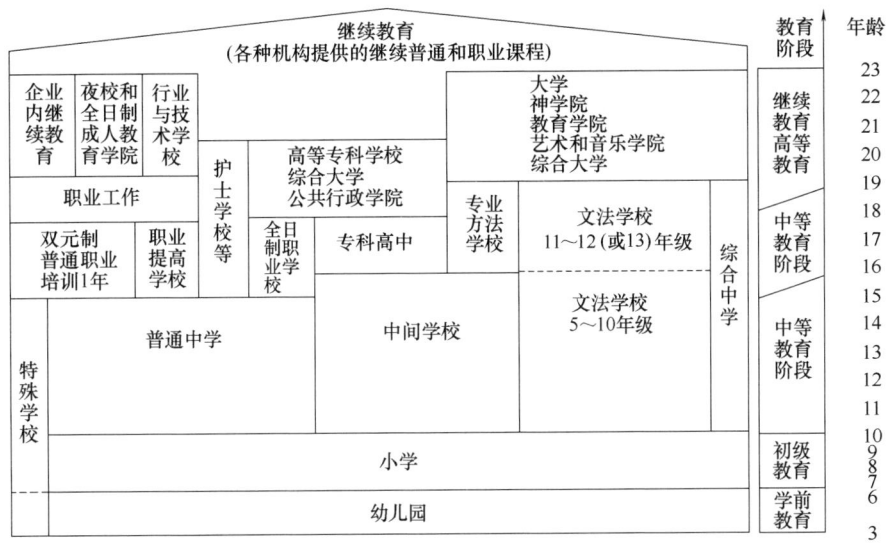

图 2-6　德国职业教育体系

中等职业教育作为较低层次的梯次，它是作为较高层次的高等职业教育的基础或者预备教育层次。处于较高层次的高等职业教育作为较低层次的中等职业教育的延伸层次，如图 2-7 所示。

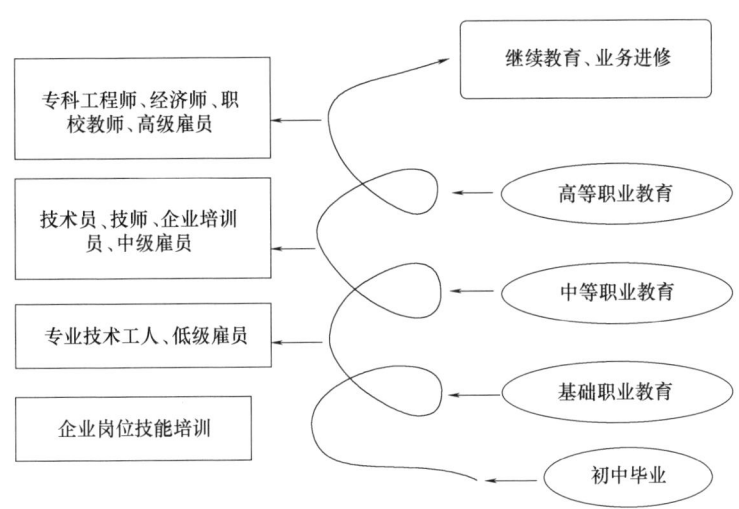

图 2-7　德国职业教育体系循环示意

英国在统一的国家资格框架下，层次上实现上下层次衔接、类型上实现普职沟通的职业教育体系，达到了构建中学教育、职业教育和高等教育的"立交桥"。在亚洲，日本拥有完整的高中专科学校、职业大学等完整学历层次的职业教育体系。在北美洲，以美国为代表的"以能力为基础的教育"CBE模式，职业教育体系与高等教育衔接，构建了具备本科层次、专业硕士、专业博士学位的职业教育体系，如图2-8所示。

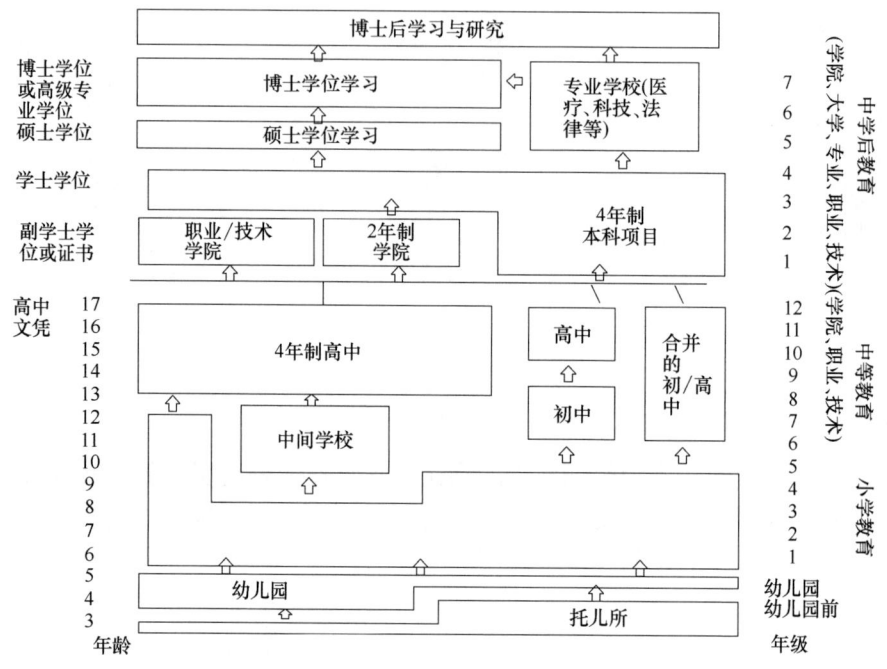

图2-8 美国教育体系

在中国，台湾地区的双轨制职业教育体系中，建立了从高级职业中学教育到专科教育直到本科教育或者高级职中直接进入本科到硕士教育和博士研究生教育的独立职业教育体系。

2. 健全的职业教育法规政策是中高职课程衔接的有效保障

世界各国和地区完善的职业教育法规和政策有效地保障了中高职课程衔接的正常运行。例如，德国在20世纪60年代制定和颁布的《德意志联邦职业教育法》，不仅规定了德国双元制下的学徒培训制度，还包括了职业教育与其他类型教育之间的关系，并且不断根据社会经济发展和职业教育的发展情况进行修订和完善。21世纪初，德国政府针对不同的培训机构和培训方式出台了《职业教育与培训法》，规定了职业教育学习的过渡和转换机制，明确职业教育学习培训分为预备阶段、初次培训阶段、继续培训阶段和后期培训阶段等不同的阶段培训。再比如英国，20世纪80年代，英国政府为了响应社会职业教育新思潮，促进社会与经济的快速发展，对职业教育制度进行了重大改革，建立了一种新型的国家职业资格证书制度，该制度明确了职业教育以职业能力为核心的考核制度。经过不断完善和发展，英国在职业教育方面取得举世瞩目的成就。同时，它通过国家资格框架实现了职业教育与普通教育之间的沟通，进一步有效提升了职业教育的社会地位。

在北美洲，美国自20世纪30年代以来，政府制定和颁布了数十个关于职业教育方面的法规，其中《职业教育修正案》《就业培训合作法》《职业教育法》《就业机会法》《人力开发与培训法》和《地区发展法》是有着举足轻重的地位。可以看到，美国政府和全社会对职业教育支持和重视的程度，明确了美国职业教育的国家法律地位，不仅解决了国家职业教育的发展问题，而且推动力社会经济的高速发展和繁荣。

在亚洲，日本从二次世界大战的失败中能迅速崛起，一跃成为亚洲乃至世界的经济大国和强国，其主要得益于日本政府和社会对职业教育的高度重视和国家政策及法规对职业教育的规范。在职业教育法规方面，日本不但制定了职业教育的基本大法，如《教育基本法》，还有像《职业安定法》和《职业训练法》等一类的具体法规。这些法规有效确保了日本职业教育的国家地位，规范了政府管理职责，保证了职业教育的高速发展，有力支持了经济社会的发展。"亚洲四小龙"之一的中国台湾地区，职业教育也给我们提供了许多发展经验。例如，它的职业教育基本法规《职业训练法》以及规定同等学力方面的法规《各级各类学校同等学力的办法》的相关规定，从法律层面规定和支持了中高职衔接通道和实现了中高职课程衔接体系。

3. 中高职课程衔接是构建现代职业教育体系的基础和核心

尽管各国职业教育体系和中高职衔接模式特征和内容不同，但是其核心和基础都是中高职课程衔接。德国采用学制的螺旋式上升和课程实行阶梯式综合职业课程衔接的方式。美国一体化课程或大纲直接衔接的模式，在高职课程结构改革中，加强了数学和科学基础知识模块，开发了集学术与职业内容为一体的综合课程，同时将先进技术引入职业课程，将技术课程建立在职业群的基础上，使课程框架更加宽泛，以适应现代社会职业发展要求。美国社区学院的课程反映出美国高职教育中更重视人的全面发展，在理论深度方面，主要根据专业能力形成的需要开设；在整合度方面，理论与实践的整合程度很高。日本中高职衔接教育机构主要有三种模式：一是"中等教育学校"，即新设实施6年整体性一贯教育的学校，不过当前期3年课程结束，学生可依个人意愿参加其他高中的入学考试；二是"并设型"一贯制学校,即将隶属于同一地方自治体的初中和高中用较为宽松的方式连接起来,该校初中生不进行高中入学选拔,且两校间的课程设计连贯相通;三是"联合型"一贯制学校,一般由一所高中和几所初中构成,在课程方面没有严格要求连贯相通,但是可以相互协定课程设计内容,编制相同主题基础的教育课程和学校活动。为了赋予"中等教育学校"和"并设型"学校更大的课程自由度,日本政府制定了《教育课程基准特例》。英国中高职教育课程衔接,创立了单元衔接法,采用分层式教学模式,统一制定了5000个左右的标准教学单元,并按程度分成6个层次。前3个层次属中职教育,后3个层次属高职教育。其中第一层次的单元与初中课程衔接,相邻层次的单元间可以衔接,学校依据学生所学单元总数的最低值和高层次单元所占百分比的最低值分别颁发中、高职毕业证和相应的职业资格证书。这种模式能够很好地实现中高职的衔接。中国台湾有独立的完整的从中职到高职、从专科到本科(含研究生、博士)职业教育课程体系和升学通道,并且设立了证照制度作为补充优化课程等值转化机制。

三、中高职课程衔接实践探索诉求

　　课程是人才培养的核心要素,推进中高职课程的衔接,是实现中高职衔接的根本保障。对当前中高职课程衔接的基本问题进行研究,建设技术技能人才系统培养的课程及体系,夯实现代职业教育体系建设的基础工作,不断提高职业教育吸引力,满足社会对教育的不同需求、满足社会经济发展对各种技能人才的需求等等具有非常重大和深远的现实意义。

(一)我国构建现代职业教育体系的实践诉求

　　职业教育与普通教育是同一教育系统的重要组成部分,它们是不同类型的两种平行的教育类型(类别),普通教育是一个完整系统,职业教育也是一个完整系统。目前,我国普通教育基本上已构成了从初级教育到高中教育、大专、本科、硕士、博士的层次结构完整的教育体系,但是,职业教育的体系还远未形成。如图2-9所示。

　　所以,我国提出了加快建设现代职业教育体系的目标,在政策和终身教育理念、基本框架、外部产业适应性、专业设置、中高职协调发展和体系建设的目标等方面取得了显著成绩。但是,实践上仍然存在诸多问题。我国中高等职业教育衔接尚处于初步阶段,现代职业教育体系未真正形成,问题在于中高职衔接体系连接尚未有效形成,中高职课程衔接是我国构建现代职业教育体系的基础工程。

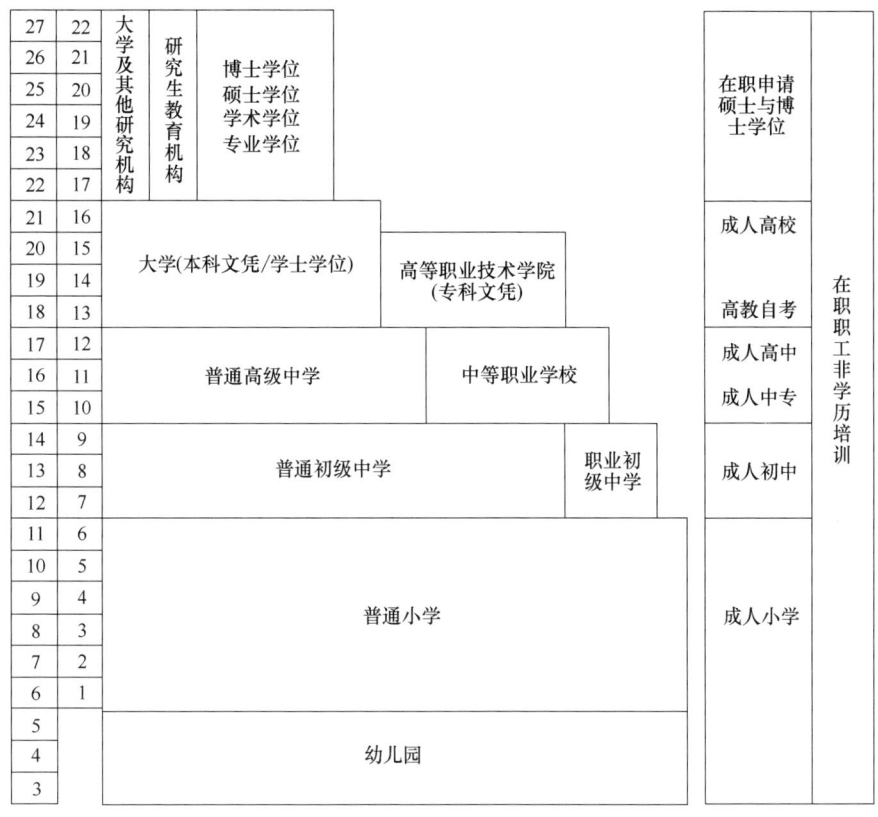

图 2-9　中国职业教育体系

（二）满足人民大众对教育多样化选择的现实诉求

升学就是进入比原来高一级的学校或年级学习。中高职课程衔接的基本目的就是为从中职升入高职的学生服务或者设计的。中职毕业生如何才能升入高职专科，专科升入本科或更高层次学习？通过哪些途径？调查发现，虽然目前有对口高职、单独招生、选择合作定向、"3+2"模式、技能拔尖人才免试等方式，表面上丰富多彩，而实际上，通过这些路径升学的招生计划规模仅仅占高职招生计划总数的5%，而另外95%的生源来自普通高中毕业生。对于中职生升入高职的录取比例问题关系着多少人能够升学的重要问题。也就是说，目前，升学路径"初中—中职—高职—极少部分能升本"模式没有成为主要路径，绝大多数的中职毕业生不可能升入高职学习，中职教育仍然是终点教育，中高职教育衔接不是主流，中高职课程衔接仍然不会引起足够重视。

我国普通教育与职业教育"冰火"两重天现象的问题原因是什么？为

什么普通高中会有如此的吸引力？为什么中职学校陷入如此的尴尬局面？

国家政府出台了一系列的重视职业教育发展的规划、政策和措施，如鼓励和开展职业教育科学研究、提供奖免职业教育学生费用（生活费资助、学费减免等）、提高职业教育办学能力建设、提高职业教育师资水平、试行中高职衔接（对口升学、单招单考、五年高职、注册入学等）、校企合作、提出建设现代职业教育体系规划、提出两类高考、提出地方本科院校转型等。当然，这些政策和措施，在一定程度上起到了积极的作用，但并未解决中职学生升学的全部问题。

改革开放以来，我国职业教育得到前所未有的高速发展。虽然国务院出台了一系列政策措施，重视和鼓励发展我国视职业教育，职业教育规模也进一步扩大，但是中职招生困难确实存在，中职学生升学愿望难以达成也是事实，原因有很多。以重庆为例，2012 年重庆市教育委员会和重庆市职教学会针对中职学校招生问题进行了调研。调研历时 1.5 个月，深入各级各类学校 23 所，召开座谈会 16 次，组织学生、学生家长进行问卷调查 542 人次（其中学生 346 人，家长 196 人）。调研发现中职学生 69.4% 希望升学，14.3% 不希望升学，其他情况占 16.3%。如图 2-10 所示。

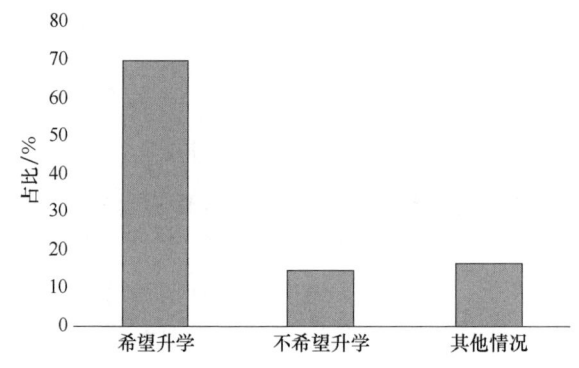

图 2-10　中职学生升学意愿调查

调研通过对参加调查 196 人家长进行问卷调查，有 94% 的家长认为只要家庭经济条件能够支撑，家长还是希望小孩就读普通高中。家长和学生传统成才观念根深蒂固，家长和学生始终认为"只有上大学才能成才，才能在社会上立足，才能找到好工作"，而对中等职业教育不屑一顾。也就是说，如果条件允许，学生和家长都希望接受高等教育。如果有机会读大学，就必须读普通高中，读中职学校却没有机会。

为贯彻落实 2010—2020 教育规划纲要精神，教育部职业技术教育中心刘育锋等人专门针对"中高职课程衔接的现状"在北京、重庆、广西开展了专题调研。调查发现，高等职业教育学生来源情况分布为北京3.1%、广西17.0%、重庆16.3%，合计平均11.3%。如图2-11所示。

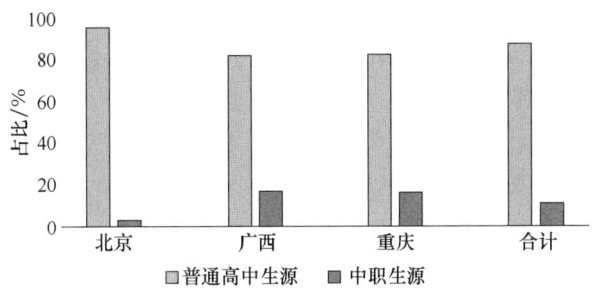

图2-11　高等职业教育学生来源情况分布统计

在高等职业教育教师对中高职课程衔接的总体评价方面，中高课程衔接情况调查结果：北京教师认为衔接占19.50%、不衔接7.30%、其他73.20%；广西教师认为衔接占12.30%、不衔接49.10%、其他38.60%；重庆教师认为衔接占17.50%、不衔接7.50%、其他75%。如表2-4所示。

表2-4　高等职业教育教师对中高职课程衔接的总体评价

项目	衔接	不衔接	部分不衔接
北京	19.5%	7.3%	73.2%
广西	12.3%	49.1%	38.6%
重庆	17.5%	7.5%	75%

随着经济社会的发展，产业的升级，对各种高技能人才需求数量的不断增长，职业教育到了不得不改革的关键时期。如果能把中高职课程衔接通道有效贯通，与读普通高中一样，读中职学校也可以有机会接受高等（职业）教育，那么，中职教育就具有同样的吸引力。

第三节　中高职课程衔接的理论框架

要研究中高职课程衔接，首先必须了解中高职课程衔接的内容、中高职课程衔接的基本结构和中高职课程衔接的基本特征，以及中高职课程衔接的价值取向和功能作用。本节对中高职课程衔接内容、结构和基本特征，以及中高职课程衔接的价值取向和功能作用进行分别阐述，以期形成中高职课程衔接的基本理论体系。

一、中高职课程衔接的内容

前文已对中高职课程的具体内容构成进行了简要概述，再结合中高职课程的特质表象，据此中高职课程衔接主要包括中高职课程相关的课程目标、课程内容、课程实施和课程评价4个方面的课程衔接内容。

（一）中高职课程目标

中高职课程目标又由中等职业教育课程目标和高等职业教育课程目标组成。这是中高职课程衔接的基本前提。

中高职课程目标是由中高职教育目的转化而来，中高职教育目的是对受中高职教育者的质量规格的总体要求，是中高职教育者的出发点和最终归宿。按照目标概括性的维度以此可以分为4种层次的目标：中高职教育目的、中高职培养目标、中高职课程目标、中高职教学目标。

从国家制定的中高职教育目的到实际的中高职课堂教学目标，经历了一系列的转化。把中高职教育目的、培养目标转化为中高职课程目标，最终通过教学手段去实现。如何确定课程目标？确定课程目标的依据是什么？对于这些问题，不同的人有不同的看法。泰勒的《课程与教学的基本原理》对这些观点做了归纳总结，提出了课程目标的三个来源：对学生、当代社会生活的研究和学科专家的意见。泰勒的课程目标来源思想已成为当今世界课程理论的主流思想。课程编制的根本指南就是课程目标，课程目标是根据学科的特点进一步具体化、明确化的培养目标。教学目标是课程目标的进一步具体化和明确化，它是教学工作的执行准则、教学实施与教学评价的基础。

1. 中等职业教育课程目标

根据中等职业教育培养目标可以看到，课程目标是培养生产一线的高素质社会劳动者和中级职业技能人才，一方面必须注重综合的职业能力培养，另一方面要求注重综合的素质能力培养。现代中等职业教育具有就业与升学双重任务，不仅要为生产一线输送合格的生产实用性技能人才，也要高一级高等职业教育院校输送生源。

2. 高等职业教育课程目标

根据高等职业教育培养目标知道，高等职业教育课程目标是为生产和服务第一线输送实用型和应用性的高技能人才或者高级专门人才，是中等职业教育的更高层次。课程侧重职业导向与高等性，强调专门学科，强调实用型和应用性。

（二）中高职课程内容

中高职课程内容又由中等职业教育课程内容和高等职业教育课程内容组成。这是中高职课程衔接的基础内容。

中高职课程内容包括三方面的内容：一是中等职业教育与高等职业教育教材，二是中等职业教育与高等职业教育学习活动，三是中等职业教育与高等职业教育课程学习经验。

1. 中等职业教育与高等职业教育课程内容选择的准则

（1）课程内容的基础性　学生作为社会公民，课程内容应该教授学生作为应该公民的基本知识和技能，以及学生需要继续学习的技能和能力。

（2）课程内容要联系社会实际　学校课程内容不仅要以各门学科的基础知识和技能为主，还应该考虑学生学习内容需要联系社会生活实际，为进入社会做好准备，以便于学生学习的知识和技能服务社会发展和经济建设。

（3）课程内容与学生的实际和学校的特点结合　课程内容应该与一定阶段学生的兴趣、爱好、需要与能力相适应，不仅有利于学生更好地掌握文化科技知识，而且有利于帮助他们逐步形成良好的学习态度和良好的学风与校风。

2. 中等职业教育与高等职业教育课程内容组织原则

如何将选择的课程内容进行教学？在教学实施前，必须将课程内容按照一定的原则或者方式进行组织，以便达成课程目标的实现。

（1）连续性　即人们陈述课程内容要素按照连续不脱节的组织方式。

（2）顺序性　即前面的课程内容一定是后面的课程内容的基础，后面的课程内容一定是前面课程内容的深入和拓展。

（3）整合性　即围绕一个课程目标或者培养目标，各种课程之间形成一个整体或一个体系。

课程内容组织原则具体有纵向与横向组织、逻辑顺序与心理顺序、直线方式与螺旋方式。它们或者以某一种为主，或者相互结合，或者以单一方式进行组织。

3. 中等职业教育与高等职业教育课程类型

按照课程内容组织方式的不同，课程分为不同的类型或者种类。从课程内容的固有属性来划分，课程可分为学科课程和经验课程；从课程内容的组织方式来划分，课程可分为分科课程和综合课程；从课程计划对课程实施的要求来划分，课程可分为必修课程和选修课程；从课程设计、开发和管理的主体来看，可将课程分为国家课程、地方课程和学校（校本）课程；根据课程任务，可将课程分为基础性课程、拓展性课程和研究性课程；根据课程的显示方式，可将课程分为显性课程和隐形课程。

4. 中高职课程的结构与课程内容表现形式

当前，我国职业教育学校开设的课程主要由职业公共课程、职业基础课、职业技能课程等3个"板块"组成。课程内容表现形式包括课程标准（教学大纲）、教科书（教材）、课程计划（教学计划）、课程表、教育资源等表现形式。

（三）中高职课程实施

中高职课程实施又由中等职业教育课程实施和高等职业教育课程实施组成。这是中高职课程衔接的核心环节。

中高职课程实施就是中高职课程计划的具体执行过程。中高职课程实施研究关注的是实施过程中发生的客观状况和对实施效果影响的各种因素。在课程实施过程中存在不同的做法，概括为三种取向，保守取向、相互适应取向、程序化取向（或称忠实取向）。具体采取何种取向，需要中高职课程实施者根据各自实际情况来确定。

1. 中高职课程实施影响因素

根据先前研究者们的总结，概括起来主要有中高职课程计划、中高职课程编制与课程实施者、中高职课程实施的领导与组织、中高职教师、中高职外部环境因素等。

中高职课程计划是影响课程实施的一个重要因素，即课程计划是否具有可传播性、可操作性、和谐性和相对优越性是课程实施有效性的重要保障。中高职课程实施是否成功需要课程编制者与课程实施者，或者课程实施者之间的交流与合作，通过交流与合作，有助于课程实施者加深对课程计划的认识和对课程内容的理解。中高职教师是课程计划的具体执行者，教师的素质、态度是影响课程实施的直接因素；各级教育行政部门和学校行政领导是中高职课程计划实施的领导者、组织者，是直接影响课程实施者（教师）的积极性的重要因素。中高职各种外部环境因素，如社会舆论、学生家长、国家政策、技术支持、财政支持等都是影响中高职课程实施的外部因素。

2. 中高职改善课程实施的策略

（1）中高职课程实施变革，包括课程计划的变革、课程目标的变革、教学方式的变革、教学手段的变革、教学资源的变革，课程评价机制的变革等。

（2）中高职教学策略与教学内容的转化，教师在教学过程中采取各种求教学策略和方式方法，根据教学情境的变化而变化，根据中高职学生的需要或者教学内容的要求而变化，这些教学策略都是以提炼和转化课程教学内容为核心去达到课程目标。

中高职教学模式无所谓优劣，关键是必须符合中高职特定的教育情境，成功达到中高职教学目标。

（四）中高职课程评价

中高职课程评价又由中等职业教育课程评价和高等职业教育课程评价组成。这是中高职课程衔接的保障条件。

中高职课程评价是研究中高职课程价值的过程，它是由中高职课程实施各环节中所开展的各类活动组成的。中高职课程评价的作用主要有诊断中高职课程、修正中高职课程、比较中高职课程之间的价值、预测中高职教育的需求、判断中高职课程目标的成功程度等。当前，中高职课程评价作为一个独立研究领域在教育研究的作用日益显著，评价的观念和方法越来越丰富多样。对于中高职课程计划的价值判断，无论期望结果如何，必须做出3个决定：课程计划是否需要改进；教师和学生等有关人员情况判断；课程计划管理是否需要改进。课程评价是一个不确定的可变活动，不同的决定导向就会产生不同的评价方案。当人们关注课程计划时，课程评价的直接目的就要确定课程计划的效果如何，与课程目标是否一致？哪些因素具有决定的影响作用？该课程计划已经产生了哪些效应？如何对现有课程计划进行修正？

无论评价者做出何种决定，他们在评价时一定会体现他们的价值取向。不同的课程评价取向会采取不同的评价手段、技术和方法，进而形成了不同的课程评价模式。目前，比较常见的课程评价模式有以下几类：目标评价模式，目的游离评价模式，背景、输入、过程、成果评价模式，外观评价模式，差距评价模式，斯泰克评价模式，自然探究评价模式等。采取何种课程评价模式何种手段是根据评价者和评价对象的不同而不同，没有统一或者必然一致的标准。虽然人们在课程评价模式和手段或者价值观的方面具有不同的意见，但是在绝大多数评价模式中涉及的基本问题和步骤还是具有一些共同的特征。课程评价的目的是为了课程决策，课程评价需要一些共同的标准或者准则以及一定的基本步骤，以便于形成一定的共同语言指导评价过程和评价工作。

二、中高职课程衔接的结构

中高职课程衔接的基本结构由衔接主体、衔接客体和衔接手段等内容构成。

(一) 衔接主体

中高职课程衔接的主体分别由各级教育行政部门、中等职业教育学校、高等职业教育院校、中等职业教育学校教师、高等职业教育院校教师、中等职业教育学校学生、高等职业教育院校学生组成。各级教育行政部门和中高职院校是中高职课程计划实施的领导者、组织者，是直接影响课程实施者（教师）的积极性的重要因素。政府的主导作用主要体现在以下几个方面：中高职课程衔接统筹规划与协调、建立和完善中高职课程衔接的法规和政策、重点树立骨干和示范、建立健全中高职课程衔接的投入体制和保障机制和建立督导制度。中高职教师与学生是课程计划的具体执行者，教师的素质、态度和学生的升学意愿、学习基础、特点是影响课程实施的直接因素。

(二) 衔接客体

中高职课程衔接的客体分别由中等职业教育学校课程、高等职业教育院校课程、中高职课程衔接的时间、中高职课程衔接的空间、中高职课程衔接的社会环境等构成。当前，我国职业教育学校开设的课程主要由职业公共课程、职业基础课、职业技能课程等3个"板块"组成。中高职课程内容表现形式包括课程标准（教学大纲）、教科书（教材）、课程计划（教学计划）、课程表、教育资源等表现形式；中高职各种外部环境因素，如社会舆论、学生家长、国家政策、技术支持、财政支持等都是影响中高职课程实施的外部因素。

(三) 衔接手段

中高职课程衔接的客体分别由中高职课程衔接的制度、中高职课程衔接的政策、中高职课程衔接的模式等构成。中高职课程衔接的制度与政策是中高职课程衔接的重要保障条件；中高职课程衔接的模式是课程衔接的重要途径和手段。世界各国的中高职课程衔接模式大体归结为3种类型，即梯次课程衔接、螺旋课程衔接和系统课程衔接。高原等在《论发达国家中高等职业教育衔接的模式》中把主要发达国家的中高职衔接模式划分为补习衔接模式、文凭等值衔接模式、大纲衔接模式、社区学院模式等；刘育锋在她的《论我国中高职衔接的模式》中对我国中等职业教育与高等职业教育之间的衔接模式做了比较全面的论述，并做出了形式和内涵两种模式判断。根据我国中高职衔接方法，具体有如下5种模式：五年一贯制模式，五年分段模式，对口升学模式，单招单考模式，灵活学制模式。

三、中高职课程衔接的基本特征

（一）中高职课程衔接的治理主体多元化

过去，职业教育中高职课程衔接的决定权都是掌握在各级教育行政部门手里，职业院校、中高职老师与学生都处于被动的服从地位，现代职业教育发展与变革的治理主体打破了传统教育治理主体的单向性和独裁型。随着社会发展和职业教育管理观念的变革，传统的职业教育管理由教育行政部门绝对控制和决定的主导权被打破，代之而起的是各方治理主体共同对职业教育发展进行共治共存的格局，中高职课程衔接管理开始出现共同自主共治的多元化态势。中高职课程衔接中，衔接方式、衔接内容、衔接范围、衔接时间、衔接层次、衔接规模等均以政策和文件发布的绝对控制权威被破解，打破了旧有的中高职课程衔接管理规则或原则，教育行政部门由原来的教育管理的纯控制者转变为与职业院校、教师、学生一起共同管理的民主时代，并以参与者、指引者和共建者的身份出现在中高职课程衔接管理活动当中，由原来居高临下的权威指挥官转向以指导为主的平等首席咨询顾问，积极吸引职业院校、教师、学生参与中高职课程衔接管理与变革，形成了一个真正意义上的中高职课程衔接治理的共同体。

教育行政部门重点发挥政府主导的宏观职能，集中做好以下几个方面：中高职课程衔接统筹规划与协调、建立和完善中高职课程衔接的法规和政策、重点树立骨干和示范、建立健全中高职课程衔接的投入体制和保障机制并建立督导制度。职业院校充分发挥办学主体性和独立性，为教师和学生提供中高职课程衔接的基础条件。同时，中高职教师与学生是中高职课程衔接计划的具体执行者，教师的素质、态度和学生的升学意愿、学习基础、特点是影响课程实施的直接因素。

中高职课程衔接管理过程中逐渐呈现出更加民主的气氛，各方主体之间也逐渐构建出和谐平等对话的人际关系。教育行政部门更加注重发挥职业院校的主导作用，职业院校更加注重教师与学生的主动性与积极性，中高职课程衔接中出现了更多的互动和宽容，职业教育发展与变革更加符合现代职业教育体系的构建，更加符合现代社会经济发展对人才的需要。

（二）中高职课程衔接的发展不平衡性

中高课程衔接发展的地区差异。职业教育的发展水平跟经济发展的水平有着必然的联系，职业教育研究跟经济发展也必然相关。全国中高职课程衔接的发展水平和研究成果在各地极不平衡，经济越发达的地区，工业化、城镇化、现代化水平越高，职业教育院校发展水平越高，职业教育质量水平越高，职业教育研究者越多，职业教育研究水平越高。反之，经济越不发达的地区，工业化、城镇化、现代化水平不高，职业教育院校发展水平不高，职业教育质量水平越低，职业教育研究者不多，职业教育研究水平越低。从我国总体来看从东南远海逐渐向中部、西北、西南部呈梯度递减趋势。

中高职课程衔接的宏观理论研究与微观实践活动的不协调。从中高职课程衔接文献作者分析来看，作者来自高等职业院校、普通高校和教育研究机构占72%，该研究的作者群主要集中在高等院校等教育理论工作者之中，同时我们也看到只有15%的作者来自高等职业院校、普通高校和科研机构以外的中等职业学校（包括职业高中、技工学校等），这说明中高职课程衔接研究的参差不齐。同时，这说明职业教育中高职课程衔接问题仅限于职业教育教学和研究机构，还没有得到企业单位、政府部门等高度关注，远未得到全社会的广泛参与和支持。中高职课程衔接是现代职业教育体系构建的基础工程，现代职业教育体系建设的发展需要得到社会各方特别是中高职课程衔接各方主体的高度参与，宏观理论研究与微观实践活动逐渐走向和谐是我国现代职业教育发展的必然要求和趋势。

（三）中高职课程衔接的教育体系尚未完善

相对普通教育，职业教育被学界认为也是一个教育类型，与普通教育并列的、平等的教育类型。中国的教育结构如图2-12所示。

在我国，普通教育有完善的层次体系，有初级（初中）、中级（高中）、高级（专科、本科、硕士、博士）等完善的层次构成。但是，严格地说，职业教育就是只有初级（初中）、中级（中职）两个层次，缺少更高教育层次的供给设计。高职院校教育只能算是普通教育里的组成部分，因为它们基本上只招收普通高中毕业生。所以，我国的职业教育体系没有建立起来，顶层设计没有完善或者缺少，可以看出满足中高职课程衔接职业教育体系需要完善。

（四）中高职课程衔接的主体模式尚未确立

理由见本章第二节中的"满足人民大众对教育多样化选择的现实诉求"部分内容。

四、中高职课程衔接的价值功能分析

现代职业教育体系建设是我国当前教育领域的重大工作，而中高职课程衔接是现代职业教育体系构建的基础工程和起点。现代职业教育体系建设关系着我国职业教育体系结构完善、关系着满足社会对教育的多样性选

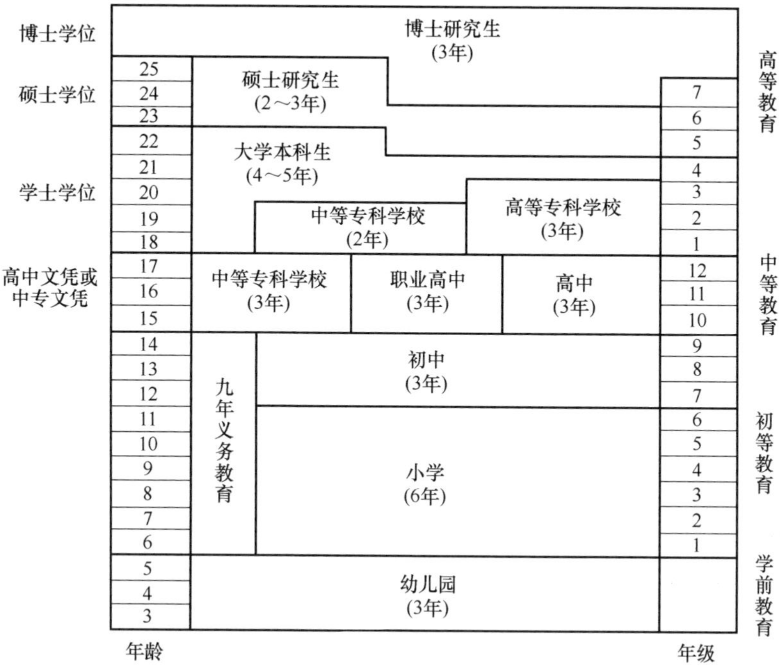

图 2-12 中国的教育结构

择和进一步学习需要、关系着职业教育整体吸引力提升、关系着社会经济发展对人才的多样化需求。

（一）有助于搭建学生进一步学习的平台

长期以来，我国把高中阶段教育分为普通高中教育和中等职业教育，普通高中教育毕业的学生可以升入高一级普通高等院校和高等职业教育院校，而中等职业教育学校的毕业生几乎没有升入高一级学校的可能和通道。整个社会公众普遍有一个共同的观点，在我国职业教育就是末等教育、断头教育、无奈教育。首先，提供职业教育的主体——中职中专学校（主要由各类技工学校、中专学校、职业高中组成），它们在人们心目中就是末等教育机构。因为以前成绩比较差的但有特殊身份的学生可以就读的学校就是技工学校，综合办学实力比较差的普通高中转办为职业高中，所以学生和家长选择中等职业教育是只有在没有其他选择的情况下的无奈选择。其次，根据我国教育体系，只有普通高中毕业生具有升入高一级院校的资格和路径，所以我国大学教育（包括高职院校）主要生源来自普通高中毕业生，那就是说，中职中专毕业生几乎没有升学的希望了。再次，根据综合成绩，我国初中毕业生基本上被划分成 A、B、C、D 四个等级，只有成绩在末等的 D 级或者极少数 C 级是由于普通高中的容量或者教育行政部门规定的所谓普职比 1:1 限制不能升入普通高中，而被迫选择中职学校或者弃学。

目前，根据我国现代职业教育体系建设规划以及两类高考的提出，建设现代职业教育体系已成为社会发展和时代的要求，中高职课程衔接成为体系建设成败的关键因素。所以，建立在中高职课程衔接基础上的现代职业教育体系正成为解决两类高中阶段毕业生升学的重要平台，成为我国高等教育大众化的重要途径。

（二）有助于完善职业教育体系结构

如前文所述，我国完善的职业教育体系没有建立起来，顶层设计没有完善或者缺少。我国明确提出职业教育是一类相对独立的教育类型，完善现代职业教育体系，建立"初中—中职—高职—职业教育本科"模式成为招生考试主渠道之一，那么职业教育高层次本科院校已成为目前需要解决的重要问题。我国还没有一所真正以招收中职毕业生的高技能的职业教育层次的本科院校。

教育部的改革方向已经明确：国家普通高等院校 1200 所学校中，将有 600 多所转向职业教育，转型的大学本科院校正好占高校总数的 50%。教育部副部长鲁昕在 2014 年 3 月底表示，中国解决就业结构矛盾的核心是教育改革。教育改革的突破口是现代职业教育体系，培养的人是技术技能型。今后，中国将以建设现代职业教育体系为突破口，对教育结构实施战略性调整，而这一调整集中在高中和高等教育阶段。

（三）有助于提高职业教育的整体吸引力

我国传统观念中，中等职业教育在我国被视为"终点教育""断头教育""二流教育""末等教育"，是无奈选择的教育，对学生和家长没有吸引力可言。如果读中等职业教育的学生也可以与读高中的学生一样，毕业后可以升大学，接受高等教育，那么学生和家长也许就会主动选择中等职业教育，就能有效提升中等职业教育的吸引力。然而，要解决这一问题的关键就在于现代职业教育体系的完善和中高职课程衔接问题的解决。

进入 21 世纪后，职业教育得到前所未有的高速发展。国务院一系列政策措施的出台标志着我国开始重视职业教育，大力发展职业教育，以就业为导向改革与发展职业教育，使职业教育规模进一步扩大，更能服务社会。随着经济社会的发展，产业的升级，对高技能人才需求的增大，社会、个人（家长、学生）对职业教育发展提出更高的要求。现代职业教育体系的构建就是把中高职衔接通道有效贯通，与读普通高中一样，读中职学校也可以有机会接受高等（职业）教育，那么中职教育就具有同样的吸引力，这样就是提升职业教育整体吸引力。

（四）有助于满足社会对人才的多样化需求

中等职业教育是职业教育的一个层次，它的发展和作用是由一定的社会经济发展环境决定的，它也必将随着社会经济发展而发展。随着国务院的《中国制造2025》发布，我国将需要更多的具有扎实而深厚的理论知识与更高学习型高技能人才，中等职业教育必然要向高等职业教育延伸。在2010年《国家中长期教育改革和发展规划纲要（2010—2020年）》第六章提出："到2020年，形成适应经济发展方式转变和产业结构调整要求、体现终身教育理念、中等和高等职业教育协调发展的现代职业教育体系，满足人民群众接受职业教育的需求，满足经济社会对高素质劳动者和技能型人才的需要。"可以看出，在现代职业教育体系中，中高职协调发展是关键，中高职课程衔接是中高职协调发展的基础。教育部关于推进中高职教育课程衔接体系建设的指导意见（征求意见稿）明确指出，中高职课程衔接是构建现代职业教育体系的基础性工程，建设中高职课程衔接体系是加快推荐职业教育改革的紧迫任务。

课程衔接是人才培养的核心要素，推进中高职课程的衔接，是实现现代职业教育体系建设的根本保障。当前我国正处于全面推进现代职业教育体系建设的重要时期，探索中高职课程衔接的基本途径和方法，建设技术技能人才系统培养的课程及体系，夯实构建现代职业教育体系的基础，对于提高职业教育服务社会的综合能力和满足经济社会对高素质劳动者和技能型人才的需要具有十分重要的基础意义。

第三章　中高职课程衔接的基本现状调查与分析

我国中高职教育在发展中存在各种各样的问题。本调查研究的目的，就是从问题出发，在一定的理论指导下，通过全面、系统及深入地调查中高职课程衔接现状，去分析发现影响和制约中高职课程衔接问题的因素，从而找到解决问题的路径与方法，提出完善和变革的建议。中高职课程是一个由各种要素组成的有机整体，包含课程目标、课程内容、课程实施、课程评价及相关制约因素——知识、学生、社会环境（含考试招生制度）等方面的基本内容。洞悉当前中高职课程衔接的现状、归结出基本症结是中高职课程衔接研究的逻辑起点。通过问卷调查和数据分析，勘察中高职课程衔接的现状，将中高职课程衔接现状与概念模型进行对比，试图找到我国目前中高职课程衔接的问题表征和问题症结，为我国中高职课程衔接实践提供实践经验和理论基础。

第一节　中高职课程衔接现状调查设计与实施

一、调查目的

通过调查找出中高职课程衔接问题，明晰问题的本质是调查研究的基本出发点。本调查旨在全面掌握当前我国现代职业教育体系建设中在中高职课程衔接的现状，进而归结出中高职课程衔接问题的基本表征，通过全面、系统及深入地调查中高职课程衔接现状，去分析发现影响和制约中高职课程衔接问题的因素，综合审视问题本身，深刻系统剖析归因，从而找到解决问题的路径与方法，提出完善和变革我国中高职课程衔接的建议。

二、调查工具

（一）问卷编制

根据对中高职课程衔接有关文献研究，结合研究者对现实问题的调查发现，在以上基础上编制了一套《关于高等职业院校中高职课程衔接现状调查研究问卷》与《关于中等职业学校中高职课程衔接现状调查研究问卷》。为了保证调查问卷的较高信度和较高效度，让中高职课程衔接的调查进行具有较高的可操作性，让调查问卷具有科学系统性，本中高职课程衔接研究的问卷编制采用了原始开发问题形成、专家意见、初始问卷试测、甄别删留和信度与效度检测等几个程序和环节。第一步，根据研究者对中高职课程衔接有关文献研究，结合研究者对现实问题的调查发现，有针对地选取一部分中等职业学校和高等职业院校的学生进行，采用座谈和尝试初始开放式问题交流等多种形式，通过初始调查结果记录，分析整理形成调查问卷第一稿。第二步，向相关教育专家或者相关资深人士请教、讨论和交流。其中包括3名西南大学教育学部的教授和博士生导师、2名四川省德阳市教育局职业教育中心研究员、4名职业院校行政管理干部、2名西南大学课程与教学博士生、2名西南大学教育管理与领导、5名四川省高等职业学院在职教师、5名四川省中等职业学校在职教师。第三步，在前面两个步骤的基础上，通过分析和整理形成初始问卷，并对已经做好的测试文件在事先预定的职业院校内进行第一次试测，第一次试测地点确定在四川省德阳市辖区内，其中包括2所高等职业学院和2所中等职业学校，分别选取100名学生进行第一次试测，根据试测结果分析对问卷再次进行了修正。

（二）问卷结构

问卷主要分为两部分构成，即第一部分要求填写调查问卷人的基本情况，包括姓名、性别、出生年月、在读学校、在读类别、在读年级、在读专业以及家庭情况8个方面的基本信息。调查问卷中的第二部分内容，即调查的核心内容部分问卷，包括中高职课程衔接的课程目标、课程内容、课程实施、课程评价4个大调查维度，4个大调查维度下又分别设计了许多具体的详细的较小的问题调查维度。整个调查问卷共分为45条单个问题进行。

《关于高等职业院校中高职课程衔接现状调查研究问卷》的具体内容是这样的。第一维度是中高课程衔接的课程目标，问卷的第1~15题调查学生对中高职课程目标的调查，其中第2题调查中高职培养目标的适应性，第3、4题调查学生对中高职培养目标的认可程度，第1、5、6题具体调查中高职课程培养目标的实施路径。第7、9、10题调查中等职业学校和高等职业院校的专业衔接状况，第8题调查中高职院校专业课程知识衔接状况，第11题调查学生对中高职专业衔接期待的变革，第12、13题调查学生对课程目标衔接的认可程度，第14、15题调查对课程目标衔接的有效性认同度。第16~25题为课程内容调查维度。具体来说，第16、17题调查专业课与公共基础课内容的衔接有无衔接重复情况，第18题调查中高职课程内容的行业适应性，第 19、20、21 题调查中高职课程内容衔接优化选择，第 22 题调查中高职课程体系构建的必要性，第 23、24 题调查中高职课程结构是否适应学生身心发展特点和层次递进规律，第 25 题具体调查课程结构在形式和内容方面的提升衔接。第 26~31 题为课程评价维度调查，其中，第 26 题调查课程评价的依据来源，第 27、28 题调查课程评价的主要方式，第 29 题调查课程评价的价值取向，第 30 题调查课程评价的真实程度，第 31 题调查课程评价的对学生学习的影响。第 32~45 题为课程实施维度调查，其中，第 32 题调查课程教学的价值取向，第 33~35 题调查学生对课程教学方式认可程度和希望，第 36、37 题调查课程教学方式对学生学习的影响和问题，第 38 题调查课程教学与行业企业结合的情况，第 39 题为教材维度，主要调查学生对教材贯通性、进阶性、广度、深度的满意度，其中第 40 题调查中高职院校在中高职衔接升学路径的现状选择，第 41 题调查学生升学路径选择的原因，第 42、43 题调查学生对不同的升学路径的满意度，第 44 题调查学生对升学现实政策的认可程度，第 45 题调查中高职高职升学中三校生规模现状。

《关于中等职业学校中高职课程衔接现状调查研究问卷》问卷结构与此高等职业院校学生问卷基本一致，由于中等职业学校学生没有高等职业院校学习与生活经历，问答基本上采用希望或者理想的角度提出学生内心的意愿或者期盼答案，从而对学生升学或者升学后的理想要求结果的甄别，以此为研究中高职课程衔接提供另一种参考依据。

（三）问卷检测

《关于高等职业院校中高职课程衔接现状调查研究问卷》与《关于中等职业学校中高职课程衔接现状调查研究问卷》开发完毕之后，研究者首先在一所高职院校与一所中职院校分别进行试测。总共发放问卷 140 份，回收问卷 140 份，其中有效问卷 135 份，有效回收率为 96.43%。其中学历层次，有高职专科学生 70 人，占总人数的 51.85%；中职学生 65 人，占总人数的 48.15%；性别方面，男生有 78 人，占总人数的 57.78%；女生 57 人，占总人数的 42.00%。

接下来，对初始数据进行项目分析。项目分析主要是对编制的量表进行可靠程度与适应性检测，明确项目的操作难度和区分度。一般做法是对问卷分组进行独立样本的 t 检验，再得出断决值（CR）。考虑删除断决值未达到概率 $p<0.05$ 以上的项目，这样来确保项目的鉴别力。根据以上步骤分析，结果如表 3-1 所示。

表 3-1　　　　　　　　　独立样本 t 检验分析

题号	t 值	p 值	题号	t 值	p 值	题号	t 值	p 值
V1	1.540	0.017	V16	1.118	0.033	V31	1.527	0.016
V2	1.245	0.035	V17	1.861	0.041	V32	1.371	0.035
V3	1.415	0.009	V18	1.153	0.027	V33	1.405	0.072
V4	1.412	0.048	V19	1.109	0.046	V34	1.676	0.033
V5	1.508	0.039	V20	1.054	0.025	V35	1.289	0.016
V6	1.371	0.000	V21	1.491	0.009	V36	1.915	0.029
V7	1.631	0.018	V22	1.731	0.021	V37	1.746	0.022
V8	1.719	0.046	V23	1.219	0.036	V38	1.568	0.049
V9	1.657	0.047	V24	1.338	0.049	V39	1.135	0.017
V10	1.730	0.022	V25	1.215	0.017	V40	1.911	0.028
V11	1.245	0.035	V26	1.461	0.025	V41	1.298	0.019
V12	1.517	0.009	V27	1.590	0.011	V42	1.304	0.034
V13	1.611	0.028	V28	1.374	0.017	V43	1.427	0.014
V14	1.398	0.019	V29	1.451	0.041	V44	1.591	0.000
V15	1.214	0.100	V30	1.491	0.001	V45	1.124	0.052

6 通过以上结果分析发现，在95%的置信区间内，45个项目的 p 值均未超过0.05。通过独立样本 t 检验之后，研究者还对《中高职课程衔接调查问卷》进行了题项与总水平的相关分析。根据测量学的观点，每一个项目如果与总项目的相关程度越高，调查项目的鉴别力就越高，反之则低。《中高职课程衔接调查问卷》的鉴别力检测如表3-2所示。

表 3-2　　　　　　题项与总项目水平的相关系数比较分析

题号	R 值	p 值	题号	R 值	p 值	题号	R 值	p 值
V1	0.432	0.027	V16	0.418	0.003	V31	0.529	0.006
V2	0.457	0.031	V17	0.511	0.014	V32	0.412	0.026
V3	0.250	0.039	V18	0.252	0.028	V33	0.511	0.014
V4	0.424	0.041	V19	0.509	0.044	V34	0.463	0.002
V5	0.491	0.037	V20	0.454	0.009	V35	0.458	0.056
V6	0.483	0.000	V21	0.419	0.026	V36	0.501	0.022
V7	0.421	0.014	V22	0.371	0.035	V37	0.414	0.007
V8	0.253	0.046	V23	0.291	0.050	V38	0.412	0.035
V9	0.492	0.051	V24	0.438	0.018	V39	0.488	0.015
V10	0.369	0.028	V25	0.521	0.041	V40	0.492	0.021
V11	0.258	0.053	V26	0.416	0.038	V41	0.435	0.045
V12	0.501	0.009	V27	0.530	0.033	V42	0.403	0.030
V13	0.276	0.012	V28	0.437	0.049	V43	0.457	0.011
V14	0.485	0.039	V29	0.541	0.024	V44	0.250	0.007
V15	0.413	0.020	V30	0.471	0.000	V45	0.263	0.014

采用SPSS20.0对两种问卷的信度进行检验。对问卷的信度（reliability）检验，就是把问卷所测量问题的结果与预期的目标进行对比，即是测量工具的可信度检测。检验信度最核心的指标就是克隆巴赫阿尔法系数（Cronbach's α），α系数介于0~1之间。一般认为，Cronbach's α系数一般要求等于或者在0.5以上，Cronbach's α系数越高，测量工具的可信度就越高。对《中高职课程衔接调查问卷》的各个调查维度进行信度检验结果如表3-3所示。

表3-3　　　　　　　　　　问卷信度结果分析

维度	N	α	分半信度
课程目标	15	0.745	0.785
课程内容	10	0.702	0.761
课程实施	12	0.734	0.763
课程评价	8	0.701	0.721
问卷均值	45	0.720	0.760

如表3-3所示，整个问卷及其各维度的信度良好。其中：课程目标α系数为0.745，分半信度为0.785；课程内容α系数为0.7027，分半信度为0.761；课程实施α系数为0.734，分半信度为0.763；课程评价α系数为0.701，分半信度为0.721；问卷均值α系数为0.720>0.7，分半信度为0.760>0.7。

问卷的效度是指正确测量所研究问题的有效程度，即问卷中的研究量表在测量相关问题时是否有效。用SPSS20.0对问卷的各子维度进行相关分析，它们之间相关系数均在0.456~0.667，基本低于其信度系数，这说明本问卷的结构效度可以接受。调查问卷的项目来源于成熟文献和访谈观察整理后的结果，并请了专家和一线教师对问卷的项目进行了评判，其中包括2名教育学原理方向的教授、负责职业教育的相关行政管理人员和随机遴选的几位学员对问卷的项目进行了评判，均认为本问卷基本能够代表要测量的中高职课程衔接的相关研究问题，量表内容效度设计效果良好。

同时本研究还根据需要，开发了针对教师和学生的《中高职课程衔接访谈提纲》（详见附件），访谈调查的目的是对中高职课程衔接现状更加全面而深入的掌握。其中，针对教师的访谈提纲主要包括被访谈者的基本信息，同时就中高职课程衔接相关问题逐一做了访谈。针对学生的访谈提纲除了学生基本信息之外，则着重从中高职衔接升学路径等敏感问题设计了相应的访谈内容提纲。

三、样本选择

（一）样本区域选择

本着教育博士培养目标要求和工作实际需要出发，本研究的调查区域为四川省德阳市。首先，德阳市是中国重型装备制造业基地，其经济、文化、教育的发展在全国居于中等水平、在西部处于领先水平，在四川省仅次于成都市。其次，德阳市我国西部职业教育重要基地，系我四川省唯一的国家级高等职业教育综合改革试验区。德阳作为四川唯一的职业教育改革示范区、国家高等职业教育综合改革试验区，现如今已拥有 2 所应用型本科学院、6 所高职学院，18 所中职学校，其中国家示范性高职学院 2 所，国家级示范性中职学校 3 所、国家重点中职学校 5 所，各类职业院校在校学生共 14 万人。在中高职课程衔接理论研究与实践探索方面，四川省德阳市是一个典型的代表地区。

（二）样本学校选择

本次问卷调查在四川省德阳市选取了 12 所中高职院校，其中，高职院校包括四川工程职业技术学院、四川建筑工程职业技术学院、四川司法警官职业学院、四川工业科技职业学院、四川航天职业技术学院、四川卫生康复职业学院。中等职业学校包括四川省商贸学校、德阳安装技师学院、四川省邮电信息学校、德阳市黄许职业中专学校、德阳市什邡市职业中专学校、德阳市罗江县通用电子学校。

在样本的选择上，一是充分考虑被选择样本院校的举办性质，同时兼顾公办院校和民办院校两种不同性质的样本院校。其中公办高职院校包括四川工程职业技术学院、四川建筑工程职业技术学院、四川司法警官职业学院、四川航天职业技术学院、四川卫生康复职业学院、四川省商贸学校、德阳安装技师学院、四川省邮电信息学校、德阳市什邡市职业中专学校。民办院校包括四川工业科技职业学院、德阳市黄许职业中专学校、德阳市罗江县通用电子学校。二是学校又按照国家级示范院校、省级示范院校、市级示范和行业性质等不同类别与层次进行了选择，尽可能兼顾样本范围内不同层次和不同性质的职业院校。其中，国家级示范高职院校 2 所，分别为四川工程职业技术学院和四川建筑工程职业技术学院；国家级示范中职学校 1 所，为德阳市黄许职业中专学校。国家级重点中职学校 3 所，包括四川省商贸学校、四川省邮电信息学校、德阳市什邡市职业中专学校；行业性质院校 3 所，包括四川省商贸学校、四川省邮电信息学校、德阳安装技师学院。三是中心城区与县级区域相结合，中心城区有 7 所，包括四川工程职业技术学院、四川建筑工程职业技术学院、四川司法警官职业学院、四川卫生康复职业学院、四川省商贸学校、德阳安装技师学院、四川省邮电信息学校。非中心城区的县级区域有 5 所，包括德阳市黄许职业中专学校、德阳市什邡市职业中专学校、德阳市罗江县通用电子学校、四川工业科技职业学院、四川航天职业技术学院。

四、调查实施

本次调查研究共发放问卷 1200 份，其中中职问卷 600 份，回收率为 86.67%。其中有效问卷 496 份，有效率 82.66%；其中高职问卷 600 份，回收率为 93.83%。其中有效问卷 531 份，有效率 88.50%。问卷调查样本的具体分布如表 3-4 所示。

表 3-4　　　　　　被试样本分布情况

项目	维度	样本人数	占比/%
高职	男	354	62.9
	女	209	37.1
	城镇生源	235	41.7
	农村生源	328	58.3
	一年级	203	36.1
	二年级	175	31.1
	三年级	185	32.8
中职	男	292	56.2
	女	228	43.8
	城镇生源	190	36.6
	农村生源	330	63.4
	一年级	189	36.3
	二年级	164	31.5
	三年级	167	32.2

访谈方面，在上述 12 所中高职院校中选取了 36 名教师进行了访谈，其中基础理论课教师 12 名，专业理论课教师 12 人，双师型教师 12 人。年龄 30 岁以下的 10 人，31 到 40 岁的 15 人，4 以上的 11 人。教龄在 5 年以下的 8 人，5 年以上到 20 年以下的 18 人，20 年以上的 10 人。教师学历方面，大专学历 5 人，本科学历 22 人，硕士研究生及以上学历 9 人。学生访谈对象方面，共选取了 36 名学生，其中城镇生源 18 人，农村生源 18 人。中职学校学生 18 人（平均每一个年级 6 人），高职院校学生 18 人（平均

每一个年级 6 人)。此外,对德阳市教育行政部门相关业务领导进行了走访。

第二节 中高职课程衔接调查结果统计分析

调查结果采用 EXCEL 分析工具,用频数分布与差异分析相结合来描述结果,频数分布描述整体面貌,差异分析描述协变量之间的变化。采用量化与质性研究相结合的描述性分析原则,一是对调查的 4 个维度进行量化比较描述性分析,二是根据访谈信息材料进行质性描述性分析,量化与质性研究结合的描述性分析研究。

一、课程目标衔接描述性分析

课程目标是由教育目的转化而来,教育目的是对受教育者的质量规格的总体要求,是教育者的出发点和最终归宿。从国家制定的教育目的到实际的课堂教学目标,经历了一系列的转化。按照目标概括性的维度以此可以分为四种层次的目标:教育目的、培养目标、课程目标、教学目标。对于课程目标的确定,首先,明确教育目的,落实培养目标。其次,通过需要评估程序,系统阐述试验性目标,确定优先课程目标,对学生达到这些目标的可能性做出评估,根据目标的优先程度的顺序编制课程计划。再次,明确课程价值取向,确定课程目标的表现形式。我国目前新课程改革中,明确课程目标内容为三维目标整合,即知识与技能、过程与方法、情感态度与价值观。根据人们对学生身心发展过来、社会需求的重点及知识的性质和价值的看法存在的差异,对这三者之间的关系理解不同,因此对课程目标的取向不同,人们把课程目标分为行为目标、展开性目标和表现性目标 3 类。

如图 3-1 所示,在"你所在学校的人才培养目标适应了行业人才需求"问项中,超过 95.4% 的中职与高职学生认为课程目标应该符合社会经

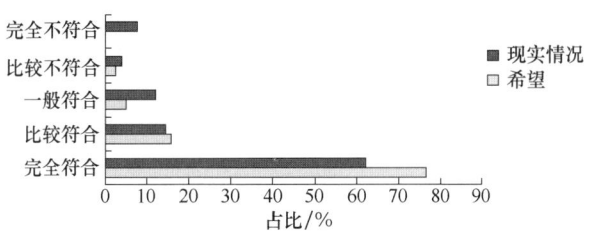

图 3-1 课程目标适应行业人才需求调查结果

济发展的行业对人才的需求。在"你所在学校的人才培养目标与你个人预期发展目标差别大"一项中,超过88.56%的高职学生认为人才培养目标与个人预期发展目标差别太大。几乎所有的中职学生希望职业院校人才培养目标应该与个人预期发展目标一致或者基本一致。

在"教学计划根据生源不同而不同"一项上,高达97.4%的高职与中职学生希望教学计划根据生源不同而不同。在实际教学计划执行中,只有23.61%的高职学生认为教学计划根据生源不同而不同,如图3-2所示。大部分高职院校的学生来源主要是普通高中的毕业生,但是也有对口考试、单独考试和五年制初中起点学生,调查结果说明,教学计划没有很好的考虑学生来源和实际情况,不同的生源采用一样的教学计划,势必会对不同学习基础或者习惯的学生造成学习效果的预期失望,从而影响整体教学质量。

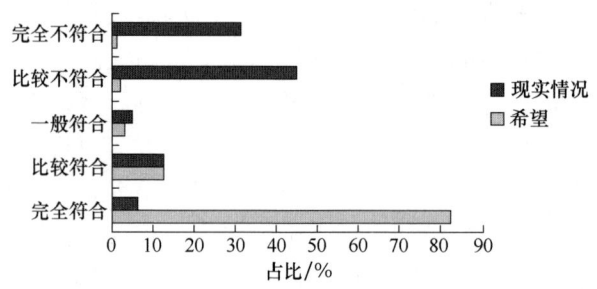

图3-2 中职生源教学计划执行调查结果

从以上分析中可以得出,目前我国职业教育特别是高等职业教育在培养目标方面存在着严重问题,一方面与在中职与高职学生的预期没有保持一致,另一方面跟不上社会经济发展特别是行业对人才的需要,换句话说,我国主要承担职业教育的中高职院校一直在模仿普通教育与普通高等教育的人才培养目标和教学模式,虽然近年来有所转变,但是还没有真正体现职业教育的特点,还没有真正发挥职业教育应有的社会教育作用。未来,职业教育人才培养目标必须满足社会经济发展与行业对技能人才的需求,教学计划必须满足不同生源的实际情况,这样的中高职课程衔接目标才有真正的实际价值。

在中高职课程衔接中,中职与高职课程标准必然有显著的层次之分。如图3-3所示,在"高职毕业生与同专业的中职毕业生在就业岗位上有明显层次区分"一项中,认为完全符合的占14.55%,认为比较符合的占47.27%,认为一般符合的占26.36%,认为比较不符合的占4.55%,认为

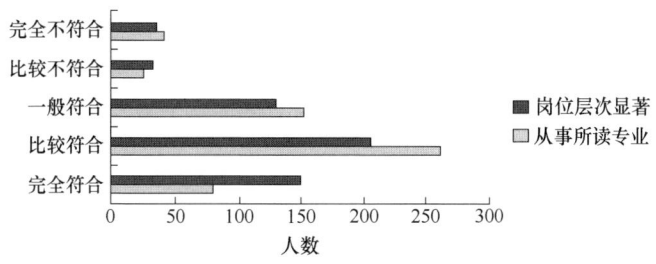

图 3-3　岗位层次显著与愿意从事所读专业调查结果

完全不符合的占 7.27%。在"升高职后更希望日后从事所读专业的相关工作"一项中，认为完全符合的占 27.27%，认为比较符合的占 37.27%，认为一般符合的占 23.64%，认为比较不符合的占 5.45%，认为完全不符合的占 6.36%。调查显示，高职院校相对中职院校具有一定的专业导向和引领作用。

在"与中职相比，认为在高职所学专业知识与技能方面有显著提升"一项中，调查结果如图 3-4 所示，认为完全符合的占 15.45%，认为比较符合的占 47.28%，认为一般符合的占 20.91%，认为比较不符合的占 8.18%，认为完全不符合的占 8.18%。在"与中职相比，认为在综合能力方面有显著提升"一项中，认为完全符合的占 14.54%，认为比较符合的占 48.19%，认为一般符合的占 20.01%，认为比较不符合的占 9.09%，认为完全不符合的占 8.17%。调查显示，与中职相比，高职院校在学生专业知识与技能方面和综合能力方面都有大幅提升和显著成效。

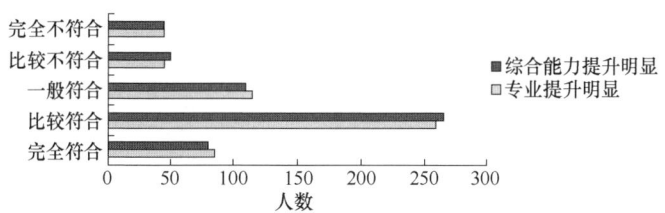

图 3-4　专业知识与技能提升和综合能力提升调查结果

由于德阳是四川省唯一的国家级高职综合改革试验区，其职业教育发展水平和高职院校综合实力都较其他地区高出许多，所以其职业教育的办学特点较其他地区更为突出。调查显示，国家级高职院校在课程目标的制定方面已经初步取得可喜成效，并领先示范其他非国家级示范高职院校。我们希望能将这些改革成果在四川乃至全国逐步总结和推广。

如图 3-5 所示，在"你认为中职中专阶段，对于升学与就业不同需求

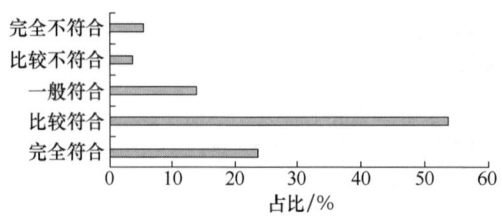

图3-5　关于升学与就业不同需求的学生应设置不同教学内容的调查结果

的学生应设置不同教学内容"一项中,认为完全符合的占23.64%,认为比较符合的占53.64%,认为一般符合的占13.64%,认为比较不符合的占3.64%,认为完全不符合的占5.45%。

中职中专毕业生的选择有两个方向,一是就业,一是升学。课程目标应该满足学生的多样化发展方向,教学内容应该根据课程目标满足学生多样化的需求。

二、课程内容衔接描述性分析

课程内容是课程目标的最直接的体现,是实现课程目标的手段,直接指向"应该教什么"的问题。课程内容是为特定教育阶段的学生而选择的。因此,课程内容选择的准则有以下几点。

一是课程内容的基础性:学生作为社会公民,课程内容应该教授学生作为应该公民的基本知识和技能,以及学生需要继续学习的技能和能力。二是课程内容要联系社会实际:学校课程内容不仅要以各门学科的基础知识和技能为主,还应该考虑学生学习内容需要联系社会生活实际,为进入社会做好准备,以便于学生学习的知识和技能服务社会发展和经济建设。三是课程内容与学生的实际和学校的特点结合:课程内容应该与一定阶段学生的兴趣、爱好、需要与能力相适应,不仅有利于学生更好地掌握文化科技知识,而且有利于帮助他们逐步形成良好的学习态度和良好的学风与校风。简单地说,职业教育课程内容包括专业课和文化基础课程。

如图3-6所示,在"与中职课程相比较,高职英语课程在教学内容方面没有重复"一项中,认为完全符合的占22.73%,认为比较符合的占45.45%,认为一般符合的占8.18%,认为比较不符合的占13.64%,认为完全不符合的占10%。在"与中职课程相比较,高职专业课程在教学内容方面没有重复"一项中,认为完全符合的占14.55%,认为比较符合的43.64%,认为一般符合的10.91%,比较不符合的20%,完全不符合的10.91%。

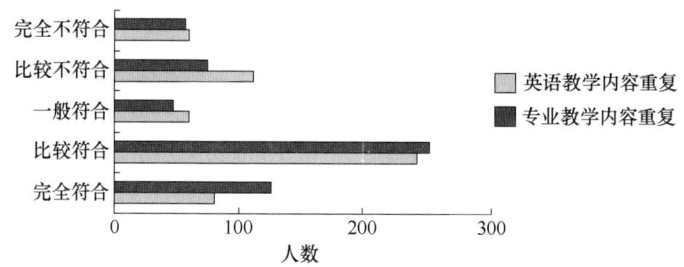

图3-6 英语与专业课程教学内容重复的调查结果

在"经过高职大专学习,你认为中职特别加强文化基础课程"一项中,认为完全符合的占19.09%,认为比较符合的占41.82%,认为一般符合的占12.73%,认为比较不符合的占20.91%,认为完全不符合的占5.45%。在"经过高职大专学习,你认为中职特别加强文化专业课程的理论学习"一项中,认为完全符合的占24.55%,认为比较符合的占32.73%,认为一般符合的占18.18%,认为比较不符合的占20.91%,认为完全不符合的占3.64%。如图3-7所示。

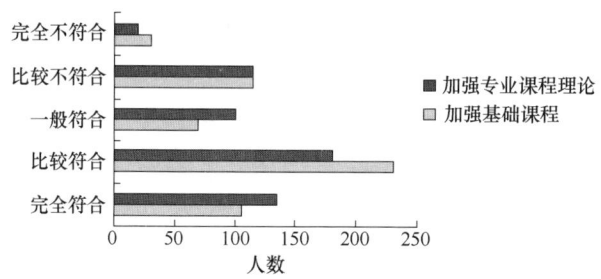

图3-7 关于加强专业理论和基础课程的调查结果

以上调查表明,在中职阶段加强文化基础课程、专业理论课程的教学和学习非常必要。同时,也说明一方面要减少课程内容的重复,另一方面要加强课程基础和相关理论的课程衔接,以便为中职学生升入高职奠定基础,同时又为提高高职教学质量和效率服务。

在"高职的专业学科设置是否合理"一项中,如图3-8所示,高达86.27%的调查结果为合理,只有13.73%的人认为不太合理,没有人认为不合理。调查结果显示,我们高职院校在专业课程设置方面趋于合理,但还要努力地不断完善。

在相关院校的访谈中,一方面许多的高职院校和中职学校在专业课程设置方面几乎都存在着重复的现象,这一问题造成了有限教育资源的无端

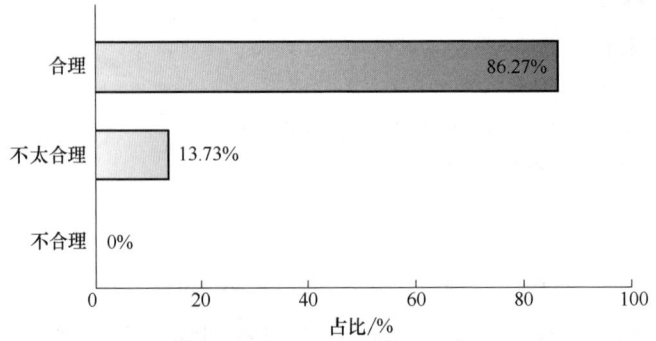

图 3-8 关于高职专业的学科设置合理性调查结果

浪费。另一方面，许多的高职院校和中职学校在专业课程设置方面没有有效衔接和沟通，造成课程空白，给在中职毕业生通过高职升学面就形成了天然的制度障碍，而新兴专业后继无人，这样的专业设置使得中高职课程衔接难以真正实现。

教材（教科书）是课程内容表现的重要形式之一。课程内容指课程教学过程中所采用的具体内容和辅助资源，可以包括课程标准（教学大纲）、教材（教科书）、课程计划（教学计划）、课程表、教育资源等表现形式。在"你认为现在的教材的满意度"一项中从教材的贯通性、进阶性、广度和深度进行了调查。其结果如图3-9所示，认为教材的贯通性非常满意的占10.23%，认为比较满意的占24.81%，认为一般的占30.45%，认为比较不满意的占18.52%，认为非常不满意的占15.99%。认为教材的进阶性非常满意的占17.09%，认为比较满意的占30.14%，认为一般的占25.08，认为比较不满意的占17.56%，认为非常不满意的占9.32%。认为教材的广度非常满意的占18.18%，认为比较满意的占52.73%，认为一般的占19.09%，认为比较不满意的占7.27%，认为非常不满意的占2.73%。认为教材的难度非常满意的占25.45%，认为比较满意的占

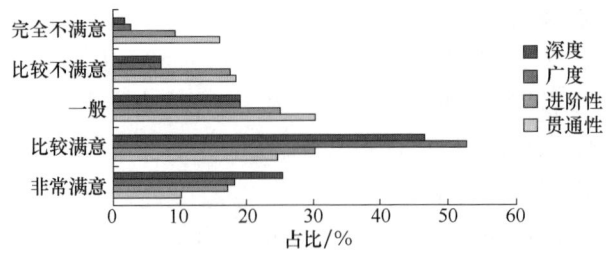

图 3-9 关于对教材几个维度的满意度的调查结果

46.36%，认为一般的占 19.09%，认为比较不满意的占 7.27%，认为非常不满意的占 1.82%。

目前，关于教材的问题，在中高职课程衔接和职业教育体系构建中，教材是一个关键因素。调查显示，虽然学生对教材的反映不是特别强烈，但是，关于教材的编写、采用、取向、内容、知识结构等都是未来中高职课程改革的重点，关系到中高职课程衔接的有效程度。

如图 3-10 所示，在"你认为中职和高职课程之间能很好体现由浅入深、层次递进的关系"一项中，认为完全符合的占 18.18%，认为比较符合的占 47.27%，认为一般符合的占 18.18%，认为比较不符合的占 9.09%，认为完全不符合的占 7.27%。

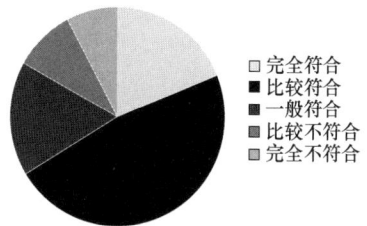

图 3-10　关于中高职课程层次递进情况的调查结果

如图 3-11 所示，在"与中职相比，高职的课堂实训内容与形式方面有明显提升"一项中，认为完全符合的占 13.64%，认为比较符合的占 48.18%，认为一般符合的占 13.64%，认为比较不符合的占 12.73%，认为完全不符合的占 11.82%。

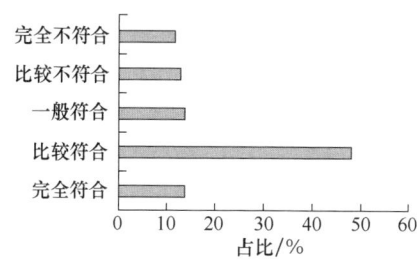

图 3-11　关于大专的课堂实训内容与形式方面有明显提升的调查结果

以上调查说明，要进一步实现中高职课程衔接在层次递进、系统协调的提升程度，需要或有必要对中高职课程衔接内容和结构方面进行统筹设计。

三、课程实施衔接描述性分析

课程实施就是课程计划的具体执行过程。课程实施研究关注的是实施过程中发生的客观状况和对实施效果影响的各种因素，它对中高职课程衔接有至关重要的影响。在"中职生源管理方式"一项上，希望单独编班的达到 89.01%，希望混合编班的达到 10.76%，其他占 0.23%。而现实调查结果是希望单独编班的达到 80.39%，希望混合编班的达到 17.65%，其他占 1.96%，如图 3-12 所示。希望与结果基本一致。

在"您认为校企合作培养方式在我国职教中的侧重程度"一项中，如图 3-13 所示，认为侧重企业实践的占 27.45%，认为侧重理论教育的占 29.41%，认为齐头并进的占 43.14%。

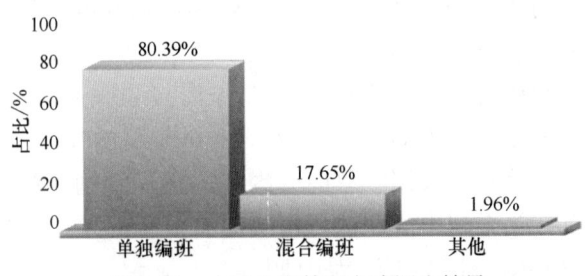

图 3-12　中职生源管理方式调查结果

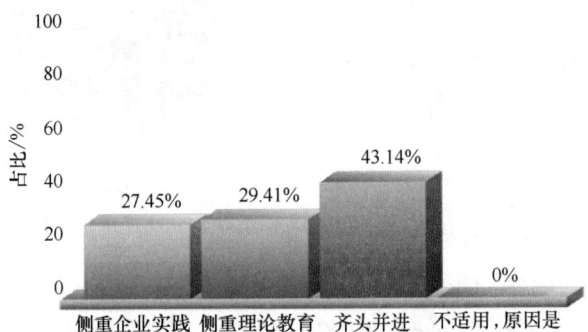

图 3-13　关于校企合作培养方式侧重程度的调查结果

在"您认为高职院校在教育过程中应更加注重?"一项中,如图 3-14 所示,选择传授知识的占 58.25%,选择专业技能培养的占 91.26%,选择培养学生职业素质的占 86.41%,选择培养学生学习方法的占 64.08%,选择培养学生的人生观、价值观的占 74.76%,选择培养学生兴趣爱好的占 59.22%,选择培养学生适应社会的能力的占 87.38%。

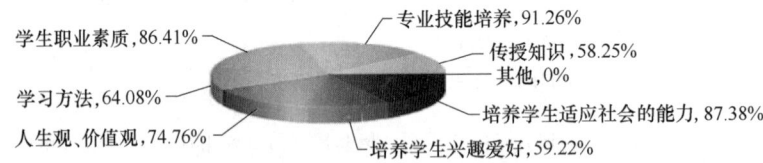

图 3-14　关于高职院校在教育过程中应更加注重内容或方式的调查结果

在"您最喜欢的教学形式?"和"您收益最大的教学形式?"调查中,如图 3-15 所示,选择课堂讲分别占 44.66% 和 45.63%,选择边讲边练分别占 76.7% 和 59.22%,选择实际操作分别占 73.79% 和 67.96%,选择现场教学分别占 52.43% 和 38.83%,其他占 0.97%。

在关于教学环节不能加深理论理解和培养实际操作能力的调查选项

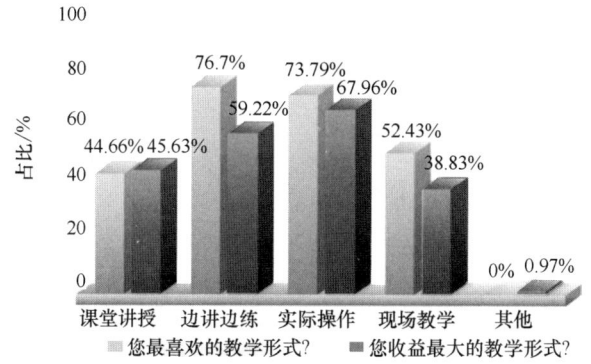

图 3-15 关于最喜欢的和收益最大的教学形式的调查结果

中，如图 3-16 所示，97.06% 的人选择"能"。在"若不能，主要原因是？"选项中，选择"教师缺乏实际经验，教学效果差"的占 21.36%，选择"学校实验、实训仪器设备陈旧仪器设备少"的占 47.57%，选择"学校安排的实验、实训、实习学时数太少"的占 80.58%，选择"工厂对学校实习不支持，实习次数少或无法深入具体工作环节"的占 41.75%。

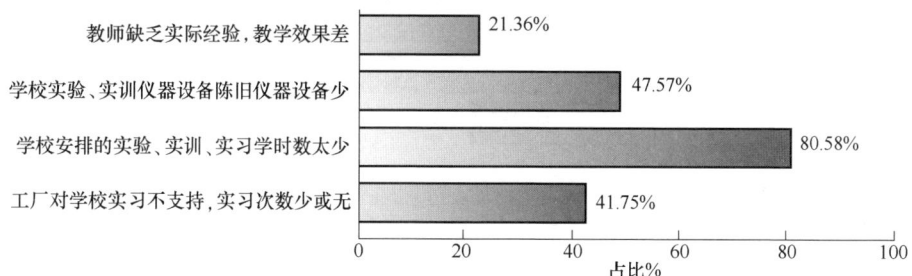

图 3-16 关于教学环节不能加深理论理解和培养实际操作能力的原因调查结果

在"在校学习期间到用人单位实习或生产认识的次数"一项中，如图 3-17 所示，学生在校学习期间到用人单位实习或生产认识的次数选择"从来没有"的占 53.92%，选择"低于 2 次"的占 31.37%，选择"2～4 次"的占 10.78%，选择"4 次以上"的占 3.92%。

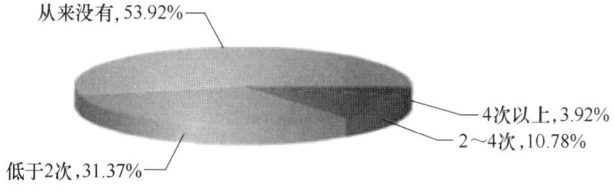

图 3-17 关于在校学习期间到用人单位实习或生产认识程度的调查结果

以上调查说明，一方面，在教学方式方法上，对于职业教育专业技能培养、综合素质培养、职业资格证书认可等方面意见保持高度认同。另一方面，我们教学环节还有很多方面没有落实到实处，特别是校企合作教学培养方面做得还不到位。

四、课程评价衔接描述性分析

在"您认为职教毕业生，对就业影响较大的因素是？"一项中，如图3-18所示，认为对就业影响较大的因素是考核成绩占55.34%，认为对就业影响较大是证书的占82.52%，认为专业操作技能的占85.44%，认为个人综合能力的占85.44%，认为实习经验的占73.79%，认为学校知名度的占35.92%，其他占0.97%。

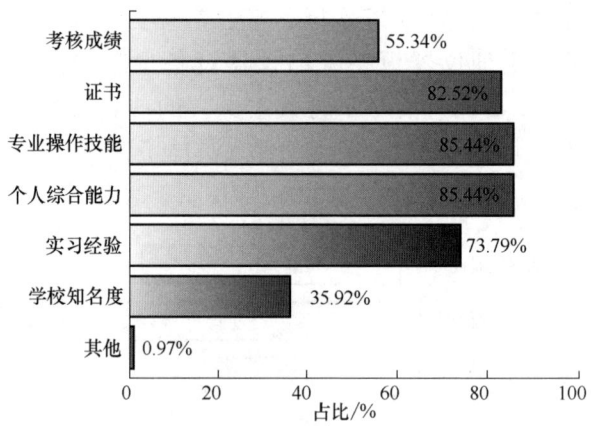

图3-18 关于对就业影响较大因素的调查结果

如图3-19所示，在"高职课程考核评价方式基本以笔试为主"一项中，认为完全符合的占21.82%，认为比较符合的占50%，认为一般符合的占12.73%，认为比较不符合的占10.91%，认为完全不符合的占4.55%。在"高职课程成绩一般为教师考核，很少甚至没有自评与互评"一项中，认为完全符合的占20%，认为比较符合的占38.18%，认为一

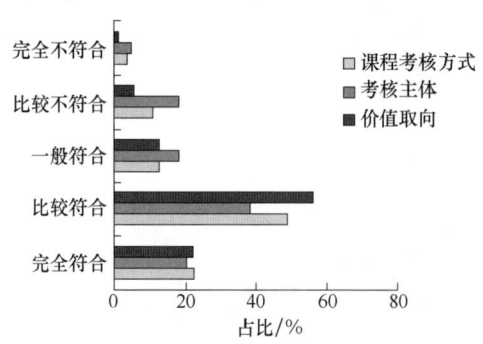

图3-19 关于高职课程的考核方式、
考核主体和价值取向的调查结果

般符合的占 18.18%，认为比较不符合的占 18.18%，认为完全不符合的占 5.45%。在"高职教师对你的学习表现以鼓励性的正面评价为主"一项中，认为完全符合的占 21.82%，认为比较符合的占 57.27%，认为一般符合的占 12.73%，认为比较不符合的占 6.36%，认为完全不符合的占 1.82%。

如图 3-20 所示，在"你认为你的课程成绩能真实反映出你对该课程的掌握情况"一项中，认为完全符合的占 10.91%，认为比较符合的占 47.27%，认为一般符合的占 14.55%，认为比较不符合的占 20.91%，认为完全不符合的占 6.36%。在"你认为你的课程考核结果能促进你继续努力、提升自我"一项中，认为完全符合的占 18.18%，认为比较符合的占 52.73%，认为一般符合的占 19.09%，认为比较不符合的占 7.27%，认为完全不符合的占 2.73%。

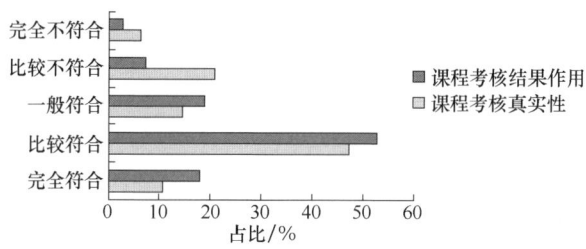

图 3-20　关于高职课程考核结果的真实性和正面作用的调查结果

通过调查发现，高职课程考核主体以教师为主，考核形式以笔试为主。课程考核方面没有真正体现职业教育的特点。而且，学生基本习惯这种考核方式。可见，中国职业教育在教师、学生的教学与学习观念方式的转变或者改革仍然有很长的路要走。

第三节　中高职课程衔接问题表征分析

中高职课程衔接是不断发展变化的，因此，中高职课程衔接的理念也在不断变革，特别是国家提出建立中等和高等职业教育协调发展的现代职业教育体系的战略目标以来，中高职课程衔接的理念进一步得到发展和变革，不管是国家政策、理论研究，还是实践探索等都正在发生深刻而显著的变革，主要体现正在从普通性走向职业性，从过去的补充角色走向主要角色，从宏观架构走向微观实践，从凌乱状态走向系统状态。通过对四川省德阳市选取的 12 所中高职院校中高职课程衔接的现状调查，以及相关人员的交流访谈情况和资料收集，与中高职课程概念模型对比发现，虽然学生、学校、政府等相关人员和部门都表现出不同程度对中高职课程衔接的关注，甚至给予了无比的热情和期待，但是，同时在中高职课程衔接的课程目标、课程内容、课程实施、课程评价等方面还存在很多问题和困惑。主要体现在以下几个方面。

一、课程目标：目标取向稳定性差（目标确定学科化趋向）

课程目标是课程衔接的起点。中职学校课程应该至少有3类目标：就业目标、升学目标和就业升学目标。调查表明，88.56%的人认为课程目标的制定瞄准了行业需求，职业院校人才课程目标体现了以就业为本的取向；27.27%的学生升高职后更希望日后从事所读专业的相关工作；在实际在教学计划执行中，只有23.61%的人认为教学计划根据生源不同而不同。中职学校一般以就业为本，即课程目标就是就业目标，后来又掺杂了升学目标，现在老师们都不知道是啥目标，大多数且不关心，可见，中职课程目标非常模糊和不稳定。再则，课程目标决定于学校培养目标。中等职业教育课程目标，根据中等职业教育培养目标，我们可以看到，课程目标是培养生产一线的高素质社会劳动者和中级职业技能人才，一方面必须注重综合的职业能力培养，另一方面要求注重综合的素质能力培养。高等职业教育课程目标，根据高等职业教育培养目标，我们知道，高等职业教育课程目标是为生产和服务第一线输送实用型和应用性的高技能人才或者高级专门人才，是中等职业教育的更高层次。课程侧重职业导向与高等性，强调专门学科，强调实用型和应用性。

中职学校培养目标没有明确为高职培养基础人才，而是以中级职业目标为终极，由此可见，中职课程目标根据中职学校培养目标而决定，至少没有明确将中等职业教育学校毕业的学生作为高职教育院校教育的基础和起点。

不同中职学校之间学生的培养目标也不尽相同，有的学校培养方向以就业为主，有的以升学为主，在调查的中等职业学校中，总的来说，一般县级中等职业学校均以升学为主，这些学校主要是由原来的普通高中调整转型而来，一是其办学模式和教学方式还未摆脱普通高中的模式，二是学校在实训专业设备和专业教师方面严重缺乏，这些学校包括德阳市黄许职业中专学校、德阳市什邡市职业中专学校、德阳市罗江县通用电子学校，它们希望国家在高等职业院校招生中能够将招收中等职业学校毕业生的比例提高。例如，四川省德阳市什邡市职业中专学校位于德阳市什邡市（县级市），是 1984 年 7 月由普通高完中改办的职业中学，2000 年建成国家级重点职中，现有中职学生 4382 人，学生对口就业率 50% 以上，其余部分学生前去发达地区就业。一般原中专学校或者技工学校以就业为主，主要考虑到这些学校的学生学习习惯和基础都较差，缺乏继续学习的能力，他们主要希望自身有朝一日能够直接升格成为高等职业院校的一员，从而摆脱中等职业学校的办学困境，这些学校包括四川省商贸学校、德阳安装技师院校、四川省邮电信息学校。例如，四川省邮电信息学校位于四川省德阳市区，原名四川省邮电职工中等专业学校，1984 年经国家教委和邮电部批准建立，现有中职学生 2000 余人，毕业学生基本上都没有参加对口考试一类的升学考试，大部分学生基本上去沿海发达地区就业。

现代中等职业教育具有就业与升学双重任务，不仅要为生产一线输送合格的生产实用性技能人才，也要为高等职业教育院校输送生源。普通高考计划中的对口升学计划就是普通高校招生计划中专门用于招收中等职业学校毕业生的计划。但是，我国高等职业院校招生对象主要是普通高中毕业生，而且普通高中毕业生是绝对主体，中职学校毕业生只能通过对口考试、单独招生和五年高职等方式升入高等职业院校，且其总量不超过高等职业院校招生总数的 5%。其课程目标至少没有明确将中职学生作为起点，也不可能作为起点。可见，中高职课程目标衔接没有贯通，衔接起点是普通高中培养目标，与中职培养目标是错位的。

调查中还发现，一般的高等职业院校都不太欢迎从中等职业学校毕业的学生，而且对中高职衔接或者中高职课程衔接有明显的抵触情绪。例如，四川省工程职业技术学院是一所公办全日制普通高等学校，隶属于四川省经济和信息化委员会，2006 年被教育部确立为首批国家示范性高职学院，位于四川省德阳市区。目前，学校占地 1200 余亩，在校学生 12176 人，现有教职员工 969 人，其中正高、副高职称者 204 名。

下面是笔者与该校负责教务和招生的老师的访谈对话。

调查者：请问贵校现在的在校学生规模如何？

老师：在校学生 12176 人（数据截止到 2015 年 7 月）。

调查者：2015 年招生计划是多少？

老师：高端本科招生计划 100 人，普通高职专科计划 2984 人，对口考试招生计划 700 人（其中普通高中学生 350 人，中职学生 350 人），单独招生计划 740 人，（其中普通高中学生 370 人，中职学生 370 人）。

调查者：五年制初中起点高职大专有没有计划？

老师：以前办过，每一年大概 100 人，现在我们已经取消了。

调查者：什么原因？

老师：一方面，这些学生进入高校后学习习惯和适应能力较差，另一方面，规模太小，课程衔接方面成本太高，影响学校整体办学效益。

调查者：对于招收的中等职业学校的学生是否单独编班或者另外采用其他中高职课程衔接的教材课本？

老师：没有单独编班，都是统一教材课本。

调查者：这样有没有矛盾，是否影响整体教学效果？

老师：当然有。

调查者：为什么不考虑单独编班或者另外采用其他教材课本？

老师：还是教学成本方面考虑，况且现在全国基本上没有中高职课程衔接的教材或者课本。

调查者：如果这样，不解决中高职课程衔接问题，这些矛盾将永远存在！

老师：是。我们总的来说，对中等职业学校毕业生不太满意。但是我们原则上控制招生规模或者尽量减少招生计划。

课程目标确定是以社会研究、学生研究和学科研究为根据。调查表明，在对于升学与就业不同需求的学生应设置不同教学内容问题上，只有23.64%的调查对象认为完全符合。专业设置是中高职课程衔接的基础。调查表明，我国高等职业院校教育教学模式基本仿照普通高等院校运行，其课程目标基本上是学科化趋向，对社会实际和学生研究缺乏。大多数高等职业院校专业设置基本仿照普通高校专业设置模式，他们没有考虑到同为职业教育的基础职业教育——中等职业教育层次学生升学的需要。中职学校专业设置与高职院校专业设置标准和范畴不一致，调查显示，超过60%的学生认为中职学校专业设置与高职院校专业设置存在断裂情况，严重影响了中等职业学校毕业生升入高等职业院校相应专业学习的可能性。

由此可见，中高职课程衔接课程目标受到中等职业学校和高等职业院校互不衔接和明确承认，中等职业学校有的走的是缺乏职业教育特点的普通高中办学道路，有的是具有职业教育特点但又怀揣其他意图，高等职业院校的普通高等教育办学模式，以及国家招生考试政策的限制，从而使得中高职课程衔接的起点缺失。

二、课程内容：内容取向整合性差（课程管理自由化趋向）

课程内容是中高职课程衔接的主体。中高职课程内容包括三方面的内容：一是中等职业教育与高等职业教育教材，二是中等职业教育与高等职业教育学习活动，三是中等职业教育与高等职业教育课程学习经验。当前，我国职业教育学校开设的课程主要由职业公共课程、职业基础课、职业技能课程等三个"板块"组成。课程内容表现形式包括课程标准（教学大纲）、教科书（教材）、课程计划（教学计划）、课程表、教育资源等。中等职业教育与高等职业教育课程内容组织原则有3点：一是连续性，即人们陈述课程内容要素按照连续不脱节的组织方式；二是顺序性，即前面的课程内容一定是后面的课程内容的基础，后面的课程内容一定是前面课程内容的深入和拓展；三是整合性，即围绕一个课程目标或者培养目标，各种课程之间形成一个整体或一个体系。

调查表明，在"与中职课程相比较，高职英语课程在教学内容方面没有重复"一项中，认为完全符合的占22.73%。在"与中职课程相比较，高职专业课程在教学内容方面没有重复"一项中，认为完全符合的占14.55%。中高职课程内容缺乏必要的层次区别，存在重复或者设计不科学，造成课程衔接主体错乱，对中高职课程有效衔接带来了很多阻力，特别是公共基础课、专业基础课程、技能实践课程等方面。由于没有统一的国家课程标准，各中职学校采用的教材不统一，高职院校各自也不同，中高职院校之间就更加政出多门，可谓丰富多彩，所以课程衔接的主体错乱。随之而来，在课程教学、课程评价等各个方面的衔接带来必然的问题。下面是笔者对四川省邮电信息学校五年制高职会计专业、中职旅游专业和中职汽车运用与维修专业的部分教材的随机调查统计，如表3-5～表3-7所示。

表3-5　　　　　五年制高职会计专业教材（不完全统计）

书名	出版社	出版时间
中专阶级		
经济法	西南财经大学出版社	2012年1月
建筑施工企业会计	中国建筑工业出版社	2008年8月
思想道德修养与法律基础	经济科学出版社	2009年12月
经济学基础	上海财经大学出版社	2011年7月
基础审计	高等教育出版社	2008年11月
现代企业内部控制概论	大连理工大学出版社	2014年6月
大专阶段		
会计英语	上海财经大学出版社	2010年11月
资产评估概论	高等教育出版社	2009年12月
物业管理企业会计	中国财政经济出版社	2012年5月

表 3-6　　　　　旅游专业中职教材（不完全统计）

书名	出版社	出版时间
旅游学概论	北京师范大学出版社	2011年2月
数学(基础模块)：下册	四川大学出版社	2013年6月
Office2007办公软件实训教程	机械工业出版社	2011年3月
音乐欣赏	经济科学出版社	2013年3月
英语(基础模块)学生用书(第一册)	外语教学与研究出版社	2009年11月
英语(基础模块)学生练习册	外语教学与研究出版社	2010年1月
应用文写作基础	四川大学出版社	2012年8月
英语(基础模块)学生用书(第一册)	外语教学与研究出版社	2009年6月
哲学与人生	高等教育出版社	2009年6月
语文(基础模块)：下册	四川大学出版社	2012年1月
体育与健康	南开大学出版社	2012年7月
经济政治与社会	北京师范大学出版社	2009年7月
职业生涯规划	经济科学出版社	2013年1月
旅游英语口语	经济管理出版社	2010年1月第一版
形体训练	高等教育出版社	2009年9月
全国计算机等级考试教程一级	人民邮电出版社	2012年1月
初级英语情境会话	大连理工大学出版社	2010年4月
旅游政策与法规	旅游教育出版社	2013年9月
礼仪与形象塑造	中山大学出版社	2008年2月
礼仪	学校自编教材	2013年5月
酒店实训	学校自编教材	2013年1月
导游综合知识	学校自编教材	2004年4月
导游讲解与服务	学校自编教材	2013年1月

表 3-7　　　汽车运用与维修专业中职教材（不完全统计）

书名	出版社	出版时间
汽车美容与装饰图解教程	机械工业出版社	2012年6月
英语(基础模块)学生练习册	外语教学与研究出版社	2010年5月
英语(基础模块)学习用书	外语教学与研究出版社	2009年11月
汽车电工电子技术基础	人民邮电出版社	2010年4月
汽车发动机构造与维修	电子工业出版社	2010年8月
汽车维护与保养实训	上海交通大学出版社	2013年12月
汽车底盘构造与维修	武汉大学出版社	2013年7月
钣金基本工业与设备	高等教育出版社	2006年6月
自动变速器构造与维修	人民邮电出版社	2010年9月
汽车概论	机械工业出版社	2009年8月
汽车发动机构造与维修	人民交通出版社	2004年10月
汽车发动机构造与维修	北京理工大学出版社	2012年7月
钳工实训	人民交通出版社	2005年6月

续表

书名	出版社	出版时间
汽车电气设备构造与维修	西南师范大学出版社	2012年8月
电子技术基础与技能(通信类)	电子工业出版社	2010年7月
机械常识与钳工技能	高等教育出版社	2008年6月
机械常识与钳工技能(非机类通用)	电子工业出版社	2010年8月
电子技术技能训练(电子技术应用专业)	高等教育出版社	2002年7月

在表3-5~表3-7中可以看到，教材的管理仍然没有逃脱两个极端，要么一管就死，要么一放就乱。教材非整合性非常突出，教材管理自由化严重。一个专业使用的教材出版社门类繁多，整个学校教材版本缺乏一个良好规划与体系，同时还有学校自编教材，有一些教材分不清是中职阶段或者高职阶段（如图3-21所示），有一些中职学校提前采用高职阶段的教材。

 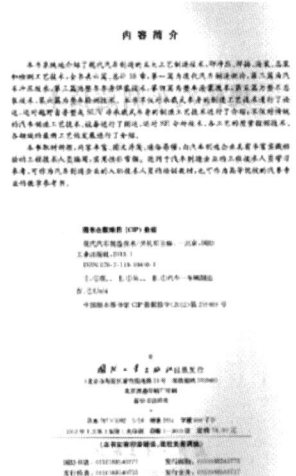

图3-21　《现代汽车制造技术》教材封面及版权页

通过与学校教务教材部门访谈得知，学校对教材方面没有统一规定，任课教师想使用什么教材由教师本人提出名单，学校图书馆统一购买，教务部门一般不发表意见。此外对于五年高职专业教材一般也没有跟联合办学的高等职业院校教务教材部门征求意见，高等职业院校对此从来也没有对此类行为提出异议。

调研表明，对教材的贯通性非常满意占10.23%，比较满意占24.81%；教材的进阶性非常满意占17.09%，比较满意占30.14%。对教材的广度非常满意占18.18%，比较满意占52.73%。对教材的难度非常满意占25.45%，比较满意占46.36%。我国仅有在基础教育方面实施了全国统一的国家课程标准，在职业教育方面没有做统一的规定或者明确规定，课程管理自由化趋向严重。各个学校各自为政，教材版本多样凌乱，由于这样的原因，要么造成中高职课程重复浪费有限的教育资源，要么一些中高职课程出现空缺断档造成学生学习的必要知识达不到课程目标，所以中高职业教育课程衔接的核心和灵魂缺失或者模糊不清。

三、课程实施：实施取向开放性差（课程教学课堂化趋向）

课程实施是把新的课程计划付诸实践的过程。课程实施研究关注的是实施过程中发生的客观状况和对实施效果影响的各种因素，包括积极因素和消极因素。根据先前研究者们的总结，概括起来主要有课程计划、课程编制与课程实施者、课程实施的领导与组织、教师、外部环境因素等。教学模式无所谓优劣，关键是必须符合特定的教育情境，成功达到教学目标。

调查表明，希望高职院校在教育过程中应更加注重一项中，选择传授知识的占58.25%，专业技能培养的占91.26%，选择培养学生职业素质的占86.41%，选择培养学生学习方法的占64.08%，选择培养学生的人生观、价值观的占74.76%，选择培养学生兴趣爱好的占59.22%，选择培养学生适应社会的能力的占7.38%。但是，在实际课程实施中，价值取向大多数是得过且过，缺乏开放的精神，回避问题，脱离课程目标，缺乏课程实施步骤，临时决定方向，结果无法预料。

中高职课程衔接的基本目的就是为从中职升入高职的学生服务。调查发现，目前，升学路径"初中—中职—高职—极少部分能升本"模式没有成为主要路径，绝大多数的中职毕业生不可能升入高职学习，中职教育仍然是终点教育，中高职教育衔接不是主流，中高职课程衔接没有引起足够重视。

调查表明，人们传统观念、我国职业教育体系、办学规模与国家相关政策决定了中高职课程衔接的补充地位。首先，在我国，职业教育发展受限于我国教育体系设计，现代职业教育体系还没有真正建立，职业教育还没有单独作为与普通教育类型平等的一个教育类型，它只是普通教育的一个补充角色，它基本上只有相当于普通高中的中职学历教育，中职院校的毕业生基本上失去了继续升学的可能机会，而高等职业教育院校也基本上是招收普通高中学校毕业的学生，其教学模式更是模仿普通高等教育院校模式，其进行评估也基本上是参照普通高等教育评估标准。其次，由于我国几千年传统教育观念影响，再加上社会现实环境对职业教育的残酷排斥，人们对职业教育后升学路径的失望，导致教育行政部门、职业院校自生、社会家长及各方对职业教育的补充更加根深蒂固，挥之不去，何来中高职课程衔接的应有地位？再次，我国中高职衔接的学生规模一般不超过高等职业教育院校招生规模的5%，与他们庞大学生数量进行比较而微不足道，甚至可以忽略不计，所以，高等职业教育院校不可能在中高职衔接的学生方面单独增加成本去提高重视程度，更不能关注中高职课程衔接，何谈中高职课程衔接改革或者改善？最后，职业教育及中高职课程衔接相关的国家政策影响，政策更多体现在宏观方面，缺乏微观的操作规程和评价标准。

调查表明，学生最喜欢和收益最大的教学形式调查中，选择课堂讲解分别占4.66%和45.63%，边讲边练分别占76.7%和59.22%，实际操作分别占73.79%和67.96%，现场教学分别占52.43%和38.83%。职业教育是区别于普通教育的一种独特类型，理应更加注重技能训练、课堂与实训相结合。实际上，80.58%认为学校安排的实验、实训、实习学时数太少，53.92%的学生在校学习期间从来没有到用人单位实习或生产实习。由于种种原因，课堂教学趋向十分严重。由于中高职院校管理渠道不同，课程实施重视计划和强调刚性强制，缺少必要的沟通合作。中职学校双师型教师缺乏，教师培训工作滞后，所以多以课堂讲授形式为主。高职院校普通高等教育化，教师不屑技能训练课程形式。职业院校内部教学部门和就业指导部门沟通机制障碍，课程教师对社会技能人才需求缺乏必要的了解等原因，使得中高职课程衔接的重要环节——课程实施衔接不协调。

为什么会出现这类职业教育普通教育化教学问题？职业教育缺乏职业教育办学的特点。原因何在？首先，看看我国中等职业学校和高职业院校的历史发展，我国中职学校一般是由职业中学为主体，包括职业中专学校、技工学校等组成办学主体，而职业中学基本上是由办学比较困难的普通中学转化而来，这些普通中学生源少而差，教师总体素质不高，教学质量无法满足普通教育升学的需求，职业中专学校、技工学校是由于办学条件或者综合办学水平等种种原因达不到升格高等职业院校条件而留下来的。而高等职业教育院校基本上是由中职学校从中职学历升格为高职大专学历，其办学模式有一些仍采用中职模式，有一些则模仿普通高等教育模式。其次，职业院校缺乏必要的教学需要的实习实训设备，教学仍以书本和课堂为主，学生缺乏必要的技能训练和经验，岗位适应能力水平有限。再次，职业院校的教师基本上是普通教育原有教师或者从普通高等教育院校招聘的缺乏职业教育经验的普通教育毕业生，人文教师占绝对比例，双师型教师队伍或者能够担任技能训练指导的教师严重短缺，直接影响和制约了教学质量。最后，我国长期"学而优则仕"的教育观念，以及职业教育体系设计中中职毕业生缺乏必要的升学通道，一般初中毕业生进入高中教育阶段时绝对多数选择普通高中学校学习，剩余的不得已选择中职教育学校的学生，由于本身学习基础不牢固和较差的学习习惯而被社会其他群体歧视。由于以上原因，中高职课程衔接仅仅限于少量的对口高考或者更多的成人高考抑或自学文凭考试，这些极大地影响了中高职课程衔接的规模、范围和质量。

目前，我国校企合作培养人才现状和问题也是严重影响和制约职业教育教学方式与质量的重要因素。首先，我国几千年"学而优则仕"的传统观念直接不断将"普通高中"推上社会的唯一主流统治地位。其次，国家缺乏必要的法律制度保障，尽管目前国家已制定了一些支持校企合作培养技能人才的政策，但缺乏必要的操作性和动力，再加上我国劳动准入制度基本上缺乏执行力，从而出现学校一边热、企业一边冷的口头校企合作局面。再次，职业教育教学改革措施滞后，教育教学内容与企业岗位需求脱节，技能标准与企业发展不对称，教学计划与生产程序不一致，学生学习成绩的学分难以实现。最后，职业教育双师型教师队伍或者能够担任技能训练指导的教师严重短缺，指导校企合作的能力缺乏，也是直接影响和制约了校企合作培养技能人才的重要原因。从以上种种原因可以看到真正实质性的校企合作很少，虽然全国各地职业院校都挂出了校企合作或者订单培养的大旗，多数收效不大。

四、课程评价：评价取向形成性差（评价模式单调化趋向）

课程评价是研究课程价值的过程，它是由课程实施各环节中所开展的各类活动组成的。课程评价的作用主要有诊断课程、修正课程、比较课程之间的价值、预测教育的需求、判断课程目标的成功程度等。对于课程计划的价值判断，必须做出三个决定：课程计划是否需要改进；教师和学生等有关人员情况判断；课程计划管理是否需要改进。课程评价是一个不确定的可变活动，不同的决定导向就会产生不同的评价方案。当人们关注课程计划时，课程评价的直接目的就要确定课程计划的效果如何，与课程目标是否一致？哪些因素具有决定的影响作用？该课程计划已经产生了哪些效应？如何对现有课程计划进行修正？虽然，人们在课程评价模式和手段或者价值观的方面具有不同的意见，但是在绝大多数评价模式中涉及的基本问题和步骤还是具有一些共同的特征。

调查发现，超过70%（完全符合的占21.82%，认为比较符合的

50%）的学生回答高职课程考核评价方式基本以笔试为主。76%（认为完全符合的占 20%，认为比较符合的 38.18%，认为一般符合的 18.18%）以上的回答高职课程成绩一般为教师考核，很少甚至没有自评与互评。不管是高职院校还是中职学校，他们的课程评价在价值取向上基本上是总结性，缺失形成性差。在评价模式上，多数采用目标评价，单调化趋向明显。评价主体上，基本上属于内部评价。评价过程简单，缺乏系统方案。调查发现，中高职课程评价仅仅发挥了诊断功能，仅仅作为学生学业成绩的评判工具。

课程评价依据不同的评价标准有不同的分类，一般可以分为诊断性、形成性和总结性三种评价类型。调查发现，中高职课程评价只能称为目标评价或者总结性评价。而这些功能是我国教育传统使用的评价方法，单调不全面，固化不灵活。它们不能很好地服务于或者促进现代职业教育体系下的中高职课程衔接。换句话说，中高职课程衔接保障不力。

下面是调查者与该校负责该专业教学老师的访谈对话。

调查者：请问贵校五年高职图文信息专业在校学生规模如何？

老师：招生计划每年大概 50 人，一般在读 40 人左右。

调查者：该专业人才联合培养方案是如何制定的？

老师：我们的培养方案是把中职培养方案与联合办学的高职院校大专培养方案结合在一起，最后又联合办学的高职院校形成统一的文字方案。

调查者：这个培养方案是否具有强制性？你们的教学考核与评价是否严格按照培养方案中规定的原则与方式进行？

老师：这个培养方案主要是两个院校在联合申报时应付教育管理部门的，这是联合申报的要件内容之一。它对我们实际操作没有强制性要求。

调查者：你们的教学考核与评价如何操作的？

老师：我们一般还是在每一门课程结束后，通过书面的形式对相关知识进行期末考试，以期末考试的成绩来决定学生的学习成绩是否及格或者优秀，当然学生平时的学习情况作为参考。

调查者：对老师的教学效果是否采取评价？

老师：对老师的评价主要是完成多少课时量来评价，当然最近几年如果老师有科研论文或者课题，可以作为加分的条件。

调查者：你们有没有把它作为对老师自己教学改进的参考因素？

老师：学校没有这一方面的要求，我们也没有这方面的打算。

调查者：那么，对于学生三年中职课程完成后是否转入高职专科阶段学习，学校有没有一些相关规定条件？

老师：主要是看他们的学习成绩。一般来说，只要学生个人意愿继续学习，我们都会将他们的学习成绩定为至少合格达到转录条件。

通过跟相关老师交流，比对相关考核与评价资料发现，大多数职业院校的专业人才培养方案中关于课程评价都有明确的规定或者描述，但是这些文字材料主要是应对某种形式的需要，在实践操作中基本上没有遵守或者保持一致。中等职业学校和高等职业院校双方对此都基本上没有对评价方式与结果做更多的重视或者利用，仅仅是作为给学生学习结果给予分数的简单工具而已。由此看来，中高职课程衔接的评价只见形式，不见内容或者实质，并未真正起到应有的作用。

第四章 中高职课程衔接的个案调查与分析

中高职课程衔接具有结构不清、目标不清、系统未知等软系统方法论的特征，所以可以运用软系统方法论的基本原理和方法来研究中高职课程衔接问题。本章按照软系统方法论的基本原理和逻辑步骤，对四川德阳市国家职业教育综合改革试验区的四川省某中职学校图文印刷信息处理专业中高职课程衔接进行个案研究。基本研究思路为：①明确图文印刷信息处理专业中高职课程衔接问题情景、建立图文印刷信息处理专业中高职课程衔接相关系统的根定义、构建图文印刷信息处理专业中高职课程衔接概念模型；②进行图文印刷信息处理专业中高职课程衔接概念模型与现实状况的比较；③针对图文印刷信息处理专业中高职课程衔接存在的主要问题进行合理化设计，形成图文印刷信息处理专业中高职课程衔接可操作的方案。

第一节 个案情境描述

一、区域环境描述

四川省德阳市国家职业教育综合改革试验区于 2010 年 10 月由教育部批准。该项目按照"政府牵头、省市共建、企业参与、学校承办"的原则，从深化省市共建、探索管理机制、完善投入机制、深化校企合作、扩大自主办学、改革人才培养模式、增强社会服务能力、增强学校社会责任 8 个方面进行综合改革试点。重点是探索中等职业教育与高等职业教育衔接，探索中高职课程衔接的分段培养机制，创新技能人才培养模式，构建现代职业教育体系的大胆尝试。

二、学校环境描述

四川省某职业学校（以下简称 A 学校）地处四川省境内，位于（德阳）国家职业教育综合改革试验区。全国首批重点职业学校。学校师资力量雄厚，全校在岗教职员工 230 人，其中，高级讲师 65 名，讲师 70 名，双师型教师 95 名。全日制在校大中专、高职学生 4100 人，每年继续教育培训各类人员超过 5000 人次。学校拥有六大实训室共计 73 个实训室、5

个实体企业、4个实训工厂。与近100家企业签订有订单式培养的校企合作协议，实现了学校与行业企业等组织资源共享、优势互补、合作发展的办学格局。

A学校与四川某职业学院（以下简称B学院）达成联合举办五年制高职大专图文印刷信息处理专业，计划招生100人/年，按照"3+2"教学模式分段培养，前三年在中职学校完成，后两年转入高职学院，学生按计划完成课程，考核合格者颁发普通大专毕业证书。合作专业的培养方案和教学计划由甲乙双方组织专业负责人和骨干教师共同商讨编制，由双方教学管理部门共同审定后实施。在实施过程中，一般不得变更和调整，如确需调整，则需经双方共同商定后实施。

三、专业背景描述

印刷产业是代表一个国家经济发达、文化教育程度和人民生活水平高低的重要标志。不仅有更加美好的前景，它更孕育着巨大的市场潜力。截至2012年年底，全国共有印刷企业10.44万家，从业人员344.13万人。我国已经成为全球重要的印刷加工基地，总量较快增长，规模企业实力显现，绿色印刷稳步推进，数字印刷发展迅猛。日前完成的2014年印刷企业核验统计数据反映，全市印刷企业从业人员52869人，销售收入206.27亿元（较上一年增加2.8%），工业总产值185.56亿元（较上一年增加9%），利润总额18.34亿元（较上一年增加22%），成都印刷行业在工业总产值已经占四川省印刷行业的半壁江山。这些现状都急需大量接受过较高专业层次培训、综合素质高、实践能力强的专业技术人员来解决。但是，我国印刷业技术人才的培养一直沿袭传统的教育模式，教学内容相对陈旧、教学方法落后、重理论轻实践。目前职业院校主要围绕出版行业要求的岗位群进行技术人才的培养，这种培养模式与印刷业的发展极不相称。

作为规模庞大的生产服务型行业，印刷业对人才的需求数量庞大，对员工的需求包括一般操作工人、高级技术人才、企业管理人才等。各企业对具备专业知识和管理知识的高级人才需求尤为迫切。据调查，市场上，印刷企业技术人才炙手可热，员工薪酬也随之大幅增长。在国内教育方面，职业教育的发展滞后，加上生源的流失致使印刷、包装人才缺口逐年增长，尤其是印刷业一线操作人员，例如平版制版工、印前制作人员、平面设计人才等，目前更是呈现人才奇缺的局面。近几年来，印刷类岗位人才招聘情况的调查情况显示，所有职业岗位的人才都是供不应求的，相对其他行业而言需求较大。这些岗位中设计类、图文信息处理、美工编辑类相对比较热门。如对成都市"平面设计"岗位需求情况的调查,近期"数字英才"招聘网站上共有1980家企业招聘平面设计,学历要求多为大专层次及以上,月薪多为2000~4000元,最高月薪可上万,都有较好的福利保障。由此可见,平面设计的就业需求量较大,福利待遇较好。因此,根据业内人士分析,设计类、广告制作类未来人才的需求会不断扩大,尤其是拥有专业技术知识以及能力结构的高素质高技能型人才。

第二节 个案现状调查

一、课程目标描述

本专业以国家对高职高专教育的要求为指导,紧紧围绕印刷图文信息处理专业对高职人才的需求,面向印务公司、出版社、广告公司、杂志社、网络公司、文化传播公司、电视台等企事业单位,培养印前制作、图形图像处理、广告设计、平面设计、美工制作等岗位需要的高技能人才。课程目标如表4-1所示。

表4-1　　印刷信息图文处理专业课程目标分析

序号	岗位	典型工作任务	职业能力与素养	知识支撑
1	印前处理与制作	1. 负责文字录入、图像扫描、分色与处理、图形制作、图文混合排版 2. 与印刷、印后相关人员进行业务沟通与技术交流	1. 会熟练操作滚筒型或平台型扫描仪对不同类型的原稿进行扫描 2. 能熟练使用图形制作、图像处理、图文排版等常用软件 3. 能正确设置分色参数	1. 构成基础知识 2. 图形图像处理能力 3. 计算机应用基础知识 4. 印刷材料与工艺知识
2	美工编辑	1. 负责公司客户网站页面制作,以及公司网站美工设计,整体美化 2. 收集整理文章、图片、广告等,编辑和制作公司的杂志 3. 设计和制作电子期刊 4. 公司客户宣传册的平面设计 5. 收集并整理最新公司新闻等,负责公司网站各频道需要更新及增加的信息 6. 杂志和电子期刊的发行渠道收集和整理,包括电子传送目录和印刷版发送目录的整理,汇总等	1. 对新闻具有热情和敏感性,知识面广,反应迅速 2. 文字功底扎实,写作能力突出,有良好的沟通能力和一定的专题策划能力 3. 工作责任心强,能承受工作压力,有良好的团队合作精神 4. 美术基本功底强,能熟练使用Photoshop、Dreamweaver、Flash等网页制作、图片处理软件	1. 传播学知识 2. 应用文写作 3. 平面设计软件知识 4. 网站设计及网页设计制作知识 5. 书籍装帧与版式设计知识

续表

序号	岗位	典型工作任务	职业能力与素养	知识支撑
3	客户关系专员	1. 进行客户日常的信息管理,对客户档案进行总结分析,进行客户分级、客户关系管理等工作 2. 接待来访顾客,协助处理顾客的一般问题要求 3. 收集整理客户需求并对信息进行分析,提出改善服务的具体建议措施,实施客户满意度调查并统计分析结果	1. 掌握营销和销售管理的基本知识,对客户关系有较深刻认知 2. 具有客户服务的高度敏感意识 3. 具有一定的判断与决策能力、人际能力、沟通能力、计划与执行能力、客户服务能力 4. 熟练操作办公软件及常用沟通软件 5. 具有较强的沟通、协调能力,良好的团队合作精神;积极主动、性格开朗、讲求效率、乐于接受挑战	1. 口语表达 2. 客户管理知识 3. 消费心理学 4. 计算机应用基础知识 5. 人力资源管理知识
4	平面设计师	1. 公司对外形象设计,包括活动,公司各种形象宣传等 2. 公司产品图片美化设计,产品包装设计,线上平台形象设计 3. 协助网站信息更新、产品添加、管理工作 4. 制作产品宣传彩页,并及时进行更新,配合公司各平台销售活动 5. 配合电子商务平台所有平面工作	1. 精通Photoshop、Flash、Coreldraw等图形软件 2. 有深厚的美术功底,具有较强的审美和创意设计能力,整体布局能力和色彩感好,能清楚地表达设计理念 3. 对文字写作、页面美工、图片处理方面都有一定的基础和能力;思维活跃,能不断提出新的想法和创意 4. 良好的沟通能力和领悟能力,工作积极主动,能不断提升自己	1. 图形软件 2. 图形图像处理知识 3. 构成基础知识 4. 版式设计知识
5	网站策划专员	1. 负责公司网站首页和各个频道不同板块日常内容维护 2. 负责不同板块的专题策划与制作 3. 了解公司网站即时动态,能捕捉相关热点及敏感信息并及时向上级反馈	1. 有责任心,工作认真负责 2. 文笔流畅、才思敏捷、执行力强,有选题策划的能力;有独立撰稿能力,能制作相关内容专题 3. 对数据敏感,能及时替换和更新效果不好的内容 4. 熟练使用Office、Photoshop等软件	1. 计算机应用基础知识 2. 网站及网页设计知识 3. 设计软件知识

续表

序号	岗位	典型工作任务	职业能力与素养	知识支撑
6	广告创意设计师	1. 负责公司的形象设计,产品宣传的设计,公司对外宣传活动的设计 2. 了解客户对各类宣传资料、广告的设计制作要求,配合协助市场推广专员、广告商和媒体按时完成设计制作 3. 根据广告内容,进行构思、策划和平面与立体形象设计 4. 设计广告美术图稿 5. 进行广告美术的制作监督的检查 6. 能熟练使用常用的设计及制图软件	1. 有较强的沟通、协调能力和开拓意识,思路清晰,反应敏捷 2. 掌握各种设计及制图软件的使用 3. 能够胜任高强度的工作节奏 4. 有很好的团队协作能力	1. 口语表达 2. 设计及制图软件 3. 图形图像处理知识 4. 广告理论与广告设计知识 5. 消费心理知识
7	包装设计师	1. 主持完成成品及半成品的包装创意设计 2. 制作包装结构文件并及时更新文件及相关数据资料 3. 收集客户对包装结构相关的反馈信息并进行处理和改进 4. 组织各类包装改进修正如对包装材料、包装工艺的改进等 5. 为公司其他部门提供对包装和设计的支持,配合各部门完成工作	1. 精通 Photoshop、Flash、Coreldraw 软件,具有较强的创意能力和视觉表现能力 2. 熟悉排版、印刷等设计流程;熟悉印刷、制作等材质以及成本控制 3. 性格开朗,有责任心,有团队合作精神;热爱设计专业,立志从业设计的青年设计师 4. 具有良好的职业素养和职业道德;做事认真,讲求细节	1. 图形设计软件 2. 印刷流程知识 3. 构成基础知识 4. 包装设计知识
8	公共关系人员	1. 树立和提高公司的声誉,扩大公司产品的市场 2. 负责处理公司与政府部门间的关系 3. 了解和掌握市场信息,进行市场预测和分析,了解和掌握同行的业务状况 4. 负责组织本公司产品宣传材料的编写、摄影录像、印刷及宣传 5. 负责公关资料的收集、积累和文件材料的整理编写等工作	1. 具有较强的判断能力、应变能力、很强的组织协调能力、谈判能力及人际交往能力 2. 能根据市场信息实际做出营销分析,制定和调整策略和价格 3. 具有较强的文案写作能力 4. 工作责任心强,肯吃苦,工作踏实,创新意识强,思维活跃 5. 有团队合作精神,能承担较大工作压力	1. 文案写作知识 2. 客户管理知识 3. 口语表达 4. 商务礼仪知识 5. 公共关系理论与实务知识 6. 人力资源管理知识 7. 媒介素养

二、课程内容设计

印刷图文信息处理专业课程体系由职业公共课程、职业基础课程、职业技能课程、选修课程4种课程类型（模块）构成。具体如表4-2所示。

表4-2　　　　　　　　　　课程体系设计

印刷图文信息处理专业课程体系	职业公共课	校级平台课程	语文、数学、毛泽东思想概论、中国特色社会主义理论体系概论、思想道德修养与法律基础、大学英语、体育与健康、哲学与人生、计算机应用基础、应用文写作、形势与政策
	职业基础课程	专业基础课程	中国传统文化、现代汉语、普通话、文字录入、美术基础、摄影技术、电子出版概论、包装印刷概论、普通话、文化产业基础、公共关系原理与实务、传播学基础、广告理论与实务、消费心理学
	职业技能课程	专业核心能力课程	排版技术、数字印前工艺、印刷色彩管理、Pagemaker、AutoCAD、Coredraw、Photoshop、广告文案写作、平面设计综合实训、构成基础、图形创意、网站策划设计实务、书籍装帧与版式设计、包装设计、客户管理实务、印刷材料及工艺
	选修课程	校级选修课程	印刷史、世界文学、音乐名著欣赏、3D打印技术

职业公共课程：语文、数学、毛泽东思想概论、中国特色社会主义理论体系概论、思想道德修养与法律基础、大学英语、体育与健康、哲学与人生、计算机应用基础、应用文写作、形势与政策。

职业基础课程：中国传统文化、现代汉语、普通话、文字录入、美术基础、摄影技术、电子出版概论、包装印刷概论、普通话、文化产业基础、公共关系原理与实务、传播学基础、广告理论与实务、消费心理学。

职业技能课程：排版技术、数字印前工艺、印刷色彩管理、Pagemaker、AutoCAD、Coredraw、Photoshop、广告文案写作、平面设计综合实训、构成基础、图形创意、网站策划设计实务、书籍装帧与版式设计、包装设计、客户管理实务、印刷材料及工艺。

选修课程：印刷史、世界文学、音乐名著欣赏、3D打印技术等。

三、课程实施描述

（一）培养模式选择

校企双元主体培养模式借鉴德国双元制教学模式，由学校与企业共同作为教育主体，采取校企联合培养模式，建立校企合作机制，共同试点探索印刷图文信息处理专业的"36333"现代学徒制，即第一学期在企业学习 3 周,第二学期在企业学习 6 周,第三、四、五学期在学校理论学习 3 周,其他时间都在企业学习。校企双元主体模式(如图 4-1 所示)。

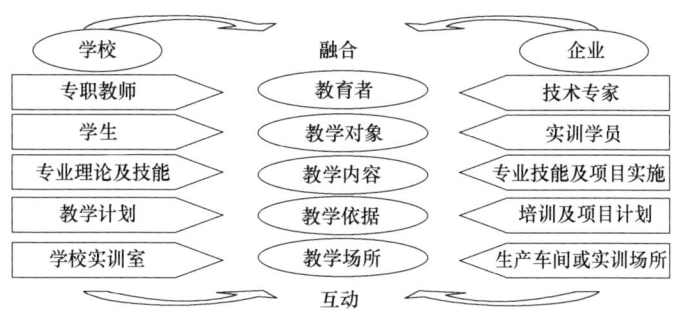

图 4-1　校企双元主体模式

印刷图文信息处理专业教师队伍由学校教师和企业专家、技术骨干组成,共同承担培养任务,实施理论与实践教学。印刷图文信息处理专业学生同时具有学校学生和企业实训学员(准员工或者学徒)双重身份。印刷图文信息处理专业教学内容融合学校教材的专业理论及技能和企业岗位职业技能或者项目实施要求内容,学校教学计划与企业培训及项目计划相互结合作为教学依据,教学环境或者教学场所与工作场所相互结合,教学时间按比例分别在学校教室或者实训室和生产车间完成。

印刷图文信息处理专业采取"四融通"的人才课程教学模式。根据印刷图文信息处理工作过程导向式课程开发模式理论,现代职业教育课程改革理念与方向就是要做到:重构课程体系,重组教学内容,转变实施方式,改造教学情境,构建印刷图文信息处理专业"四融通"人才课程教学模式,如图 4-2 所示。

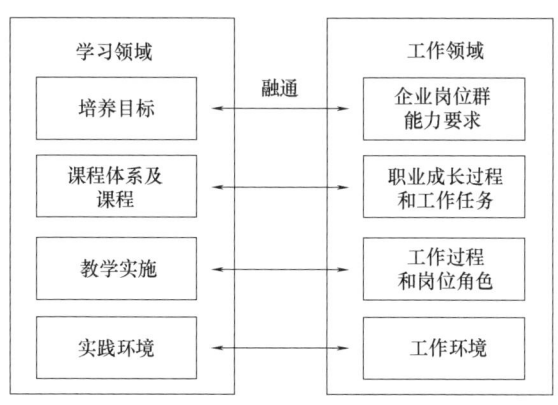

图 4-2　四融通的人才课程教学模式

第一，培养目标方面，印刷图文信息处理企业岗位群的能力要求作为课程培养目标，实现印刷图文信息处理专业课程培养目标与印刷图文信息处理岗位群能力要求融通。第二，课程体系方面，根据印刷图文信息处理职业成长过程和工作任务来设计课程体系及课程结构，实现印刷图文信息处理专业课程体系与印刷图文信息处理职业成长过程和工作任务相互融通。第三，教学实施方面，根据印刷图文信息处理的工作过程和岗位角色来实施教学，实现印刷图文信息处理专业教学实施与印刷图文信息处理的工作过程和岗位角色相互融通。第四，在实践环境方面，把印刷图文信息处理企业的真实工作环境作为实践课程的学习环境，最终实现课程教学实践与最终工作环境的一致融通。

（二）教学进程安排

五年制高职印刷图文信息处理专业，学制5年，教学进度计划按照10学期教学分段教学，统筹安排。教学进度如表4-3所示。

表4-3　　　　　　　印刷图文信息处理专业教学进程安排

类别	课程名称	学时	学分	一学年		二学年		三学年		四学年		五学年	
				第一学期	第二学期	第三学期	第四学期	第五学期	第六学期	第七学期	第八学期	第九学期	第十学期
职业公共课程	语文	144	8	4	4								
	数学	108	6			4	2						
	英语	108	6			2	4						
	计算机应用基础	108	6	4	2			4	4				
	体育与健康	144	8	2	2	2	2	2	2	2			
	职业生涯规划	36	2	2									
	职业道德与法律	36	2		2								
	经济政治与社会	36	2				2						
	哲学与人生	36	2				2						
	思想道德修养与法律基础	54	3					3					
	毛泽东思想概论、中国特色社会主义理论体系概论	72	4						4				
	形势与政策	36	2					2	2	2			
	大学生心理健康	36	2					2					
	大学英语	144	8					4	4				
	应用文写作	36	2						2				
	职业规划与就业、创业指导	72	4							2	2		
	小计			12	10	10	10	17	20	4	6		

续表

类别	课程名称	学时	学分	开课学期与学时									
				一学年		二学年		三学年		四学年		五学年	
				第一学期	第二学期	第三学期	第四学期	第五学期	第六学期	第七学期	第八学期	第九学期	第十学期
职业基础课程	美术基础	90	5	5									
	摄影技术	90	5		5								
	文字录入	72	4	2	2								
	网页制作	72	4				6						
	电子出版概论	72	4	4									
	包装印刷概论	36	2		2								
	普通话	36	2	2									
	传播学基础	36	2					2					
	中国传统文化	72	4							4			
	文化产业基础	72	4							4			
	公共关系原理与实务	72	4							4			
	广告理论与实务	72	4								4		
	现代汉语	72	4					4					
	消费心理学	72	4							4			
	小计			13	9	6		6	4	12	4		
职业核心课程	排版技术	72	4		4								
	数字印前工艺	72	4				4						
	印刷色彩管理	72	4	4									
	Pagemaker	144	8			4	4						
	AutoCAD	162	9			6	3						
	Coreldraw	144	8				8						
	Photoshop	162	9		6	3							
	构成基础	72	4					4					
	图形创意	72	4							4			
	广告文案写作	36	2					2					
	网站策划设计实务	72	4								4		
	平面设计综合实训	72	4							4			
	书籍装帧与版式设计	72	4							4			
	客户管理实务	72	4								4		
	印刷材料与工艺	72	4								4		
	包装设计	72	4								4		
	小计			4	10	13	19	6	4	8	16		
	合计	3582	199	29	29	29	29	29	28	24	26		

四、课程考核与评价

（一）课程考核原则

考试方式多样化，体现学生学习的形成性和总结性，考试内容以课程教学目标为导向，注重基本能力的训练。

（二）考核方式

根据课程内容特点，可以选择书面考试（闭卷、开卷）或者技能操作实践考试。

第三节　个案相关系统的根定义和概念模型建构

一、相关系统的根定义

根据现状描述，对印刷图文信息处理专业中高职课程衔接的相关系统进行必要的根定义。软系统方法论的根定义包含有6个基本元素，这6个元素的英文首字母缩写为CATWOE，使之做到非常结构化和标准化（或逻辑上的完整性和严谨性）。根据软系统方法论的根定义，可把中高职衔接相关系统的根定义做如下规定。

C——Customer，印刷图文信息处理专业的学生。

A——Actor，印刷图文信息处理专业的中高职院校和教师。

T——Transformation Process，指的是从现有的印刷图文信息处理专业中高职课程衔接水平发展达到预期目标水平。在印刷图文信息处理专业中高职课程衔接过程中，采取一定的有效措施或者策略，将输入（目前的印刷图文信息处理专业中高职课程衔接水平）转化为输出（提高的印刷图文信息处理专业中高职课程衔接水平）的方法（中高职课程模式变革）就是通过具体的发展方案来实现的。

W——Worldview，由于不同的人，有不同的世界观。本文的观点是印刷图文信息处理专业中高职课程衔接是提高教育教学质量的基础工程和关键因素，通过不断提高中高职课程衔接水平，可以减少教育资源浪费，提高技能人才教育质量，搭建人才成长立交桥，为构建现代职业教育体系提供基础。

O——Owner，印刷图文信息处理专业中高职课程系统的所有者是各级政府部门、中高职院校。

E——Environment，印刷图文信息处理专业中高职课程衔接的环境因素。现代职业教育体系、国家招生考试制度、课程标准、课程开发机制、国际国内中高职课程衔接研究与实践。

综上所述，印刷图文信息处理专业中高职课程衔接是提高教育教学质量的基础工程和重要因素。在我国完善的现代职业教育体系下，制定和形成了完备的国家招生考试制度、课程标准、多元化的课程开发机制，参考国际国内中高职课程衔接研究与实践经验，通过高职院校自动自觉地采取了一系列提高中高职课程衔接质量的措施和行动，提高了中高职课程衔接的有效性，逐步形成了符合印刷图文信息处理专业教育特点和人才成长规律的课程体系，满足了人民群众对教育的多样化需求，满足了社会经济建设发展对印刷图文信息处理专业技能人才的需要。

二、概念模型建构

通过相关系统的根定义分析，我们提出印刷图文信息处理专业中高职课程衔接系统的概念模型，概念模型由以下几部分组成。

总体目标：围绕国家最新的职业教育发展与改革政策，根据四川省德阳市区域经济发展和产业结构对高技能人才的需求，从课程衔接中的"脱节、断层、重复"问题出发，从中高职衔接人才培养目标制定、招生制度、专业设置、课程体系建设、教材开发与选用、课程评价和教师队伍等方面加强合作统筹规划，逐步探索和形成中高职院校联合培养机制。合力同步将中高职课程衔接向深度内涵合作发展，万众一心，实现我国职业教育资源的最大优化，最终实现构建我国区域特色的现代职业教育体系宏伟目标。

通过举办五年制高职大专图文印刷信息处理专业，探索中高职课程衔接体系，四川 A 学校与四川省 B 学院联合建立中高职全面衔接的职教人才培养体系。实现以下具体目标。

课程目标符合学生身心发展的规律、满足德阳市和四川省区域印刷图文信息处理行业对人才的需求、有利于印刷图文信息处理学科发展和知识传播，具有标准化、具体化特征。

课程内容取向兼顾到印刷图文信息处理学科体系、学习活动、学习经验；内容选择以印刷图文信息处理基础性、贴近四川省区域社会行业、与学生和学校教育的特点相适应为原则；内容组织具有连续性、顺序性、整合性；必修课、选修课、活动课、实践课结构协调。课程类型以学生为主体，突出理论和技能相结合。

课程实施注重职业教育学生个性发展、教师能力培训、职业院校交流合作、校企合作、教学资源整合。

课程评价模式多样化，注重科学主义与人文主义相结合、内部评价与结果评价相结合、形成性评价与总结性评价相结合。

第四节　比较与变革

通过问题现状与概念模型对比，确定印刷图文信息处理专业中高职课程衔接的差距，找到变革的着眼点。将 A、B 两校的概念模型与现状对比，发现以下有待进一步完善或需要解决的问题。

一、职业教育体系建设不完善，学历层次建设是关键

现代职业教育体系必须具有中职教育、专科教育、本科教育到研究生教育等层次构成才算是一个完整的教育系统。调查发现，印刷图文信息处理专业只有中职和高职大专两个层次，缺失了本科和研究生层次，四川德阳国家职业教育综合改革试验区的职业教育体系缺乏必要的更高层次结构，体系建设不完善。

构建职业教体系建设，完善学历层次建设是关键。对比普通教育类型，职业教育是一个相对独立的教育系统和类型。目前，我国普通教育有完善的层次结构体系比较完善，由初级（初中）、中级（高中）、高级（专科、本科、硕士、博士）等层次构成。但是，职业教育就是只有初级（初中）、中级（中职）两个层次，缺少更高教育层次的供给设计。我国还没有一所真正意义的以招收中职毕业生的高技能的职业教育层次的本科院校。

目前，国家职业教育的改革方向已经明确指出，今后地方普通本科院校根据各地实际情况，可以不断转型为应用型或者技术大学。四川德阳国家职业教育综合改革试验区应该认清形势，落实国家职业教育改革政策，率先以将建设技术大学为职业教育改革突破口，也可以将部分国家示范高等职业院校升格为技能型人才培养本科院校，为全国各地树立职业教育综合改革试点案例。

二、中高职院校合作流于形式，深度内涵合作是基础

职业院校是实施中高职课程衔接的主体机构，它们是软系统方法论中的"系统执行者"，它们的合作程度决定中高职课程衔接的质量和成败。经过走访和座谈，发现 A、B 两个学校的合作只是流于合同形式，联系部

门仅限于招生部门,其他的教务部门基本无联系,关于教师交流就更少,联系工作一般仅限于招生计划和应付上级部门的纸上文章。据了解,高等职业院校在中高职课程衔接中动力不足。一方面,中高职学生数量比例规模很小,课程衔接工作成本很高,没有显著的经济效益,中高职课程衔接改革可有可无的冷漠态度而无人关心,基本不在乎中高职课程衔接工作;另一方面,中职学校也把它作为多种办学形式中的一种补充。

没有院校合作,就没有教育资源的整合。要有效提高中高职课程衔接质量,合作的中高职院校必须深度合作和开展各种形式和内容的交流。作为国家职业教育综合改革试验区,有必要提供必要的政策平台支持,特别是扩大中高职衔接的规模,中高职课程衔接的项目经费以及灵活的人事机制,以资鼓励中高职院校重视中高职课程衔接并有条件深度合作交流,有效提高印刷图文信息处理专业人才培养质量,满足区域经济社会发展对高技能人才的需求。

深度内涵合作是中高职课程衔接的基础。内涵合作就是要针对课程衔接中的"脱节、断层、重复"问题,从中高职衔接招生制度、中高职专业设置、中高职课程设置与沟通、教师队伍培养机制等方面进行调查研究。所谓深度合作,就是指双方在人才培养目标制定、联合培养机制、中高职课程体系建设、教材开发与选用、课程评价等方面加强合作统筹规划。围绕国家最新的职业教育发展与改革政策,合力同步将中高职课程衔接向深度内涵合作发展,万众一心,实现我国职业教育资源的最大优化,最终实现中高职院校一体同步发展。

三、关注学习主体不够全面,了解学生是根本着力点

中高职课程衔接受社会、行业、知识体系和学生的影响。文献表明,A、B院校合作的五年制中高职印刷图文信息处理专业人才培养方案中,对社会发展、行业人才需求以及课程知识体系都做了深入全面的分析,但是对学习主体的学生却没有多少提及。

目前,由于社会长期对职业教育的认识和理念方面的偏见,职业教育没有真正得到社会的重视,一直处于二等教育地位,选择接受职业教育的学生和家长都是迫于无奈,从事职业教育的教师得不到社会尊重和学生家长认可。国家相关政策方面,教育资源分配长期处于弱势地位;职业学校毕业的学生在就业方面受到歧视,在升学方面道路不畅。同时,职业教育的教学质量良莠不齐,社会认可度没有得到根本和彻底的改善。

为了提高职业教育教学质量,国家政策和社会观念固然是问题的一方

面，但是，作为职业院校有必要重视自身建设，首先要敢于突破社会偏见自我尊重，其次要重视教师队伍建设，最后要重视学生、理解学生，把学生和教师这两个教育主体纳入中高职课程衔接的核心地位。但调查表明，在这一方面，我们做得还不够。为什么？原因很简单，一方面是职业院校对自身没有足够信心；另一方面是更没有对学生深入了解和足够重视。

人才培养质量是教育质量的基础，学生质量是人才质量的基础。这就是要求我们提供符合学生身心发展和成长规律的课程教育，所以，中高职课程衔接人才培养方案必须了解和研究学生。

四、重视教师培训停于表面，落实方案是质量保障线

国家的兴旺发达离不开教育，教育质量的高低取决于教师综合素质。教师的素质提高需要不断地培养和培训。在 A、B 两所院校合作方案中，关于师资队伍建设方面一笔带过，没有具体的现状分析和培养方案。调查表明，事实上，A、B 两所院校在印刷图文信息处理专业合作中，有一些课程目标没有达到计划的预期目标，一方面可能有课程本身的问题，另一方面跟教师综合素质有较大关系。

最初，职业高中的教师是由普通高中的教师转岗而来，中等职业学校和技工学校教师是由普通高等院校毕业生和其他部分组成，高等职业院校教师是由原升格前中等职业学校教师和普通高等院校毕业生构成。而后，不管是中等职业学校或者高等职业院校的教师，基本上都来自普通高等院校，不管是本科还是研究生。由于我国传统教育模式基本上特别重视课堂理论教学，忽视实践锻炼和社会锻炼的机会和时间，基本上就是从学校到学校。

此外，职业教育院校在教师培训和培养方面并不重视。虽然长期把打造双师型教师队伍挂着口头上和书面上，但是难以真正落实到实处。大多数职业教育院校把培养双师型教师队伍作为学校教师队伍建设或者学校能力建设的宏伟目标。当然，也有人提出引进企业或者行业中实践经验丰富、技能水平高的员工或者专家作为职业教育的技能实践课程教师，但是由于国家用人体制的局限和这些员工学历文凭限制，也是兑现困难。

由上可以看到，无论是职业教育的特点，还是课程教育的需要，都必须重视教师队伍的培养培训工作。无论是教育理论的提高，还是教学实践技能的提升，都要落实到具体的方案中，落实到具体的行动中，真正把建

设双师型教师队伍这个美好的愿望变为美好的现实。所以,国家职业教育综合改革试验区应该把职业院校师资队伍培训放在一个十分重要的位置,出台相关政策和措施,提供必要的培训资金,制定有效的培训方案,从形式到内容,从纸上谈兵到实战演习。A、B院校更加重视印刷图文信息处理专业相关教师的培训,以此带动院校师资力量整体提升。

第五章 中高职课程衔接问题的归因分析

通过问卷调查和数据分析显示,当前中高职课程衔接中同时在课程目标、课程内容、课程实施、课程评价等方面还存在很多问题。这些问题或者不良现象会严重影响中高职课程衔接质量的提升,因此对中高职课程衔接的问题表征进行深度归因分析势在必行,找出问题归因才能进一步改善中高职课程衔接水平与质量。教育场域中的问题和现象往往不存在简单的线性因果关系,同一问题结果可能是由多个原因共同促成,而同一个原因也可能引发多个结果。中高职课程衔接是一个系统工程。中高职课程衔接的基本结构由衔接主体、衔接客体和衔接手段等内容构成。本章分别从职业教育社会地位、现代职业教育体系、职业教育政策制度保障支持力度、职业教育课程管理机制内外动力等方面进行归因分析,并不意味着这几个维度可以拆分开来而独立存在,中高职课程衔接中的问题往往是诸多要素共同诱发而产生的。

第一节 理念变革分析

长期以来,整个社会公众普遍有一个共同的观点,在我国职业教育就是末等教育、断头教育、无奈教育。虽然,国家一直在不断出台各类重视职业教育的政策和办法,但是,这种现象或问题不但没有减弱好转,相反,这种观念更加坚挺,严重制约着中高职课程衔接顺利进行。

一、传统观念的惯性

在我国有许多所谓的传统观念,如:养儿防老,门当户对;百事孝为先;节俭生财;婚配上男大女小;养不教,父之过;教不严,师之惰等。传统观念通常被解读为保守、因循守旧、思想不解放等。是不是传统观念就完全是贬义或者负面的同义词呢?也不一定。例如,中国有在春节时,不管离家多远都回家过年的传统。所以,传统观念不一定都是不对的。传统观念既然是传统观念,一方面说明了它时间很久远,另一方面在人们脑海里根深蒂固,不会轻易改变,而且必然影响着社会生活包括教育的方方面面。

今天，在我国教育领域仍然存在许多传统观念。"学而优则仕"，一方面说明学习成绩优秀的学生能够得到最好的待遇或者实惠，另一方面也严重束缚着教育观念的革新。在中考与高考升学的现实重压社会环境下，传统教育观念左右着我们的教师观念。在我国中小学校里，首先，传统的教师就是真理知识的"传教士"的化身，一张嘴、一本书和一支粉笔打天下。其次，教师传统的"填鸭式教学"模式长期存在，教师单向灌输知识，学生像一只一只的鸭子消极被动地接受知识，并且得到的真理知识只有最终和唯一的答案，使学生变成简单读书的机器。

当今时代，科技突飞猛进，知识日新月异，职业教育必须要适应社会经济发展和科学技术的发展对现代中高等技能人才的需求，要适应发展对人才的需求就必须改变职业教育的不利地位，要改变处于二等教育的地位，必然要求首先在中国传统教育观念的转变与突破。中高职课程衔接也必然受到传统观念的束缚，它必然要求转变传统的教育观念。要改变这种传统教育，这种对职业教育与中高职课程衔接不利的状况，首先是通过国家政策法规提升职业教育的法律地位，进行教育体制体系的改革，让人们看得见职业教育荣耀的曙光。其次，转变教师教育观念，只有教师具有新的教育教学观念，才能在教学中不断进行改革和创新。最后，通过职业教育实质性的变革，让人们接受职业教育的学生真正得到由此带来的实惠，让他们逐渐改变传统的观念树立新观念。

二、现实环境的作用

为什么农民子女不选择职业教育呢？首先，因为选择职业教育就意味着选择"初中—中职—打工或者农民工"的道路，如果选择普通高中教育就意味着选择"初中—普通高中—大学—进入城市"的道路，就意味着有可能走出农村，有可能实现几辈子的梦想。我们今天的"普通高中热""择校热""名校热"的浪潮仍然此起彼伏。其次，受传统高考升学趋势影响，教育主管部门根据各科综合成绩，把初中毕业生基本上被划分成A、B、C、D四个等级，只有成绩在末等的D级或者极少数C级是由于普通高中的容量或者教育行政部门规定的所谓普职比1:1限制不能升入普通高中，而被迫选择中职学校或者弃学。

三、国家政策的滞后

当然，传统观念的惯性还与国家有关系。国家相关政策改革滞后，也是一个重要的因素。职业教育与普通教育是同一教育系统的重要组成部分，它们是不同类型的两种平行的教育类型（类别），普通教育是一个完整系统，职业教育也是一个完整系统。目前，我国普通教育基本上已构成了从初级教育到高中教育、大专、本科、硕士、博士的层次结构完整的教育体系，但是，职业教育的体系还远未形成。所以，我国提出了加快建设现代职业教育体系的目标，在政策和终身教育理念、基本框架、外部产业适应性、专业设置、中高职协调发展和体系建设的目标等方面取得了显著成绩。但是，实践上仍然存在诸多问题。我国中高等职业教育衔接尚处于初步阶段，现代职业教育体系未真正形成，问题在于中高职衔接体系尚未有效形成。

首先，提供职业教育的主体——中职中专学校（主要由各类技工学校、中专学校、职业高中组成），他们在人们心目中就是末等教育机构。因为，以前综合办学实力比较差的普通高中转办为职业高中，稍微好一点的中专学校大多数已升格为高职院校了，而高职院校基本上是由一般的中专升格而来。所以，这是学生和家长在没有其他选择的情况下的无奈选择。

其次，我国大学教育（包括高职院校）主要生源来自普通高中毕业生，那就是说，中职中专毕业生几乎没有升学的希望了。我国高等职业院校招生对象主要是普通高中毕业生，而且普通高中毕业生是绝对主体，中职学校毕业生只能通过对口考试、单独招生和五年高职等方式深入高等职业院校，且其总量不超过高等职业院校招生总数的5%。

第二节　顶层设计分析

国际上，世界各国中高职课程衔接模式虽然百花齐放、千姿百态、各领风骚，但是他们完善的教育体系是中高职课程衔接的前提，这些是他们共同的特点和成功经验。各国职业教育体系模式不同，但是都保障了中高职课程衔接协调发展，建立了完善的职业教育体系。在德国，职业教育的显著特色是"双元制"培养模式，以螺旋式上升的学制体系为基础，在课程上实现了阶梯式职业教育课程的中高职衔接模式。在英国，在统一的国家资格框架下，层次上实现上下层次衔接、类型上实现普职沟通的职业教育体系，达到了构建中学教育、职业教育和高等教育的"立交桥"。在亚洲，日本拥有完整的高中专科学校、职业大学等完整学历层次的职业教育体系。在北美洲，以美国为代表的"以能力为基础的教育"CBE模式，职业教育体系与高等教育衔接，构建了具备本科层次、专业硕士、专业博士学位的职业教育体系。在我国，台湾地区的双轨制职业教育体系（图5-1）中，建立了从高级职业中学教育到专科教育直到本科教育或者高级职中直接进入本科到硕士教育和博士研究生教育的独立职业教育体系。

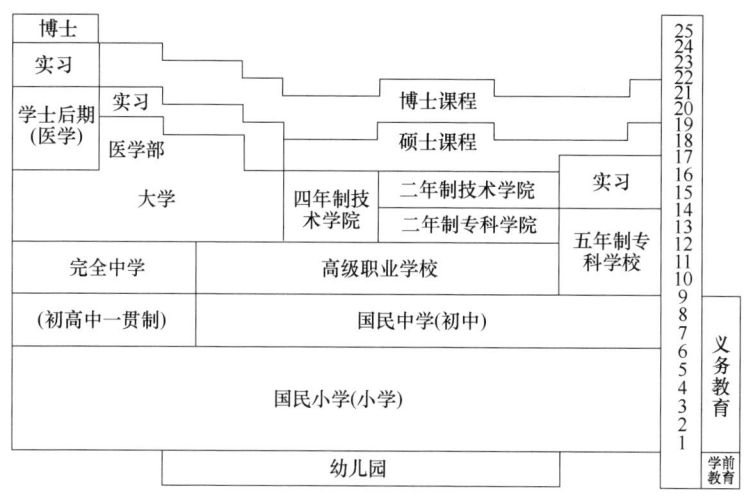

图5-1 我国台湾地区的双轨制职业教育体系

一、我国教育体系的限制

目前，我国教育体系（图5-2）主要由4部分组成，即基础教育、中等职业技术教育、普通高等教育和成人教育。

从图5-2中可以看到，职业教育普通教育化趋向，而且是以国家教育体系的形式规定，可见职业教育在整个国家教育体系中的一般地位，职业教育的发展受到严重制约。既然职业教育从属于普通教育或者普通教育化，那么它就应该享有普通教育的地位或者教育政策，事实上，恰恰相反，它的发展常常受到普通教育的排挤和约束，以致沦为教育中的弱体。

中等职业教育普通教育化。中等职业教育与普通高中同属于中等教育，现在我们教育行政部门把他们美其名曰高中阶段教育，但是中等职业教育的生源主要是普通高中不予录取的所谓差生，它的毕业生一般没有普通高中毕业生的平等升学资格。

高等职业教育普通高等教育化。高等职业教育属于普通高等教育的组成部分。它的生源主要是普通高中毕业生，其专业设置、课程设置、教学模式、教学评价和师资建设几乎是普通高等教育的一个简缩版，与它的下一个层次的中等职业教育似乎完全没有什么关系。

125

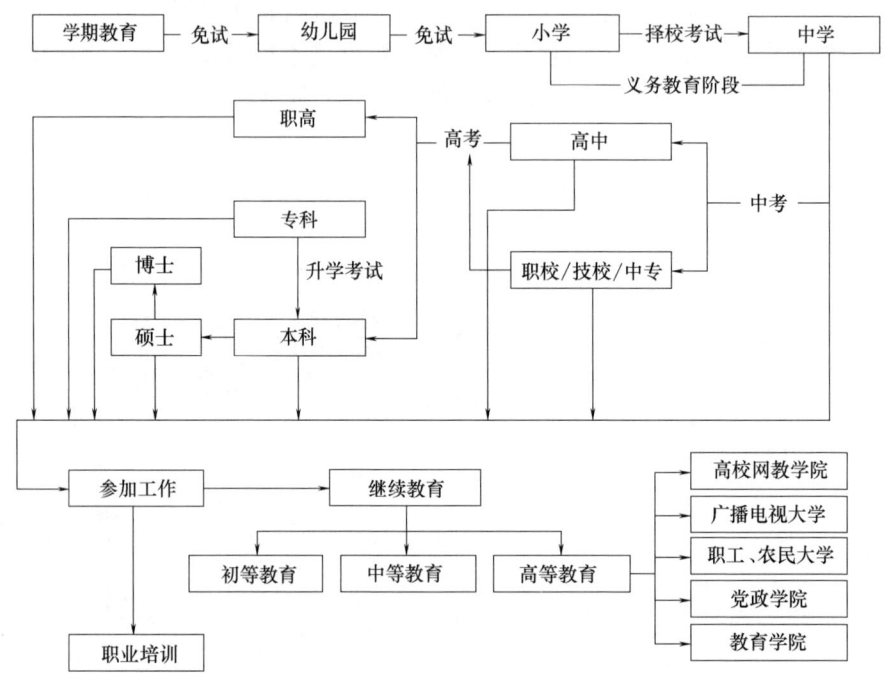

图 5-2 我国教育体系

相对普通教育，职业教育被学界认为也是一个类型，与普通教育并列、平等的教育类型，但是实际上仅仅作为教育体系的一个补充角色。换句话说，在我国教育体系中，它并没有作为一个真正的教育类型或者类别，而是几乎完全被异化了，职业教育不是职业教育，更别说是普通教育。

二、职业教育体系的缺陷

我国职业教育体系到底是一个什么体系？我国还专门对职业教育体系做了相关规划或者规定，如图 5-3 所示。

从图 5-3 可以看到，我国普通教育有完善的层次体系，有初级（初中）、中级（高中）、高级（专科、本科、硕士、博士）等完善层次构成。但是，目前严格地说，职业教育就是只有初级（初中）、中级（中职）两个层次，初等职业教育目前基本上不存在，或者以前曾经有过，缺少更高职业教育层次的供给和路径设计，即高级职业教育层次（专科、本科、硕士、博士），基本上没有解决我国众多中等职业教育学校毕业生的继续升学通道。高职院校教育只能算是普通教育里的组成部分，因为他们基本上

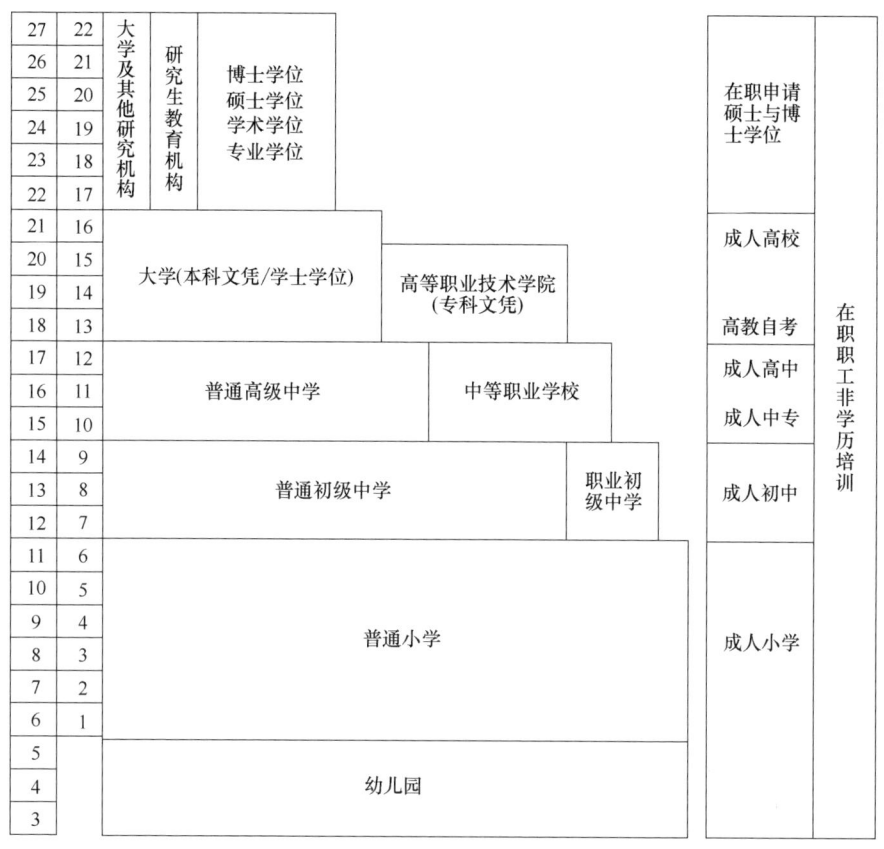

图 5-3 我国教育体系

只招收普通高中毕业生。所以，现在我国的现行职业教育体系已经不适应今天社会经济发展的需求，不能满足人民群众对更高层次教育的渴求与期盼。我国的职业教育体系没有建立起来，顶层设计没有完善或者缺少，如果说有相应设计，也还在设计蓝图上，处于学界理论探讨和政策设计阶段，这已经成为职业教育发展的瓶颈。完善我国现行职业教育体系，建立现代职业教育体系已成为时代的最强呼声。

三、高等职业教育院校的缺位

一个职业教育体系是一个完整的教育系统，一个教育类型，它与普通教育有着显著的差异或者区别，在某些方面可以融合，但是他们不可能相互替代。如果要建设一个完整完善的现代职业教育体系，其中还有一个重要内容必须同步设计或者规划，那就是必须要配备足够数量的职业教育高等院校，包括承担专科职业教育、本科职业教育甚至研究生教育的职业教育或者应用型高等院校。如果职业教育具有完善的体系结构，"初中—中职—高职—职业教育本科"模式成为招生考试主渠道，那么职业教育高层次本科院校已成为目前需要解决的重要问题。实际上，仅有的承担职业教育专科层次的名不副实的高等职业技术院校也是承担普通高等教育专科层次的任务，到目前为止我国还没有一所真正意义的以招收中职毕业生的高技能的职业教育层次的本科院校。

那么，我国高等职业教育院校数量到底需要多少？专科层次院校多少？本科及以上层次院校多少？如何填补这样的缺位？至于院校数量方面，最好是由国家教育部进行统筹组织调研和设计，一方面以国家经济社会发展对高等技能人才的预测数量与层次比例需求来确定规模，另一方面考虑人民群众对高等职业教育的需求，实行分步实施，逐年增加，整体协调。至于落实方式方面，建议主要考虑多种方式与多种渠道相结合。一是将现有1266所专科层次高职院校的主要招生对象逐步调整为中等职业教育的毕业生，其中国家级示范高职院校中选择一部分较好条件的升格为部分本科层次或者全部本科层次教育；二是将全国独立学院转型或者定位到高等职业教育专科与本科层次队伍；三是将地方普通高等教育本科院校中一部分转型为高等职业教育类本科及以上层次院校；四是充分发挥国内外社会资源举办新型高等职业教育本专科层次院校，当然如有必要政府部门也可为主体进行举办。目前，我国已经在地方普通高等教育本科院校转型方面出台了相应的规划和实施方案。

第三节　教育制度分析

中等职业教育与高等职业教育之间的课程衔接是现代职业教育体系建设内容的重要组成部分。中高职课程衔接是我国建设现代职业教育体系的基础和建立现代职业教育课程体系的政策要求和历史诉求。教育部在关于推进中高职教育课程衔接体系建设的指导意见中明确指出，中高职课程衔接是我国现代职业教育体系建设的最基础的工作，当前加快推进和深化我国职业教育改革的迫切任务就是构建中高职课程之间的衔接体系。我国越来越重视职业教育政策和制度建设，但是保障支持的力度还很不足。一方面，职业教育国家招生考试制度的缺位，使得中高职课程改革显得力不从心，有其名而无其实，严重影响着现代职业教育体系的建设进程；另一方面，国家职业教育课程标准的缺位与职业资格标准没有严格执行，对中高职课程衔接的有效实施也不容忽视。

一、我国招生考试制度的局限

改革开放以来，我国中高职衔接的政策发展经历了 1985—1997 年的初步衔接、1998—2002 年的快速衔接、2002 年至今的优化衔接三个阶段。调查表明，"初中—普高—高等教育院校"模式仍然是主渠道，"初中—中职—高职—极少部分能升本"模式仍然是补充渠道地位。所以，职业教育招生考试制度主渠道的建立仍然没有完善到位，职业教育政策支持力度还需要进一步提高。

首先，中等职业教育学校与普通高中学校招生政策不平等。教育行政部门规定普通高中不得招收中考成绩某一分数线及以下的考生。其次，高等教育招生政策限制。我国职业教育发展受限于教育体系设计，职业教育从未单独作为一个教育类型与普通教育平等，它只是普通教育的一个补充角色，它基本上只有相当于普通高中的中职学历教育，中职院校的毕业生基本上失去了继续升学的可能机会，就是高等职业教育院校也基本上是招收普通高中学校毕业的学生。再次，中等职业教育学校的毕业生升入高一级院校的比例受到相关招生政策限制。我国中高职衔接的学生规模一般不超过高等职业教育院校招生规模的 5%。

招生考试制度是高一级层次教育从下一级层次教育选拔生源的主要和重要手段和制度，因此已越来越引起各国政府和人民的重视。职业教育的招生制度更是关系到体现它的教育类型与地位是否得到真正的尊重，同时也关系到体现社会成员在享受教育方面是否得到公平的待遇。

二、国家职业教育课程标准的缺位

课程标准是对课程目标、课程内容、课程实施、课程评价进行指导性规定的重要纲领性文件，它是教材、教学和评价的灵魂。普通教育和职业教育都必须围绕这一基本核心标准要求来确定课程目标、选择课程内容、进行课程实施和评价。

课程标准分为普通教育课程标准和职业教育课程标准，国家统一制定的课程标准、各级地方政府统一制定的课程标准和学校自主编订的课程标准（即专业人才培养方案）。国家课程标准是一个国家在课程方面最基本的纲领性文件，是国家对课程的基本规范和质量要求。职业教育课程标准是对职业教育学生在一定学习阶段的职业能力与职业技能形成的课程的教与学进行详细规定的指导性文件。职业教育课程标准反映了课程的基本性质和一定的课程设计与开发理念。职业教育课程标准具有版本多样化、知识标准与能力标准并重、语言通俗易懂、可操作性、分层次、结构开放性等特点。

职业教育课程标准构建主体一般由国家（地方）政府、行业协会、职业教育专家、职业院校教师与学生等构成。在政府层面表现为：专业目录、专业设置标准。在学校层面表现为专业人才培养方案、专业大类课程标准和课程管理文件等。在职业院校层面分为普通文化课程标准、专业课程标准和综合实践课程标准等类型。职业教育课程标准的价值取向分为综合职业素质导向、实践能力导向和人格本位取向等价值取向。

迄今为止，我国在基础教育方面进行了7次课程改革，为国家基础教育课程标准的制定和修订做出了大量卓有成效的工作。但是，在职业教育发展与改革方面比较薄弱。调查表明，职业教育院校教材采用与管理方面问题严重。由于职业教育课程缺少国家课程标准，各中职学校采用的教材不统一，高职院校各自也不同，中高职院校之间就更加政出多门，教材非整合性非常突出，教材管理自由化严重。一个专业使用的教材出版社门类繁多，整个学校教材版本缺乏一个良好规划与体系，同时还有学校自编教材，有一些教材分不清是中职阶段或者高职阶段，有一些中职学校提前采用高职阶段的教材。这些问题导致了中等职业教育与高等职业教育课程内容组织缺乏连续性、顺序性和整合性，有的造成中高职课程重复浪费有限的教育资源，有的中高职课程出现空缺断档造成学生学习的必要知识无法实现课程目标。

三、国家职业资格与就业准入制度执行不力

国家职业资格是对从事特定职业的工作标准和操作规范等方面相关的规定，以及对劳动者从事该职业所达到的学识、技术和能力的基本要求。我国《劳动法》和《职业教育法》对此在法律层面进行了相关明确的规定。《劳动法》规定：国家分类制定职业技能标准，实行职业资格证书制度。《职业教育法》规定：根据实际需要，职业教育必须要与国家分类制定职业技能标准相适应。就业准入制度就是要求从事相关职业的劳动者必须按《劳动法》和《职业教育法》的有关规定，取得职业资格证书后才能就业上岗的制度。

世界各国和地区完善的职业教育法规和政策有效地保障了中高职课程衔接的正常运行。比如美国，20世纪30年代以来，美国政府制定和颁布了数十个关于职业教育方面的法规，其中《职业教育修正案》《就业培训合作法》《职业教育法》《就业机会法》《人力开发与培训法》和《地区发展法》是有着举足轻重的地位。可以看到,美国政府和全社会对职业教育支持和重视的程度,明确了美国职业教育的国家法律地位,不仅解决了国家职业教育的发展问题,而且推动力社会经济的高速发展和繁荣。我国台湾地区,职业教育也给我们提供了许多发展经验。例如,它的职业教育基本法规《职业训练法》以及规定同等学力方面的法规《各级各类学校同等学力的办法》的相关规定,从法律层面规定和支持了中高职衔接通道和实现了中高职课程衔接体系。

尽管目前我国已制定了一些支持校企合作培养技能人才的政策,但缺乏必要的操作性和动力,再加上我国劳动准入制度基本缺乏执行力,从而出现学校一边热、企业一边冷的口头校企合作局面。再次,职业教育教学改革措施滞后,教育教学内容与企业岗位需求脱节,技能标准与企业发展不对称,教学计划与生产程序不一致,学生学习成绩的学分难以实现。最后,职业教育双师型教师队伍或者能够担任技能训练指导的教师严重短缺,指导校企合作的能力缺乏,也是直接影响和制约了校企合作培养技能人才的重要原因。

李全奎在《中高职衔接问题的研究》一文中明确提出了中高职衔接的四条保障:"提高全社会对高对职业教育的高度认可,为中高职衔接提供理念保障;健全法规体系,加强政府提出和政策导向为中高职衔接提供法规政策保障;制定和完善相关制定为中高职衔接提供制度保障;加快政府在服务体系基础建设为中高职衔接提供质量保障。"刘荣秀在对中高职衔接政策发展进行总结后,讨论了政策的影响和局限。他提出,"政策在提高职业教育的吸引力、变中职教育为阶段性教育、新国民教育体系和经济建设方面有积极导向作用;同时,中职和高职绝不是简单的链接,而是两个系统的衔接。政策在中高职衔接的保障体系、进一步如何实施衔接操作程序上设计有待进一步完善。"

第四节 办学定位分析

我国中高职课程衔接除了在教育观念、职业教育体系、国家法律政策等方面存在较大的问题外,在职业教育课程管理方面同样也存在着不同的问题需要引起重视,特别是在中高职衔接学生规模、高职院校办学定位、教师衔接能力与动力方面造成课程衔接动力缺乏。与基础教育由上而下的集权模式不同,职业教育课程管理基本上已下放给职业院校,目的是充分发挥学校办学特色和提高社会适应性。实际上，一方面，由于地方保护主义，以及受各方经济利益驱使，职业教育教材使用中盲目性、随意性和质量问题普遍出现。另一方面，由于课程实施过程中，学校之间、地区之间存在着较大差异，给合作交流和课程衔接带来一系列问题。

一、中高职衔接的规模不足

办学规模是职业院校的办学效益一个重要的因素。目前，制约中高职课程衔接的一个重要原因就是中高职衔接的学生人数规模不足，中高职学生数量比例规模很小，课程衔接工作成本很高，没有显著的经济效益。中高职衔接的学生人数规模太少，如果在中高职课程衔接方面专门投入，职业院校会认为在这方面的投入会降低他们的办学经济效益，从而放弃在这方面的努力。

（一）中等职业教育学校毕业生的升学计划比例不足

虽然国家政策在逐步重视中高职衔接以及人才成长立交桥的转向和变革，但是在文件中却明文对升学计划比例做出了不超过高职院校招生计划总数的5%的规定或者限制。我国高等职业院校招生对象主要是普通高中毕业生，而且普通高中毕业生是绝对主体，中职学校毕业生只能通过对口考试、单独招生和五年高职等补充方式。

（二）对于五年高职办学方式的限制

一是对专业的限制，二是对于联合办学院校数量限制，三是对于录取方式的限制。比如，四川省发展和改革委员会、四川省教育厅《关于下达四川省五年高职教育 2015 招生计划的通知》规定：五年高职教育原则上由高职院校与省级重点（示范）中职学校承担；招生专业，原则上高职院校在 5 个专业以内，中职学校在 3 个专业以内；联合办学院校数量方面，原则上与一所高职院校联合办学的中职学校不超过 5 所，一所中职学校联合办学的高职院校不超过 2 所。另外，五年高职录取政策方面：一是招生学校之间不得换录，专业之间不得换录；二是预录按照从高分到低分的方式，预录计划不得超过学校当年招生计划的 120%；三是学生报到率非常低，据调查一般不会超过 20%，主要原因是填报五年高职志愿分数较高的学生大多数转而读普通高中，而分数较低的可能性较大的那部分学生在预录阶段却被排除在 120% 之外了。如四川省邮电信息学校最近三年制、五年制高职新生报到情况：2013 年招生计划 250 人、报到 45 人，2014 年招生计划 300 人、报到 41 人，2015 年招生计划 300 人、报到 52 人。

二、高职院校办学定位不准

高等职业院校的定位是影响中高职课程衔接的重要因素。我国对于高等职业院校的定位：高等职业技术学院，又称高等职业学院，简称高职院校或者高职。从 20 世纪末起，我国教育部规定：除了师范、医学和公安类外，其他专科层次全日制普通高等学校应逐步规范校名为"职业技术学院"。从 2012 年起，我国一些国家级示范性高等职业院校开始试点举办职业教育本科层次的专业。在我国，高等职业教育包括本科和专科两个学历教育层次，但是在德国、美国、英国等其他国家的高等职业教育体系则完整地包括了从专科教育到本科层次及研究生以上层次的职业教育学历层次。

我们在《教育大辞典》中找到有关对高职教育的解释为，"高等职业教育"属于"第三级教育层次"，而"第三级教育"一般认为与"高等教育"同义。在中国教育体系中，定位为将它归入"高等教育"范畴中的普通高等教育专科层次。"高等职业教育"这个概念，实在是很有些"中国特色"的，它们的教育对象主要定位在招收普通高中毕业生。高职院校基本上是由中职学校升格而来，它们的教学模式要么沿用中职课程教学模式，要么采用仿普通高校教学模式。受中国当前教育影响，大多数高职院校有由高职专科向升普通本方向发展的倾向，所以基本不在乎中高职课程衔接工作。相对高职学院来说，中职学校的发展方向就是追求高职院校方向。

高职教育是以市场需求为导向，培养实用型人才，为社会经济建设服务。在市场经济不断发展和产业结构优化调整的趋势下，高职院校在其专业、课程设置上不合理，主要表现为专业设置与市场需求、社会需求脱节，不少高职学校的专业设置仍以文科为主，与地方经济发展的需求结合不紧密，高职培养的毕业生，高素质、高技能、应用型的人才特色不明显。在课程设置上并没有立足学生今后的就业方向，存在局限性和片面性。

综上所述，我国高职院校在教育体系中的定位、招收对象、办学模式、专业设置等方面定位存在着较大的偏差，在未来发展方向上有待进一步明确和讨论。这些问题在某种程度上制约着我国中高职课程衔接的顺利实施。

三、教师衔接能力动力不足

中等职业教育学校教师和高等职业教育院校教师是中高职课程衔接的

重要主体之一，他们是中高职课程衔接计划的具体执行者，教师的素质、态度和能力是影响中高职课程实施的直接因素。高等职业院校在中高职课程衔接中动力不足，衔接能力受限制。

调查中还发现，一般的高等职业院校的老师不太欢迎从中等职业学校毕业的学生，他们认为这些学生学习基础和学习习惯较普通高中生源差距太大，一方面增加他们的工作强度，另一方面会影响他们的整体教学效果。由于中职学校生源本身学习基础不牢固和较差的学习习惯而被高职院校教师群体歧视。

高职院校教师对中高职衔接或者中高职课程衔接有明显的抵触情绪或者缺乏信心。首先，看看我国中等职业学校和高职业院校的历史发展，我国中职学校一般是由职业中学为主体，包括职业中专学校、技工学校等组成办学主体，而职业中学基本上是由办学比较困难的普通中学转化而来，这些普通中学生源少而差，教师总体素质不高，教学质量无法满足普通教育升学的需求。其次，职业院校的教师基本上是普通教育原有教师或者从普通高等教育院校招聘的缺乏职业教育经验的普通教育毕业生，人文教师占绝对比例，双师型教师队伍或者能够担任技能训练指导的教师严重短缺，直接影响和制约了教学质量。再次，调查表明，职业教育院校之间各自为政，国家教育行政部门条块分割，职业教育课程缺少国家课程标准，中高职院校之间就更加政出多门，管理重形式轻过程和结果，课程评价方式单一，对象单一，缺乏必要的问题针对性。

所以，为了提高高职院校教师在中高职课程衔接方面的能力和动力，必须从以下几个方面着手。一是加强教师教育观念的转变，努力适应社会经济发展，做到一切为了学生，为了一切学生。二是加强职业院校教师的技术应用能力和实践能力的提升，通过多种形式丰富教师的理论应用于实践工作的经验。三是出台和完善教师课程评价体系和激励措施，对课程质量进行多元多向评估，对教师的科研成果进行奖励，充分调动教师教育教学与科研方面的积极性。四是理顺职业教育院校的管理体制，加强院校之间的深度融合与沟通，既要注重形式上的合作，又要注重过程与结果的合作，力求做到资源共享，学生与教师共同发展，中高职院校共同发展。

第六章　中高职课程衔接的理念与思路变革

随着我国职业教育的进一步改革与发展，特别是 2010 年国家制定了 2010—2020 中长期教育改革和发展规划，提出了建立中等和高等职业教育协调发展的现代职业教育体系的战略目标，中高职课程衔接的理念也进一步得到发展和变革，不管是国家政策、理论研究，还是实践探索等方面都正在发生深刻而显著的变革，主要体现正在从普通性走向职业性，从过去的补充角色走向主要角色，从宏观架构走向微观实践，从凌乱状态走向系统状态。

第一节　普通性与职业性

人类把教育分为职业教育和普通教育两个平行并列的大类，它们相互联系又相互区别，它们在许多方面有相同的共性，它们都要遵循教育的基本准则，同样是为社会培养人才，都需要按教育规律办事。但是，职业教育与普通教育又有显著的区别和独自的特征。长期以来，我国职业教育一直没有走出普通教育的轨道，没有真正办出职业教育应有的特征，普遍存在着职业教育普通教育化。

一、中高职课程衔接的普通性表现及影响

首先，职业院校一般是由普通教育学校转化而来。首先，我国中职学校是由职业中学为主体，包括职业中专学校、技工学校等组成办学主体，而职业中学基本上是由办学比较困难的普通中学转化而来，这些普通中学生源少而差，教师总体素质不高，教学质量无法满足普通教育升学的需求。而高等职业教育院校基本上是由中职学校从中职学历升格以高职大专学历，其办学模式有一些仍采用中职模式，有一些则模仿普通高等教育模式。其次，职业院校缺乏必要的教学实习实训设备，教学仍以书本和课堂为主，学生缺乏必要的技能训练和经验，岗位适应能力水平有限。再次，职业院校的教师基本上是普通教育原有教师或者从普通高等教育院校招聘的缺乏职业教育经验的普通教育毕业生，人文教师占绝对比例，双师型教师队伍或者能够担任技能训练指导的教师严重短缺，直接影响和制约了教

学质量。最后，我国长期"学而优则仕"的教育观念，以及职业教育体系设计中中职毕业生缺乏必要的升学通道，一般初中毕业生进入高中教育阶段时绝大多数选择普通高中学校学习，剩余的不得已选择中职教育学校的学生，由于本身学习基础不牢固和较差的学习习惯而被社会其他群体歧视。由于以上原因，中高职课程衔接仅仅限于少量的对口高考或者更多的成人高考抑或自学文凭考试，这些极大地影响了中高职课程衔接的规模、范围和质量。

二、中高职课程衔接的职业性表征及变革

当代，职业教育职业教育化的变革浪潮和呼声越来越高。首先，理论界专家学者通过调查职业教育选择，分析发现职业教育中存在着严重的普通教育化倾向，他们认为职业教育没有真正体现职业教育的特征，职业教育是与普通教育同属于教育的平等并列的两种教育类型之一，应该充分体现职业教育的目标和特点，于是，他们从理论和学术的角度对职业教育进行深入的调查研究，不断为职业教育改革提出清晰的思路和可行的建议成果，其中中高职课程衔接就是理论界的重要学术成果之一。其次，职业教育是为社会培养适应产业发展的第一线具有职业倾向的中高级技能型应用型人才的特殊教育类型。我国曾经产生席卷全国的"技工荒"至今挥之不去，高级技能人才有价无市，严重制约了社会经济发展；纵观国际上经济发达国家，经济越发达，职业教育地位越高。我国从 1985 年来，有关职业教育地位与提高职业教育质量的政策文件，一个比一个更加重视和到位，国家财政对职业教育逐渐加大投入，不断改善职业教育实习实训设备，加强职业教育教师队伍培养，为中高职课程衔接提供了坚实基础条件。再次，我国高等教育大众化迅速发展，人民群众对教育需求的进一步提高，人们观念不断更新。如今，我国对职业教育进行了体系规划，建设现代职业教育体系已成为我国教育领域重要工程，而中高职课程衔接被誉为现代职业教育体系建设的基础工程。体系设计上，从中职、大专、本科直到专业硕士、博士得到完善，全国一大批地方普通高等教育本科院校即将转型为职业教育应用型与技术型大学。

第二节 补充性与主流化

过去到今天，中高职课程衔接在职业教育及职业教育院校中一直处于补充角色，甚至可有可无，如今，随着社会经济发展的需要，人们对教育需求多样化的追求呼声越来越高，国家对职业教育越来越重视，建设完善的现代职业教育体系规划蓝图的提出，中高职课程衔接成为现代职业教育体系建设的基础工程被提到前所未有的高度，中高职课程衔接被各方主体逐渐重视，它由补充角色逐渐成为主流角色的趋势已得到理论界和社会实践层面的广泛认同。

一、中高职课程衔接的补充性表现及影响

首先，过去职业教育的社会与类型地位决定了中高职课程衔接的补充性地位。我国职业教育发展受限于教育体系设计，其次，由于我国几千年传统教育观念影响，再加上社会现实环境对职业教育的残酷排斥，人们对职业教育后升学路径的失望，导致教育行政部门、职业院校自生、社会家长及各方对职业教育的补充性更加根深蒂固，难以去除。再次，我国中高职衔接的学生规模一般不超过高等职业教育院校招生规模的5%，所以高等职业教育院校不可能在中高职衔接的学生方面单独增加成本去提高重视程度，更不能关注中高职课程衔接，何谈中高职课程衔接改革或者改善？最后，职业教育及中高职课程衔接相关的国家政策影响，政策更多体现在宏观方面，缺乏微观的操作规程和评价标准，再加上我国基本的教育体系设计配套改革没有跟上，中高职衔接与中高职课程衔接被沦为看得见摸不着的"水中月镜中花"。所以过去的人们观念、我国职业教育体系、办学规模与国家相关政策决定了中高职课程衔接的补充地位，极大程度地影响了职业教育的发展速度和技能人才的培养。

二、中高职课程衔接的主流性表征及变革

历史的车轮滚滚向前，我国职业教育发展与改革的步伐从未停止。中高职衔接与中高职课程衔接犹如一棵生命顽强的小树，已经破土而出，只要我们悉心培植，它必将长成参天大树。近年来，我国建设职业教育体系工作取得了突破性的进展，职业教育制度全面开展，职业教育层次和专业结构不断完善，中高职教育统筹发展的格局基本形成。我国中高职课程衔接变革与主流发展趋势日益显现。

首先，国家政策方面。在国家政策法规上，确立了中高职衔接是现代职业教育体系构建的关键地位。1985年至今，国家教育部先后制定和颁布了一系列政策法规，规定构建中高职教育课程衔接的职业教育体系的发展目标，指明了中国当代职业教育发展的方向，中高职课程衔接的实践和理论有了政策前提。20世纪80年代以来，国家先后出台了一系列关于中高职课程衔接方面的政策和措施，鼓励高等职业学院对口招收中职毕业生，解决中高职衔接问题，解决中职毕业生的升学需求。

其次，理论研究方面。学术界对于中高职衔接和中高职课程衔接方面的理论研究成果逐渐在学术期刊、报刊出现，文献数量从无到有、从少到多，近年来迅猛上升，已在中高职衔接和课程衔接研究中占有绝对优势。我国专家学者分别从中高职课程衔接概念和定位、理论基础、衔接内容、衔接方式、问题归因和策略、改革试点和实践探索、保障制度和措施、国际比较研究等方面进行研究，通过实践探索和理论研究的双重推动，中高职课程衔接已成为当代构建现代职业教育体系背景下的社会公众关注热点和焦点。

最后，20世纪90年代以来，我国各地不断开始了中高职衔接的实践探索，并不同程度取得了一定成效，中高职衔接的规模逐渐在全国各地得到前所未有的扩大，中高职课程衔接逐渐得到前所未有的重视。随着经济社会的发展，产业的升级，对各种高技能人才需求数量的不断增长，职业教育到了不得不改革的关键时期。社会学生与家长在不久的将来可以看到，中高职衔接通道有效贯通，与读普通高中一样，读中职学校也可以有机会接受高等职业教育，职业教育与普通教育具有同样的吸引力而成为教育两个类型的主流之一。全国各地在中高职课程衔接实践探索方面取得了显著成效，深入贯彻落实2010—2020教育规划纲要精神。对此，教育部职业技术教育中心刘育锋等专门针对"中高职课程衔接的现状"在北京、重庆、广西开展了专题调研，虽然还处在许多问题，但是中高职衔接与中高职课程衔接已然成为各地教育行政部门、各级职业院校和社会家长的高度重视和普遍接受。

第三节　由宏观走向微观

宏观是相对微观而言，微观是相对宏观来说。宏观架构，微观落实。20世纪80年代以来，我国从未停止对职业教育体系和中高职课程衔接的宏观架构，先后出台了一系列关于中高职课程衔接方面的政策和措施，但是在微观落实方面还远远不够，甚至极度少量涉及。于是，学术界紧跟国家政策，其理论研究自然侧重于宏观理论研究，在微观中高职课程衔接实践方面深入不够，研究成果有限。受种种原因影响，中等职业教育学校与高等职业学院在中高课程衔接方面实践只是摆摆样子，而对微观实践落实方面深入缺乏动力和能力，很少把它放在一个相对重要的位置。今天，随着时代变迁，我国教育改革的进一步深入，对职业教育的改革和政策深入，中高职课程衔接逐渐有从宏观架构走向微观实践的总体趋势，无论在理论研究或是实践探索方面都明显越来越多的深入和涉及具体的中高职课程衔接问题和领域。

一、中高职课程衔接的宏观化表现及影响

首先，在国家政策方面。20世纪80年代以来，国家先后出台了一系列关于中高职课程衔接方面的政策和措施，鼓励高等职业学院对口招收中职毕业生，解决中高职衔接问题，解决中职毕业生的升学需求。其次，在理论研究方面。学术界对于中高职衔接和中高职课程衔接方面的理论研究成果逐渐在学术期刊、报刊出现，试图通过实践探索和理论研究双重推动中高职课程衔接。再次，在实践探索方面。虽然20世纪90年代以来我国各地不断开始了中高职衔接的实践探索，并不同程度取得了一定成效。

尽管中高职课程衔接在国家政策、理论研究与职业院校实践方面取得了一定的成效，但是由于国家政策方面更多关注宏观方面，而缺乏必要统一的标准和模式，仅仅定位于普通教育的补充角色，课程标准论证不足，中高职院校各自为政，中高职课程衔接五花八门（如我国出现五年一贯制模式、五年分段模式、对口升学模式、单招单考模式、灵活学制模式等）。这些导致中高职课程衔接在微观实践方面出现许多问题，比如课程标准断层、课程内容重复、职业技能课程倒挂、专业不对口、教学层次不显著等。

二、中高职课程衔接的微观化表征及变革

针对中高职课程衔接的问题，我国许多学者专家积极开展调查研究，通过对中高职课程衔接问题与归因分析，提出各自的对策和建议。黄彬等的《中高职课程衔接存在的问题及其解决路径》、张弢等的《学分制模式下的中高职课程体系衔接问题及对策研究》、祝士明等的《中高职教育课程衔接的思考》、任平等的《中高职课程和谐衔接的问题与建议》、张健的《对中高职课程有机衔接的思考》等文章中都对我国中高职课程衔接问题、归因和对策研究进行了比较深入的探讨。理论研究源于实践探索，实践必须有理论指导。随着理论研究的深入，人们对现实问题的解决和完善政策的需求越来越强烈；教育改革有多种形式，其中有自上而下的，也有自下而上的。目前，在我国已形成了自下而上的倒逼行情，相关部门不得不在思考宏观设计的同时，也必须关注宏观政策的微观实施可操作性。于是，

便有了我国《2010—2020 现代职业教育体系规划》《2014—2020 现代职业教育体系规划》《教育部关于推进中等和高等职业教育协调发展的指导意见》《2015—2018 高等职业教育创新发展行动计划》等完善的政策出台，以及北京、广东、天津、四川等许多地方国家级职业教育改革试点区域的确定（如《四川德阳高等职业教育综合改革试验区建设实施方案》《沈阳市探索装备制造业职业教育综合改革试点实施方案》《甘肃省兰州市以"农村社区学习中心"为基础的农村职业教育体系改革试点实施方案》）。

改革职业教育办学模式，促进高等职业教育综合改革试点，构建现代职业教育体系，搭建职业教育人才成长立交桥。当前，国家职业教育体系兼顾到职业教育办学层次的完善，构建从中职、专科、本科（包括专业硕士、专业博士）的学历层次，积极动员全国地方本科院校和独立学院转型职业技术大学。全国中高职院校根据现代职业教育体系规划，从地方与院校本身实际情况出发，完善中高职课程衔接教学质量标准，探索中高职课程衔接新模式，建立职业教育开放式、立体化的实践教学体系。中高职课程衔接理论研究与实践探索正在从宏观架构走向微观落实，对于我国教育改革必将是一次前所未有的崭新面貌。

第四节　由凌乱走向系统

系统是相对凌乱而言，凌乱则是相对系统而言。所谓系统，至少具有整体性、结构性、层次性等特征，即系统内的个体相互形成一个整体，系统内的个体是按一定的结构框架存在的，系统内的个体之间具有一定的层次的。所谓凌乱，就是杂乱而无条理，至少不具有整体性、结构性、层次性等特征。任何一个新生事物或者一项变革，最先都是一点一点地发展和成长起来的，一点一点地从最初的凌乱状态逐步走向完善走向系统状态的。中高职课程衔接，作为职业教育或者教育中的一项负有变革使命的教育手段或者措施，概不例外。在国家政策、操作程序、实施主体、实施范围、实施内容到目标对象，以及理论研究中，都体现了这一规律，否则，何来试点或者试行方案？何来理论探索或者学界研讨？当前，我国中高职课程衔接由最初的凌乱状态逐步走向完善走向系统状态的趋势越来越清晰，肩负建设现代职业教育体系使命越来越明确，中高职课程衔接作为建设我国现代职业教育体系的基础工程，现实要求我们对中高职课程衔接的研究必须更加重视和必须去系统研究。

一、中高职课程衔接的零乱化表现及影响

我国中高职课程衔接都是凌乱的，不成系统的，至少不具有整体性、结构性、层次性等特征，即中高职课程衔接系统内的要素相互没有形成一个整体，系统内的要素没有按一定的规律构建，系统内的要素之间不具有一定的层次性。首先，在国家政策方面。我国相关政策和文件的出台是一个从模糊到清晰由凌乱到系统的过程或者趋势。中共中央在1985年的关于教育体制改革的政策中提出了要建立起一个从初级职业教育层次到高级职业教育层次的职业技术教育体系的构想，并且要求能与普通教育相互沟通。但是没有提出中高职衔接的明确要求，尤其是中高职课程衔接在实践层面的要求。教育部在1997年出台了《关于招收应届中等职业学校毕业生举办高等职业教育试点工作的通知》，要求在北京、上海等省（市）举办高等职业教育试点工作，高等职业院校开始试点招收应届中职毕业生进一步到高校深造。到1999年，中职毕业生升学比例扩大到3%左右可升入高等职业院校。国务院在2002年的大力推进职业教育改革与发展的政策进一步中提出了人才成长"立交桥"的概念。

为了经济发展方式转变的需要，满足产业结构调整对高素质劳动者和技能型人才的需求，在2010年国家制定了《2010—2020中长期教育改革和发展规划》，提出了建立中等和高等职业教育协调发展的现代职业教育体系的战略目标。随后，在具体的操作程序与实施主体方面，没有统一标准，而是采取在一些地方推行不同方式与内容的改革试点。如在北京、天津等部分省市进行"构建现代职业教育体系"的专项试点改革，再如，在四川、河南等地开展中高等职业教育协调发展综合改革试点。而其他地方到底怎么改革，文件没有明确的统一要求。在目标对象与范围内容方面专注不够，宽泛有余。相关文件提出了"构建灵活开放的终身教育体系，学历和非学历教育协调发展、职前和职后教育有效衔接"等等宏观思想，无疑给微观操作与系统实践造成了极大困难。2011年出台关于推进中高职协调发展的指导意见，明确提出注重中等和高等职业教育在培养目标、专业内涵、教学条件等方面的延续与衔接，进一步完善和探索中高等职业教育衔接的人才培养模式。2015—2018高等职业教育创新发展行动计划等完善的政策出台。由此可见，从1985年到2015年，历时30年横跨两个世纪，我国中高职课程衔接从宏观设计到微观落实、从凌乱状态到系统状态终于逐渐明晰。

理论研究方面。虽然学者们对于中高职课程衔接方面的理论研究成果数量从无到有、从少到多，但是前期基本上都是从宏观着眼，比如中高职课程衔接的可行性、必要性、理论基础、国际研究等方面，并未在中高职衔接和课程衔接概念和定位、衔接内容、衔接方式、培养目标、课程标准、教学条件、问题归因和策略、改革试点和实践探索、保障制度和措施等方面进行深入细致的研究。理论的研究严重制约了中高职课程衔接实践的进一步推进。

二、中高职课程衔接的系统化表征及变革

2010年，国家制定了2010—2020中长期教育改革和发展规划，提出了建立中等和高等职业教育协调发展的现代职业教育体系的战略目标。这是一个具有系统化时代的标志，标志着我国中高职课程衔接从凌乱状态转入系统状态的重要里程碑。2011年，国家出台《关于推进中高职协调发展的指导意见》，明确提出注重中等和高等职业教育在培养目标、专业内涵、教学条件等方面的延续与衔接，进一步完善和探索中高等职业教育衔接的人才培养模式。2014年，进一步出台《2014—2020现代职业教育体系规划》《教育部关于推进中等和高等职业教育协调发展的指导意见》《2015—2018高等职业教育创新发展行动计划》等完善的政策。相关文件或者政策比较系统地阐述了中高职课程衔接的指导思想、建设目标、基本原则、基本框架、建设重点、重点保障、机制创新等方面内容，其中重点涉及优化高等职业教育结构、完善职业人才衔接培养体系、改革职业教育专业课程体系、完善"双师型"教师培养培训体系等方面。

（一）在试点成果方面

在国家教育改革和发展规划的蓝图框架下，全国各省市纷纷推出省级教育改革和发展规划，制定省级现代职业教育体系的战略目标。例如，四川省委省政府于2012年12月制定的《四川省中长期教育改革和发展规划纲要（2010—2020年）》，以及《四川省现代职业教育体系建设规划（2014—2020年）》，明确了指导思想、建设目标、基本原则、重点任务、建设内容以及实施保障和步骤等相关细则，并明确了四川省现代职业教育体系建设量化目标（表6-1）；在重点任务中，规划明确指出推进中高职人才培养衔接，建立人才培养衔接机制。推进中等和高等职业教育培养目标、专业布局、课程体系、教学过程等方面全面衔接，形成促进技术技能人才职业素养与能力不断提升的成长通道。扩宽贯通培养通道，推动中职—高职—本科教育贯通，加快形成中高职有效衔接的人才培养通道。扩大"五年一贯制"（初中毕业+5年专科）、"3+2"（3年中职+2年专科)等职业教育办学规模，实质推进中职—高职—本科的"立交桥"建设。

表6-1　　　　　　　四川省现代职业教育体系建设量化目标

目标	2012年	2017年	2020年
中等职业教育在校生数/万人	139	126	110
专科层次职业教育在校生数/万人	84	86	89
继续教育参与人次/万人次	1680	1930	2150
职业院校职业教育集团参与率/%	75	87	90
高职院校招收有实际工作经验学习者比例/%	5	14	20
有实践经验的专兼职教师占专业教师总数的比例/%	35	51	60
职业院校校园网覆盖率/%	90	100	100

(二) 在理论研究方面

关于中高职课程衔接研究逐渐从宏观到微观，宏观与微观结合，从凌乱状态到系统状态。关于中高职课程衔接研究文献数量从无到有、从少到多，近年来迅猛上升，在中高职课程衔接概念和定位、理论基础、衔接内容、衔接方式、问题归因和策略、改革试点和实践探索、保障制度和措施、国际比较研究等方面研究更加系统、全面和深入。研究者从不同的研究视角出发，提出了中高职课程衔接的各种问题，进一步对问题的归因作了分析，并根据不同的角度提出了解决问题的建议和策略。这些研究成果有利于进一步指导中高职课程衔接的研究，对于推动我国职业教育改革和发展提供了理论指导，为中高职院校探索中高职课程衔接的实践提供了理论源泉和动力。

第七章　中高职教育课程衔接的系统建构

从前文中可以看到，中高职课程衔接是我国构建现代职业教育体系的重要基础工程，而现代职业教育体系是中高职课程衔接的前提和逻辑起点，中高职课程衔接的本质应该是现代职业教育体系内部要素之间的有机衔接，中高职课程衔接的应然状态应该是现代职业教育体系下的必然状态，即应具有适应需求、有机衔接和多元立交的状态，具有适应性、层次性、连续性等特征。但是，我国中高职课程衔接的实然状态却与应然状态存在很多问题，诸如在课程衔接的起点、衔接基础、衔接核心、衔接主体、衔接保障和升学路径等方面表现出来的问题，其根本症结在于我国传统的教育观念根深蒂固、职业教育的独立地位与现代体系尚未真正确立、中高职衔接的主要渠道尚未打通、中高职课程衔接动力不足、职业教育本科以上层次院校缺失等问题。

为此，根据现代职业教育体系的内涵和特征、国外主要发达国家的经验和启示，以及我国其他地区中高职课程衔接的实践经验总结，在国内外专家学者已有的丰富研究成果的基础上，基于软系统方法论（SSM）的中高职课程衔接概念模型，我们提出现代职业教育体系下中高职课程衔接的基本原则、中高职课程模式变革的技术路径、中高职课程衔接的相关内容设计和中高职课程衔接的保障措施等建议，以期实现中高职课程衔接的应然状态。

第一节　基本原则：忠实体现现代职业教育体系的基本内涵

一、适应社会经济发展的需要

职业教育是社会经济发展的产物，也就是说，没有社会经济发展就没有职业教育，职业教育脱离了社会发展就失去了存在的价值和意义。人类最初的教育就是职业化的教育，它就是主要讲授、传承或者学习人类生存、生产和生活的知识与技能。职业教育是社会经济发展的产物，随着人类工业社会的出现，职业教育逐渐作为一种特定的教育类型而出现。所以，职业教育是与人类社会经济发展关系最密切的一种教育类型。职业教育的本质就是帮助人们获得技术技能职业的能力和资格。相对普通教育，职业教育是教育特定的教育类型，它是一种为希望成为技术技能型人才的人服务的，它具有层次特征，有初级（等）、中级（等）和高级（等）等几个等级层次。

社会经济发展需要职业教育，职业教育在社会发展中占有不可替代和优先发展的战略地位。马克思说，生产力是社会发展的决定因素，而人是生产力中最活跃的要素。人的素质是影响社会发展的重要因素，它直接决定人类社会发展的进程。所以，职业教育最直接关系着社会经济发展，因为社会经济发展中需要大量众多的初级、中级和高级技术技能应用型人才需要通过职业教育来培养和提供，他们占有社会劳动力总量的绝大部分。虽然，这种作用无法用准确的数量来表达，但是国际上许多国家和地区经济社会的发展都证明了这一切。从二次世界大战后的德国、日本，到亚洲"四小龙"经济的崛起都是生动证明了职业教育对社会经济发展的重要作用和战略地位。

社会经济发展决定职业教育的发展。一方面，职业教育推动着社会与人的发展，另一方面，职业教育的发展又决定于社会与人的发展和需要。首先，人是决定着职业教育发展的根本因素。人们对技术技能型职业能力与资格的需求，以及人们对职业教育的办学模式、管理体制、培养目标、人才培养模式、教学内容及教学方式等的直接影响决定着中高职课程衔接的发展进程。其次，人是社会的人，人的生存、生活与发展必须依靠社会，同时来源于社会的需要，人的发展目标就是社会对人才的需要，人的需要就是职业教育及职业教育课程的发展或者培养目标确定的重要依据。所以，职业教育能不能发展，如何发展，决定于社会经济发展的需要。职业教育培养目标在职业教育工作中有着举足轻重的地位，职业教育课程教学的逻辑起点和基础，同时更是职业教育的归属或者目的。职业教育目标不是一成不变的，它是随着人类社会发展而发展，变化而变化。因此，职业教育的培养目标必须面向社会经济发展的水平，与社会产业结构及人力结构相适应。

社会经济发展水平是我国现代职业教育体系构建的重要现实依据，现代职业教育体系规范职业教育培养的人才层次结构、职业院校类别、职业教育专业设置与结构等重要内容。职业教育课程是职业教育目标实现的基本要素，中高职课程衔接是构建我国现代职业教育体系的重要途径。不同的课程种类决定不同的人才培养类型与形式，不同课程的层次决定不同的人才培养层次。现代职业教育体系中，中高职教育分别是职业教育相互连接的两个不同层次，它们分别为社会提供不同层次的技能人才需求，即中级技能人才和高级技能人才。同时，它们又根据社会需求的变化而变化，所以，中高职衔接就是人才层次的衔接和社会人才需求变化的协调，中高职课程衔接是中高职教育衔接的重要组成部分和基础，是以中职人才为基础培养高职人才的课程衔接需要，因此，中高职课程衔接必须要适应社会经济发展对人才的需要。

二、满足人民群众受教育的需求

一方面，人需要职业教育。另一方面，职业教育也要满足人的发展需要。人是决定着职业教育发展的根本因素。人们对技术技能型职业能力与资格的需求，直接影响着职业教育的办学模式、管理体制、培养目标、人才培养模式、教学内容及教学方式，直接影响着中高职课程衔接的发展进程。职业教育一方面必须要为社会经济发展服务，另一方面需要同时满足社会个人对职业教育的个性培养，促进人与社会、人与职业的和谐发展。职业教育关系着国家的发展和民族的未来，关系着最广大人民群众的根本利益。职业教育是现代教育的重要组成部分，是国民经济与社会发展的重要基础。它承担着培养高素质劳动者和实用性人才、解放和提高生产力的责任；承担着传播和发展社会主义文化、建设社会主义精神文明的责任；承担着提高劳动者的就业能力和创业能力、促进劳动就业的责任。职业教育与经济建设、劳动就业联系最紧密最直接，与人民群众的生产生活息息相关。

职业教育是人们对社会公平的需要。我国现代职业教育体系就是职业教育实现公平正义的重要途径，中高职课程衔接是现代职业教育体系的重要基础。长期以来，受传统观念影响，相当一部分的初中毕业生失去了继续学习的机会，绝大部分中等职业教育学校的毕业生被迫失去继续升学的机会和权力，建立现代职业教育体系是教育公平的必然之路。近年来，随着我国社会经济的快速发展，能型人才的需求持续旺盛，还出现技能型人才结构性短缺问题，这为职业教育大发展提供了良好机遇。但是，受传统人才观念的影响，随着普通高中的扩招和高考录取率的不断上升，个别地方的中等职业教育出现了滑坡，加之中职学校自身办学实力不强、办学特色不明显，办学难、招生难的情况比较普遍。开展中高职衔接与中高职课程衔接工作，为中等职业教育毕业生开辟了一条新的出路，给职业教育的发展带来了活力，暂时成为解决职校生源不足问题的一项有效举措。

但是，调查结果表明，由于中高职衔接招生比例有限，以及中高职课程衔接的诸多问题，中高职衔接的规模和质量受到极大影响，还远远不能满足人民群众对教育的需求。所以，一方面要适度扩大招生规模，进行职业教育招生考试改革，尽快解决中等职业学校毕业生的升学问题，特别是扩大从中等职业学校毕业生中招收本科生的招生规模。另一方面，要加强中高职课程衔接，提高中高职衔接质量，吸引更多的优秀初中毕业生接受中等职业教育和高等职业教育，满足广大人民群众个性化、多样化的教育需求，为实施因材施教、促进学生全面发展，打开更加广阔的教育空间，全面有效地提升职业教育的教育质量和社会吸引力。

三、促进中高职教育协调发展

中高职教育协调发展是适应我国经济社会发展的需要。职业教育必须适应和服务社会经济的发展，为经济社会产业结构调整需要培养和提供必要的初级、中级和高级技术技能人才，而人才供给的数量与层次比例应该满足产业结构对数量与层次的需求。

我国是世界上人口最多、劳动力资源最丰富的国家，但是劳动力总体水平素质偏低，高等教育人口比例不足，已经成为影响经济发展的主要因素。世界科学技术日新月异，国际竞争日益激烈，经济全球化发展，社会产业结构调整日益加快，人力资源的培养水平已成为各国参与国际竞争的重要因素。社会发展对人才类型、规格、数量与质量不断提出新的要求。我国目前职业教育体系已不适应国家社会经济发展的需要了，为了满足我国现代化建设对高层次职业技术技能人才的需要，我国提出来建设中国特色世界水平的现代职业教育体系的战略方针。中高职协调发展成为建设现代职业教育体系的重要内容和途径。在我国各级各类教育更加注重提高质量的背景下，作为国家急需的职业教育，要提高质量，满足国家现代产业体系建设的要求，也必须建设现代职业教育体系下，促进中高职教育协调发展。为了应对世界新一轮科技革命和产业结构变革，立足我国经济发展方式转变的实际需要。国务院于2015年推出"中国制造2025"的战略目标，在推动产业向中高端发展的同时，也必然对我国职业教育提出技术技能人才的培养目标向中高端发展。因为人才是非常重要的要素，特别文化素质高、技术精湛的优秀工程师和技术工人成为"中国制造2025"的宏伟目标能否顺利实现的关键因素。对现代职业教育体系构建来说，既是机遇，也是挑战。

中高职衔接是现代职业教育体系的基础工程，是适应当前教育发展形势的需要，是提高职业教育质量和吸引力的需要。随着我国高校的扩招，

"普高热"的兴起，加上入学适龄青年逐年减少，生源竞争越来越激烈，既有国内院校规模扩张带来的内部竞争，也有国外院校来中国争夺生源的国际竞争，职业教育要增强竞争力和竞争优势，必须尽快增强办学实力，整合和有效利用现有教育资源，充分挖掘现有潜力，使职业教育与普通教育得到共同发展。同时，要搞好中高职教育的相互衔接，打通职业教育的立交桥，增强职业教育的办学吸引力，使中高职教育在各自的层次上办出特色。

中高职课程衔接是中高职衔接的重要内容。中高职课程衔接的质量决定了中高职教育协调发展的程度，是建立和完善现代职业教育体系的需要。中高职教育协调发展在为高等职业教育提供理想生源的同时，还可以使中职毕业生能够拥有继续接受高一层次教育的机会，这打破了中等职业教育的终结性局面。不仅可以做到优势互补，共同发展，还能促使整个职业教育体系的不断健全和完善。所以，中高职课程衔接在中高职协调发展中作用至关重要。

四、坚持体现终身教育理念

终身教育就是一个人一生过程中所受教育的总和。教育是一个人一生的事情，它不受时间、空间、形式的影响，也不受民族、职业、性别、年龄的限制。终身教育关注知识、技能、共同生活知识和生存知识之间的密切联系，也强调不断造就人，不断扩充其知识和才能以不断培养判断力和行为能力。它主张人们的教育观念的变革，教育制度和教育体系的变革，教育形式和学习方式的变革。主张世界各国建立终身教育体系，满足人们对教育的个性化、多样化需求，以期不断提高全人类的综合素质。

职业教育的本质就是帮助人们获得技术技能职业的能力和资格，即是帮助受教育的社会个体由自然人实现向职业人的转变。一是社会个体在基础教育后的文化基础知识的继续提升和准备；二是对职业岗位需要的职业知识、技术技能等条件的准备；三是对未来从事的某种职业资格的准备。随着社会发展，职业教育更加注重人的个性发展和持续发展准备。但是，人的一生不可能只从事一种职业，一种职业也不可能永远不变革，社会发展永远不可能停止，一个人要适应社会发展，职业教育也要适应人与社会发展的需要。职业教育是教育的一种特定类型，教育持续个人一生，系统学习、终身学习可以适应社会与职业的变革与变迁。终身教育思想已经成为国际性的教育思潮，并逐渐作为各国教育决策和官方行动。有的国家制定了相关法规，规定终身职业教育是公民的一项基本权利，如法国的《终身教育法》、美国的《终身学习法》、日本的《促进终身学习法案》等。我国在《教育法》和《关于深化教育改革全面推进素质教育的决定》中明确了素质教育的实质就是终身教育。

现代职业教育体系为人们实现终身教育提供了途径和基础，同时更是终身教育理念在职业教育各个环节和方面的最集中体现。中等职业教育是职业教育的基础，高等职业教育是职业教育向上衔接和发展的更高层次或者目标，从而向终身教育方向发展。现代职业教育体系是开放的、面向人人的终身学习体系，中高职课程衔接体系必须要适应这个开放的、面向人人的终身学习体系。现代职业教育体系包括职前、职中、职后教育与培训相结合，初等、中等、高等职业教育相衔接的开放的体系。现代职业教育体系必须有利于促进各级各类职业学校和培训机构与相关行业和企业建立紧密的合作关系，让职业学校的资源与社会可利用的职教资源通过政策引导和市场机制进行有机整合、优化配置，实现资源共享。

第二节 技术路径：构建符合职业教育特点的课程衔接模式

职业教育的特点直接决定和影响职业教育的培养目标、专业定位、课程设置教学实施、课程评价和教材内容等。职业教育课程开发模式不仅体现职业教育特点，也关系着中高课程衔接的课程目标、课程内容、课程实施与课程评价的发展和水平。我国构建现代职业教育体系就是从中国国情实际出发，更加重视职业教育的社会经济发展促进功能，更加突出职业教育的规律和特点，中高职课程衔接与职业教育课程开发就是最能体现和反映职业教育特点的重要环节。

职业教育课程开发模式不是固定不变的，它是随着社会科技的发展而发展，随着职业教育的发展而发展，特别是随着人们对课程的理解变化而发展。中高职课程衔接的有效性程度决定于职业教育课程开发模式的确立和发展。从世界范围来看，职业教育课程开发模式经历了不同阶段，原来的旧模式不断被更新的模式替代，目前正处于职业教育课程的工作过程导向课程开发模式阶段。

一、中高职课程衔接理念变革与趋势

随着我国职业教育的进一步改革与发展，我国提出了建立中等和高等职业教育协调发展的现代职业教育体系的战略目标，中高职课程衔接的理念也进一步得到发展和变革，不管是国家政策、理论研究，还是实践探索等方面都正在发生深刻而显著的变革，主要体现正在从普通性走向职业性，从过去的补充角色走向主要角色，从宏观架构走向微观实践，从凌乱状态走向系统状态。

首先，职业教育课程正在从普通性走向职业性。职业教育与普通教育是两个平行并列的教育类型，它们相互联系又相互区别，它们在许多方面有相同的共性，它们都要遵循教育的基本准则，同样是为社会培养人才，都需要按教育规律办事；但是，职业教育与普通教育又有显著的区别和独自的特征。

其次，由补充角色逐渐成为主流角色的趋势已得广泛认同。当今，随着社会经济发展的需要，人们对教育需求多样化的追求呼声越来越高，国家对职业教育越来越重视，建设完善的现代职业教育体系规划蓝图的提出，中高职课程衔接成为现代职业教育体系建设的基础工程被提到前所未有的高度，中高职课程衔接被各方主体逐渐重视，它由补充角色逐渐成为主流角色的趋势已得到理论界和社会实践层面的广泛认同。

再次，中高职课程衔接从宏观架构走向微观实践的总体趋势正在形成。对职业教育的改革和政策深入，中高职课程衔接逐渐有从宏观架构走向微观实践的总体趋势，无论在理论研究或是实践探索方面都明显越来越多地深入和涉及具体的中高职课程衔接问题和领域。在国家政策、操作程序、实施主体、实施范围、实施内容到目标对象，以及理论研究中，都体现了这一规律，否则，何来试点或者试行方案？何来理论探索或者学界研讨？当前，我国中高职课程衔接由最初的凌乱状态逐步走向完善走向系统状态的趋势越来越清晰，肩负建设现代职业教育体系使命越来越明确，中高职课程衔接作为建设我国现代职业教育体系的基础工程，现实要求我们对中高职课程衔接的研究必须更加重视和必须去系统研究。

二、我国职业教育课程模式开发历程

我国职业教育课程模式发展历程。随着社会经济发展，职业教育理论研究与实践探索不断处在变革中，我国职业教育课程模式不断被更新的模式代替或者超越。纵观我国职业教育课程模式的发展变革主要经历了以下三个阶段。

第一阶段，主要是普通教育模式化，由于我国中等职业学校和高职业院校的特殊的历史发展，我国职业院校基本上是普通教育院校转型而来，学校转型后课程教学模式却没有真正转型，而是被保留下来了，导致职业教育课程模式普通教育化。首先，中职学校一般是由职业中学为主体，包括职业中专学校、技工学校等组成办学主体,而职业中学基本上是由办学比较困难的普通中学转化而来,这些普通中学生源少而差,教师总体素质不高,教学质量无法满足普通教育升学的需求。其次,职业院校的教师基本上是普通教育原有教师或者从普通高等教育院校招聘的缺乏职业教育经验的普通教育毕业生,人文教师占绝对比例,双师型教师队伍或者能够担任技能训练指导的教师严重短缺。这种普通教育课程模式的特点主要是:以专业学科为基础,课程体系按照学科知识架构,按照学科顺序进行知识顺序排列;重点强调基础文化课程,重视理论课程,重视学科体系,忽略专业实践课程,把实践课程作为理论课程或者文化课程的补充或者一部分;强调严密的学科知识体系;强调学校课程教学,忽略实践训练课程教学;课程评价单一固化,缺乏灵活性与针对性;人才培养目标与社会经济发展的技术技能要求脱节,培养的人才与社会人才需求脱节。

第二阶段,引进和借鉴世界上主要发达国家的职业教育课程开发模式。德国为代表的双元制课程开发模式,采用学制的螺旋式上升和课程实行阶梯式综合职业课程开发模式。以美国为代表的北美 CBE 课程开发模式。美国一体化课程或大纲直接衔接的课程开发模式,在高职课程结构改革中,加强了数学和科学基础知识模块,开发了集学术与职业内容为一体的综合课程,同时将先进技术引入职业课程,将技术课程建立在职业群的基础上,使课程框架更加宽泛,以适应现代社会职业发展要求。日本中高职衔接教育机构主要有三种模式:一是"中等教育学校",即新设实施 6 年整体性一贯教育的学校,不过当前期 3 年课程结束,学生可依个人意愿参加其他高中的入学考试;二是"并设型"一贯制学校,即将隶属于同一地方的初中和高中用较为宽松的方式连接起来,该校初中生不进行高中入学选拔,且两校间的课程设计连贯相通;三是"联合型"一贯制学校,一般由一所高中和初中构成,在课程方面没有严格要求连贯相通,但是可以相互协定课程设计内容,编制相同主题基础的教育课程和学校活动。英国中高职教育课程衔接开发模式,创立了单元衔接法,采用分层式教学模式,统一制定了 5000 个左右的标准教学单元,并按程度分成 6 个层次。前三个层次属中职教育,后三个层次属高职教育。学校依据学生所学单元总数的最低值和高层次单元所占百分比的最低值分别颁发中、高职毕业证和相应的职业资格证书。

当然,世界上国家与国家的职业教育发展体系和发展模式是百花齐放、千姿百态的,但是他们都遵循了各自国家的社会、经济、文化等实际情况,基本都取得了他们预期的发展目标和成绩。中高职衔课程接模式因各国经济社会发展的不同而不同,事实证明,照搬国外课程模式并不完全适合我国国情。

第三阶段,自主课程开发模式阶段。以"宽基础活模块"课程开发和项目课程开发为主。这种课程开发模式的主要特点就是:一方面,针对一个职业大类或者职业群范围,为学生提供较为宽广的文化基础知识与通用技能训练,为学生继续学习或者升学奠定基础条件;另一方面,针对某一职业,采用灵活的专业技能知识学习模块,根据教学需要逐一完成必备专业课程知识与技能学习,为学生能够从事相应职业岗位提高就业能力。这种课程开发模式主要是满足两个方面的需要。一是职业教育必须适应和服务社会经济的发展,为经济社会产业结构调整需要培养和提供必要的初级、中级和高级技术技能人才,而人才供给的数量与层次比例应该满足产业结构对数量与层次的需求。我国目前职业教育体系已不适应国家社会经济发展的需要了,为了满足我国现代化建设对高层次职业技术技能人才的需要,我国提出来建设中国特色世界水平的现代职业教育体系的战略方针。我国是世界上人口最多、劳动力资源最丰富的国家,但是劳动力总体水平素质偏低,高等教育人口比例不足,已经成为影响经济发展的主要因素。世界科学技术日新月异,国际竞争日益激烈,经济全球化发展,社会产业结构调整日益加快,人力资源的培养水平已成为各国参与国际竞争的重要因素。社会发展对人才类型、规格、数量与质量不断提出新的要求。二是职业教育必须满足人民群众对教育的需要,也就是我国高等教育大众化的需要。长期以来,受传统观念影响,相当一部分的初中毕业生失去了继续学习的机会,绝大部分中等职业教育学校的毕业生被迫失去继续升学的机会和权力,建立现代职业教育体系是教育公平的必然之路。近年来,随着我国社会经济的快速发展,技能型人才的需求持续旺盛,还出现技能型人才结构性短缺问题,这为职业教育大发展提供了良好机遇。

这种课程开发模式仅仅是对传统学科课程开发模式的修正或者改善,不能真正解决职业教育课程模式的固有问题。职业教育要求学习内容与职业岗位紧密联系,学生能够通过"宽基础活模块"的培养过程,最终实现获得胜任职业岗位的相关技术技能。所以,我国现行的职业教育课程开发模式仍然没有脱离以学科本位中心课程模式的套路,仍然不是中高职课程衔接问题有效解决的最佳课程开发模式。

三、基于工作过程导向课程开发模式

课程开发模式是根据教育类型和学校性质决定的。以上的学科式(三

段式)、双元制、CBE、宽基础活模块等课程开发模式基本上是注重学科本位与知识系统、就业技能本位、能力本位,而忽略了职业教育的工作岗位或者工作过程实际情景,不能充分体现职业教育的特点。现代职业教育课程改革就是首先对职业教育课程开发模式的改革,就是打破学科课程,建立工作课程体系,这是职业教育性质的要求。职业教育课程不是简单的技能加知识,课程内容与岗位任务必须紧密联系或者相关度较高,教学方法不是符号的传授。职业教育与普通教育有着本质的区别,职业教育课程改革不是对学科本位或者知识本位的简单否定,在普通教育或者传统职业教育课程开发理念和操作中实践只是知识的延伸和应用,但在职业教育课程开发中我们应该明确工作实践是职业教育课程体系的逻辑主线。

(一) 工作过程课程开发模式与知识体系课程开发模式的区别

首先,要明确职业教育学科工作体系与知识体系的区别。如图 7-1 所示,普通教育中的课程开发的线路是:学术教育—学术教育课程结构—学科结构—知识体系。职业教育中的课程开发线路是:职业教育—职业教育课程结构—工作结构—工作体系。

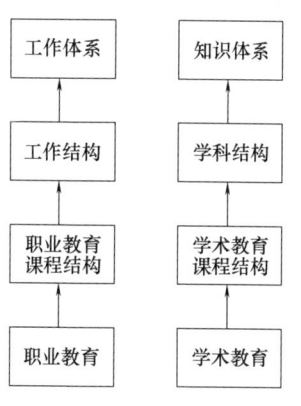

图 7-1 学科知识体系与工作体系比较

其次,普通教育课程开发模式与职业教育工作过程课程开发模式的区别。如图 7-2 所示,普通教育的学科体系课程开发模式的教育理论来源是基于构成说,它的体系是并行体系。职业教育的工作过程行动体系课程开发模式的教育理论来源于生成说,技能教学内容与工作过程内容紧密联系和对应,形成的体系为串行体系。以工作过程为导向的职业教育在设计上解构了传统的学科体系,构建了符合职业能力形成规律的职业教育模式。

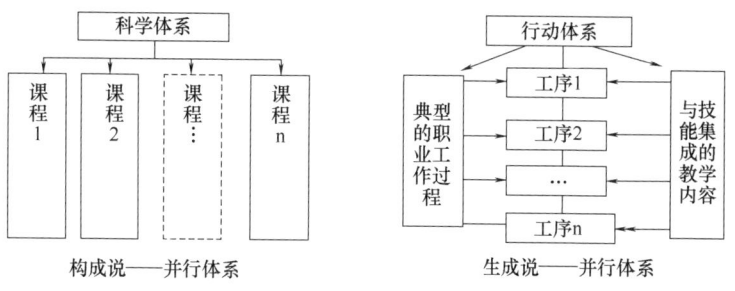

图 7-2 课程开发模式对比

(二) 基于工作过程导向的课程开发模式

1. 基于工作过程导向的课程开发基本思路

如图7-3所示,主要由工作过程分析和教学过程分析两部分,从工作任务分析出发,进行行动领域归纳,再向学习领域转换,最后进行教学情境设计。工作任务分析就是根据对应工作岗位及岗位类群实施典型工作任务分析,分析的核心是职业能力分析。行动领域归纳就是根据能力复杂程度来整合工作任务以此来形成职业能力的综合分析,以此确定课程目标。学习领域转换就是根据学生认知及职业成长规律递进重构,将行动领域归纳的课程目标转换成课程内容,以此进行课程及课程体系的设计或者开发。学习情境设计就是根据完整的思维规律及职业特征分解学习领域的课程及课程体系,以此形成主题学习单元,也就是课程教学设计。最后根据学习单元进行课程教学实施,并且根据教学结果是否达到教学目标或者完成工作任务来评价课程开发及教学工作,即对工作过程分析和教学过程分析进行再评估。

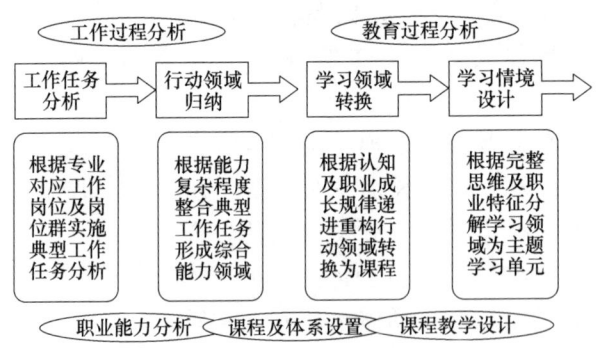

图7-3 基于工作过程导向的课程开发模式基本思路

基于工作过程导向的课程开发基本思路的特点是以"三个一致"为特征的课程开发模式(表7-1)。即:学习领域与工作领域一致;学习过程与工作过程一致;学习任务与工作任务一致。工作过程导向课程模式的主要指导思想:打破学科课程,建立工作课程体系;强调以学生对学习过程的工作情境体验、工作问题的思考和工作任务的分析;重视对典型案例在工作学习过程中的应用。同时,工作过程导向课程开发模式对职业院校课程开发与教学提出了新的要求,一方面要求学生的自我管理能力与工作课程计划相适应另一方面要求教师队伍对相应的工作即工作过程具备相关知识和实践经验,特别是对双师型教师提出了数量和质量的要求。

表 7-1　　　　　　　　　学习过程与工作过程对应

		平行、递进或包容(项目、任务、案例、设备、现象、产品)			
		学习情境 1 （主题单元）	学习情境 2 （主题单元）	…	学习情境 n （主题单元）
由简单到复杂由新手到专家的工作过程	学习领域 1 （课程）	咨询、决策、计划、实施、检查、评价	…	…	…
	学习领域 2 （课程）	…	…	…	…
	…	…	…	…	…
	学习领域 n （课程）	…	…	…	咨询、决策、计划、实施、检查、评价

2. 工作过程导向的课程开发要素

根据工作过程导向的课程开发基本思路，可以得到工作过程导向的课程开发的基本要素，即职业方向、工作过程方向、教学过程分析和教学实施四个基本要素，具体包括了岗位分析、工作任务分析、行动领域分析、学习领域分析、学习情境设计和行动导向等基本内容。如图 7-4 所示。

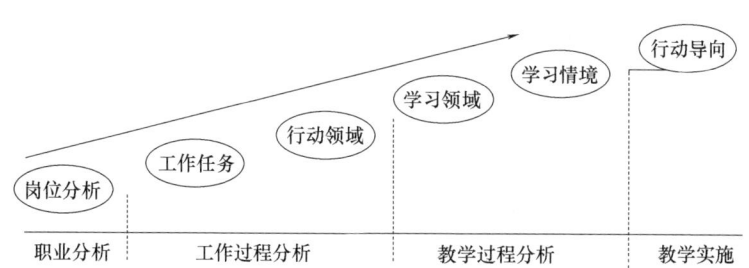

图 7-4　工作过程导向的课程开发要素

3. 中高职课程衔接开发模式

如图 7-5 所示。首先，中高职课程分为中等职业教育课程和高等职业教育课程两个层次，在对相应职业岗位分析与工作任务分析的基础上、进行职业能力分析，将归纳的职业教育能力通过行动领域分析，最后将行动领域分析的职业能力转换为学习领域分析的专业核心课程及课程体系设置，以便进行下一步的学习情境设计和教学实施行动导向分析。在整个课程衔接中，对岗位、职业能力和专业核心课程进行中高职教育两个层次对应设计和衔接，做到中等职业教育层次能力不断向高等职业教育层次递进、纵横拓展、层次模块清晰。

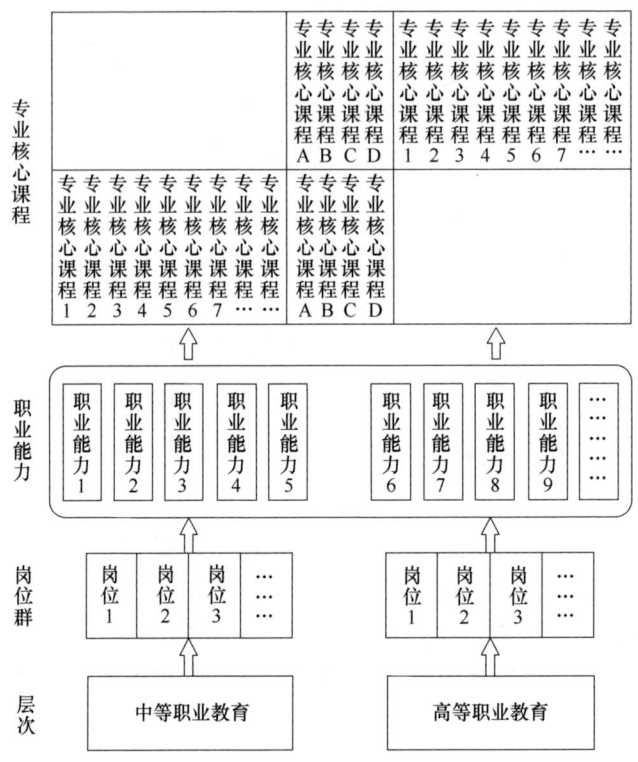

图 7-5　中高职课程衔接开发模式

4. 中高职课程衔接课程结构

如图 7-6 所示。中高职课程衔接分为中等职业教育课程与高等职业教育课程两个层次，中等职业教育的公共基础课程、专业核心课程、专业拓展课程、毕业实习课程分别与高等职业教育的公共基础课程、专业核心课程、专业拓展课程、毕业实习课程对应于衔接，层次清晰、模块贯通。中高职课程衔接一体化特点明显，规避了中高职课程衔接的固有矛盾，实现了中高职课程有效衔接，使构建现代职业教育体系成为现实可能。

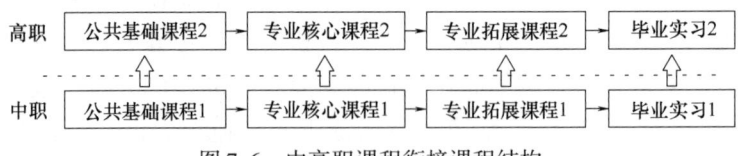

图 7-6　中高职课程衔接课程结构

四、基于工作过程的中高职课程衔接举例研究

根据以上基于工作过程导向的中高职课程衔接开发模式思路，以计算

机技术应用专业、电脑美术设计专业、数控技术专业、电气自动化技术专业、机电设备维修与调试专业等专业中的专业平台课程《C语言程序设计》为例，对中高职课程衔接开发模式进行举例研究。

（一）职业分析

《C语言程序设计》课程主要树立学生的基本编程思想，培养学生的算法、编程能力、程序迁移能力和程序设计的基本语法结构、书写规范等方面的知识与技能。它涉及计算机技术应用专业、电脑美术设计专业、数控技术专业、电气自动化技术专业、机电设备维修与调试专业等专业群面向，培养具备计算机硬件和软件系统的操作、管理、维护能力，熟练掌握数据库应用系统的初步设计和使用能力，具有利用所学的高级语言编写一般应用程序的能力，具有网络的基本应用能力，具备图形、图像等多媒体处理技能的中高级技术技能人才。《C语言程序设计》课程职业分析如图7-7所示。

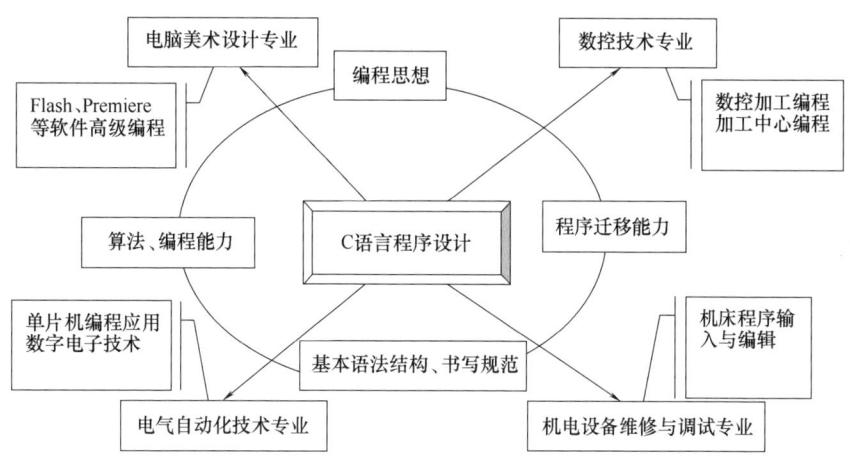

图7-7 《C语言程序设计》课程职业分析

（二）工作过程分析

1. 工作过程分析调研

通过调研，我们了解到C语言程序设计开发的基本工作过程（如图7-8所示）是：问题描述—需求分析—系统设计—程序编码—系统测试—运行维护等工作环节。在对相关工作任务分析的基础上，归纳出行动领域的典型工作任务。即：第一步，搭建开发环境，明确系统功能；第二步，建立需求文档，提交功能模块图；第三步，进行系统总体设计和详细设计；第四步，编码实现系统功能和阶段测试；第五步，对开发程序中的问

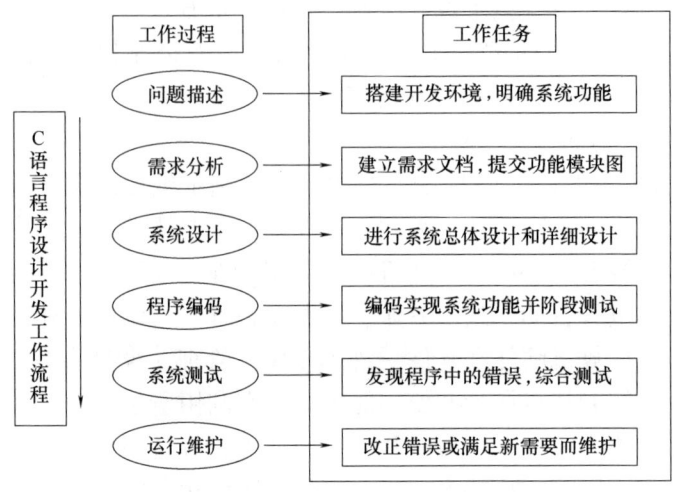

图7-8 C语言程序设计工作过程分析

题进行分析,最后进行综合测试;第六步,对系统进行维护,或者升级满足客户的最新需要。

2. C语言程序设计职业能力分析

在对C语言程序设计相应职业岗位分析与工作任务分析的基础上、进行C语言程序设计职业能力分析,将归纳的职业教育能力通过行动领域分析。C语言程序设计职业能力由职业能力、方法能力、社会能力组成,如表7-2所示。

表7-2　　　　C语言程序设计职业能力构成分析

专业能力设计	1. 熟悉C语言的开发环境,能够应用基本程序设计方法编写程序 2. 掌握C语言实现高中算法开发过程 3. 掌握算法设计的几种方法 4. 掌握程序错误的排查和调试
方法能力设计	1. 分析问题、解决问题的能力 2. 新旧知识迁移重组能力 3. 利用网络、文献等获取信息的能力 4. 良好的逻辑思维和对比分析能力 5. 新技能学习能力,树立终身学习观念 6. 评价工作结果(自我、他人)的能力
社会能力设计	1. 良好的职业道德和社会责任心 2. 创新精神和独立思考能力 3. 团队协作能力,在工作中与他人合作、交流与沟通能力 4. 语言、文档编写以及规则意识能力

（三）教学过程分析

1. 学习领域分析

根据工作过程与C语言程序设计职业能力的分析，将C语言程序设计职业能力通过行动领域归纳，将C语言程序设计工作过程的职业能力目标转换成C语言程序设计学习领域的学习目标，根据学习目标，明确C语言程序设计学习内容，把C语言程序设计典型工作任务通过一定项目载体，分析学习任务或者教学单元，根据学习任务设计学习时间或者教学时间。这个教学过程分析就是C语言程序设计课程开发与课程体系开发的过程（表7-3），这个过程就是以C语言程序设计职业能力为逻辑起点，学习目标与工作目标结合，学习过程与工作过程结合，学科知识与工作真实技能相结合。

表7-3　　　　　C语言程序设计学习领域分析

学习领域：C程序设计

序号	学科体系-知识点	工作过程-学习情境	项目载体	学习任务（教学单元）描述	学时
1	C语言基础知识：结构化程序设计（顺序、选择、循环）	与高中算法知识紧密相连的算法实例	小学生四则运算测试系统	编写一个具有加减乘除四则运算的测试系统	6
2			数学问题详解-解析算法	解析算法举例（以"算法初步"为主）	12
3			数学问题详解-枚举算法	枚举算法举例（以《算法与程序设计》为例）	12
4			进位制的转换	K进制数转成十进制数；十进制数转K进制（2CKC9）	4
5	数组	简易学生成绩管理系统	学生成绩的排序	多个学生一门课成绩的输入输出；多个学生一门课成绩的排序；学生姓名的输入输出；多个学生多门成绩的排序	18
6	函数		根据条件进行学生成绩排名	统计小组一门课程的总分及平均分；统计小组若干门课程的总分及平均分；输出小组排序后三门课程的成绩单	18
7	指针		用指针优化学生成绩排名	用指针实现全班同学的成绩输入输出以及输出最高分的同学	12
8	结构体		学生成绩单的制作	在键盘中读入一个班学生的相关数据（学号，姓名，三门课成绩）输出按照平均分数从高到低进行排序后的成绩单	8
9	文件		学生成绩文件管理	将学生成绩以顺序和随机读写到文件中	6
			合计		96

2. 学习情境设计

如表 7-4 所示，学习情境设计是教学过程分析的重要内容和环节，学习情境设计就是根据学生学习成长的完整思维规律及 C 语言程序设计工作职业特征分解学习领域的课程及课程体系，以此形成 C 语言程序设计工作主题学习单元，也就是 C 语言程序设计工作课程教学设计。给学生学习创造一个真实的学习环境，让学生在"做中学、学中做"，以此达到 C 语言程序设计课程目标。C 语言程序设计学习情境设计既要符合学生学习的心理特点，又要符合 C 语言程序设计的真实工作要求，通过真实学习情境中学习，完成学习任务和学习内容，实现学习目标。

表 7-4　　　　　　　　C 语言程序设计学习情境设计

序号	学习情况	学习任务	学习目标	学习内容	教学建议与说明
1	一、与高中算法知识紧密相连的算法实例	小学生四则运算测试系统	掌握 C 语言基本语法规则；使用选择、循环结构语句编写程序	根据项目开发流程编写该系统	解析算法和枚举算法在数学和生活中的应用
2		数学问题详解-解析算法	使用选择、循环结构语句编写程序	对使用解析算法解题的题目编程	
3		数学问题详解-枚举算法	使用选择、循环结构语句编写程序	对使用枚举算法解题的题目编程	
4		进位制的转换	使用选择、循环结构程序设计练习	根据算法流程图描述编写完整程序	
5	二、简易学生成绩管理系统	学生成绩的排序	熟悉变量、数组定义、使用、输入、输出等基本操作；掌握冒泡排序的算法	一维数组、二维数组和字符数组的定义、初始化；数组元素的引用、输入和输出；数组操作；排序	排序（冒泡/选择）算法
6		根据条件进行学生成绩排名	掌握函数的定义、调用、声明以参数的两种传递方式	函数的定义、声明；参数的两种传递方式；函数递归调用和嵌套调用	递归算法的应用
7		用指针优化学生成绩排名	熟悉变量的指针和指向变量的指针变量的概念和使用；熟悉数组的指针和指向数组的指针变量的概念和使用	指向变量的指针变量；指向数组的指针变量	

续表

序号	学习情况	学习任务	学习目标	学习内容	教学建议与说明
8	二、简易学生成绩管理系统	学生成绩单的制作	掌握结构体变量和结构体数组的定义和应用;使用指向结构数组的指针优化程序	结构体变量和结构体数组的应用;结构体指针在函数中的应用;共用体的应用	
9		学生成绩文件管理	掌握文件的相关操作:打开、读、写、关闭;掌握文件的定位操作	文件的打开与关闭;文件的读写;文件的定位	

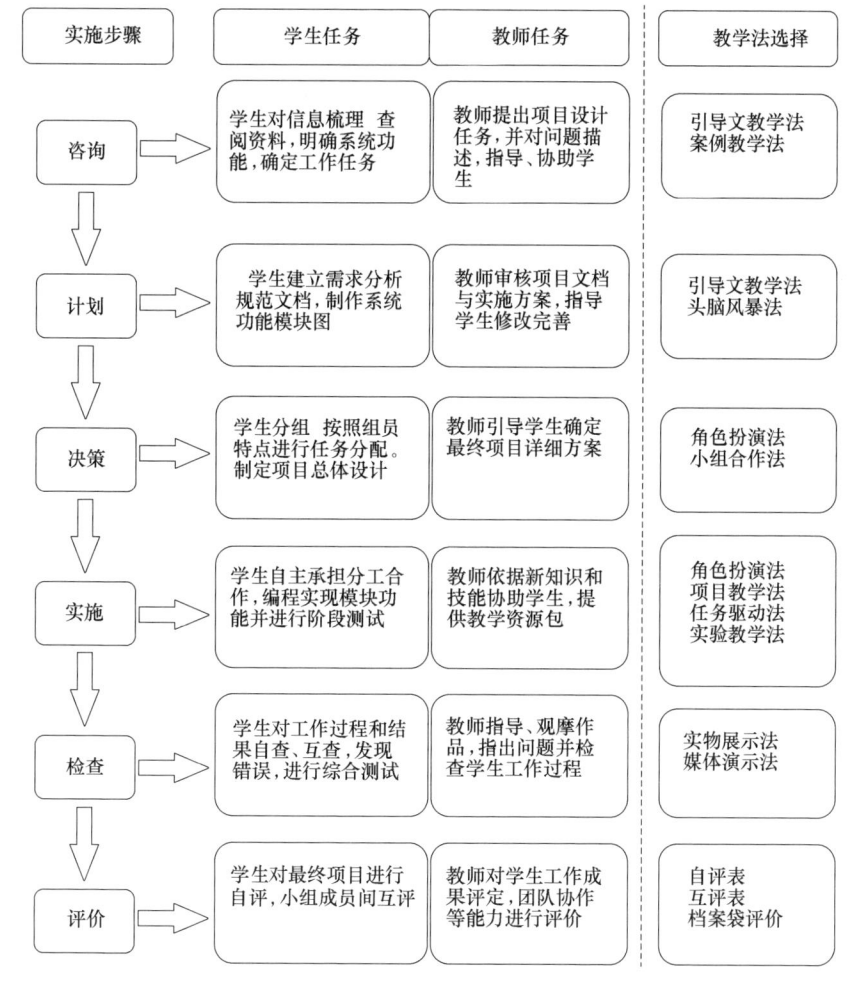

图7-9 C语言程序设计教学实施分析

(四) 教学实施

通过以上对C语言程序设计的职业分析、工作过程分析、学习领域分析、教学情境设计等课程开发环节，教学实施就是C语言程序设计课程开发的最后实施环节，即行动导向环节。如图7-9所示，C语言程序设计课程实施步骤分为资讯、计划、决策、实施、检查和评价等6个教学实施环节。在三个一致（即学习领域与工作领域一致，学习过程与工作过程一致，学习任务与工作任务一致）的前提下，教学实施以学生为主体，教师引导学生一起共同来确定教学实施方案，强调以学生对学习过程的工作情境体验、工作问题的思考和工作任务的分析，重视对典型案例在工作学习过程中的应用。根据C语言程序设计课程教学实际情况，教学方法灵活采取案例教学法、项目教学法、任务驱动法、实验教学法、实物展示法、角色扮演法、媒体演示法等综合教学方法。教学评估采用多元方式和多元主体，比如说，学生自评、学生相互评比、小组互评、成绩档案袋评价等方式。学生、教师、企业员工、专家等都是评价主体。

第三节　内容设计：构建层次显著连贯一体的课程体系

当前，我国职业教育吸引力不足，制约了职业教育的质量。职业教育规模、结构与社会经济发展不相适应。职业教育体制机制改革尚未确定重大突破。职业教育多头管理，各自为政，未形成合力。职业院校办学自主权不够。办学基本条件，特别是实习实训条件相对薄弱。职业教育现有各类标准不统一，影响职业教育质量。中高职教育之间衔接不紧密，造成了资源浪费。通过问卷调查和数据分析显示，当前中高职课程衔接中同时在课程目标、课程内容、课程实施、课程评价等方面还存在很多问题。我国中等职业教育与高等职业教育的课程体系缺乏有效的沟通与衔接，二者独立发展，各自为政。这些问题或者不良现象会严重影响中高职课程衔接质量的提升，所以构建层次显著连贯一体的中高职课程衔接体系已成为我国职业教育发展的应然之路，推进中等和高等职业教育培养目标、专业布局、课程体系、教学过程等方面的衔接，是促进技术技能人才职业素养与能力不断提升的成长通道。真正转变观念，从思想到行动上真正重视职业教育；强化基本定位，大力提高职业教育质量；坚持贴近市场、贴近社会、贴近需求，建立符合市场和社会需求的现代职业教育体系。通过制定中高职有效衔接的课程目标、建立多方联动的课程内容设置机制、制定符合职业教育特点的课程实施方案和建立多元参与的核心能力课程评价机制，构建层次显著连贯一体的中等职业教育课程与高等职业教育课程的有效衔接体系。

一、制定中高职有效衔接的课程目标

长期以来，我国职业教育规模、结构与社会经济发展不相适应。一边是"技工荒"，一边是职教被"冷落"就是最有力的证明。2016年春节以来，四川省已组织数场被誉为"春风行动"大型招聘会，企业的招聘热情遭遇"冷遇"。据说，一些赶任务的企业急得团团转，没招聘够的单位不敢再接大订单。兰州市人力资源市场服务中心曾对当地400多家用工规模超过100人的企业进行了调研，结果表明，2015年企业对劳动者学历要求出现了明显的变化。数据显示，要求大专及以上学历占53.2%，比2014年上升10%左右。技工荒的出现，不仅仅反映了职业院校毕业生与企业用工之间的差距，而是整个职业教育培养机制与市场需求和具体的经济结构产生了断裂。要改变这种状况，除了从制度和顶层设计上进行深入改革外，还要认识到中高职课程目标与经济市场需求相互配合的重要性。

调查表明，中高职课程衔接目标存在不稳定的问题。我国高等职业院校教育教学模式基本仿照普通高等院校运行，其课程目标基本上是学科化趋向，对社会实际和学生缺乏研究。中职学校一般以就业为本，即课程目标就是就业目标，后来又掺杂了升学目标，现在老师们都不知道是啥目标，大多数且不关心，可见，中职课程目标非常模糊和不稳定。再则，课程目标决定于学校培养目标。中等职业教育课程目标，根据中等职业教育培养目标，我们可以看到，课程目标是培养生产一线的高素质社会劳动者和中级职业技能人才，一方面必须注重综合的职业能力培养，另一方面要求注重综合的素质能力培养。根据高等职业教育培养目标，我们知道，高等职业教育课程目标是为生产和服务第一线输送实用型和应用性的高技能人才或者高级专门人才，是中等职业教育的更高层次。课程侧重职业导向与高等性，强调专门学科，强调实用型和应用性。

（一）需要明确中等职业教育与高等职业教育的关系

中等职业教育与高等职业教育同属于职业教育类型，它们是同一教育类型的两个层次，中等职业教育是高等职业教育的基础，高等职业教育是中等职业教育的延伸和更高层次阶段。加强课程目标稳定性取向，兼顾学生升学和就业的不同需求，强化中职教育为高职教育准备的基础工程，满足社会经济发展需求，进一步发挥高等职业教育的引领作用。根据产业结构升级的需要，调整专业结构，优化专业布局。根据职业教育的层次特点，明确各个层次的培养目标和课程目标，做到课程目标层次分明、层次递进、相互沟通、相互衔接，既有层次阶段目标，也有层次整体目标，既能实现中等职业学校目标，也能实现高等职业院校目标，更要符合学生个人生涯发展规划和市场经济对人才的需求。

（二）改革课程模式

改变课程过于强调学科本位现状，课程目标建设应该加强对社会发展现状、学生特点、学科发展的综合研究。现代职业教育课程改革就是首先对职业教育课程开发模式进行改革，打破学科课程，建立工作课程体系。职业教育与普通教育有着本质的区别，职业教育课程改革不是对学科本位或者知识本位的简单否定，在普通教育或者传统职业教育课程开发理念和操作中实践只是知识的延伸和应用，但在职业教育课程开发中我们应该明确工作实践是职业教育课程体系的逻辑主线。在学科式（三段式）、双元制、CBE、宽基础活模块等课程开发模式基础上，加强基于工作过程的中高职课程衔接开发模式的研究与实践，做到课程目标与工作目标一致，中高职课程目标有效衔接。

（三）加快修订中高等职业教育专业目录

根据社会经济发展的需要与职业教育体系发展的要求，结合人民群众对职业教育的新要求，加快修订中等和高等职业教育专业目录，建立统筹中等和高等职业教育专业相互衔接的宏观调控制度。同时，根据社会发展不断完善、修正、新增、删减专业课程内容和课程目标。

二、建立多方联动的课程内容设置机制

调查表明，我国职业教育课程内容存在取向整合性差和课程管理自由化趋向等问题。一是我国仅在基础教育方面实施了全国统一的国家课程标准，在职业教育方面没有做统一的规定或者明确规定，课程管理自由化趋向严重。二是各个学校各自为政，教材版本多样杂乱，导致中高职课程重复浪费有限的教育资源，导致一些中高职课程出现空缺断档造成学生学习的必要知识达不到课程目标，最终导致中高职业教育课程衔接的核心和灵魂缺失或者模糊不清，课程内容在层次和连贯等方面的整合度差，课程内容"繁、杂、旧"和过于重视书本知识的现状。

课程内容是中高职课程衔接的主体。中高职课程内容包括3方面的内容：一是中高职教材，二是中高职学习活动，三是中高职课程学习经验。课程内容选择的准则包括3方面内容：一是课程内容的基础性，二是课程内容要联系社会实际，三是课程内容与学生的实际和学校的特点结合。中

高职课程内容组织原则包括3方面内容：一是连续性，即人们陈述课程内容要素按照连续不脱节的组织方式；二是顺序性，即前面的课程内容一定是后面的课程内容的基础，后面的课程内容一定是前面课程内容的深入和拓展；三是整合性，即围绕一个课程目标或者培养目标，各种课程之间形成一个整体或一个体系。

（一）加强中高职院校之间多方交流联合

中等职业教育学校与高等职业教育院校、中等职业教育学校教师与高等职业教育院校教师、中等职业教育学校学生与高等职业教育院校学生是中高职课程衔接的重要主体。调查表明，职业教育多头管理，各自为政，未形成合力。加强职业院校之间的合作，可以增强院校校级之间的交流、做到院校之间的教育资源，加强院校教师、学生之间的交流，真正落实中高职课程内容的衔接，提供课程内容在层次和连贯等方面的整合度，减少课程内容在"繁、杂、旧"方面的问题。

（二）加强校企之间多方合作与交流

加强校企之间多方交流联合就是联系社会实际，校企之间多方交流的过程，就是根据企业的工作过程确定职业技能，将职业技转换为课程目标，根据课程目标设计课程内容的过程。加强校企之间多方交流联合，可以缩小职业院校毕业生与企业用工之间的差距，弥补整个职业教育培养机制与市场需求和具体的经济结构之间的断裂层面，有效避免"技工荒"的出现，真正做到企业对技能人才需要的职业技能信息能够及时反馈给职业院校，职业院校培养的技能人才就是企业真正希望和需要的人才。

（三）加强课程科学管理，改变课程管理自由度过大的现状，实现课程的高质量和多样化

统一制定国家课程标准，在职业教育方面做统一的规定或者明确规定，减少课程管理自由化趋向问题。国家整体规划职业教育基础课程，制定基础课程管理政策，确定国家课程门类和课时，制定国家课程标准，避免各个学校各自为政，避免职业教育教材版本多样杂乱，降低中高职课程重复浪费的程度，充分利用有限的教育资源，避免一些中高职课程出现空缺断档，真正实现学生学习的课程内容知识达到中高职课程衔接的课程目标。

三、制定符合职业教育特点的课程实施方案

调查表明，人们传统观念、我国职业教育体系、办学规模与国家相关政策决定了中高职课程衔接的补充地位。职业教育普通教育化教学问题严

重影响了职业教育质量，职业教育缺乏职业教育办学的特点。我国校企合作培养人才现状和问题也是严重影响和制约职业教育教学方式与质量的重要因素。调查显示，80.58%认为学校安排的实验、实训、实习学时数太少，53.92%的学生在校学习期间从来没有到用人单位实习或生产实践。由于种种原因，课堂教学趋向十分严重。由于中高职院校管理渠道不同，课程实施重视计划和强调，缺少必要的沟通合作与弹性机制。中职学校双师型教师缺乏，教师培训工作滞后，所以多以课堂讲授形式为主。高职院校普通高等教育化，教师不屑技能训练课程形式。职业院校内部教学部门和就业指导部门沟通机制障碍影响因素，课程实施教师对社会经济发展对目标技能人才需求信息缺乏必要的了解。

（一）提高课程实施主体的综合素质和服务意识

中高职院校教师是课程计划的具体执行者，教师的素质、态度是影响课程实施的直接因素，所以提高教师的职业教育课程教学理论与实践方面的综合素质，特别是增加双师型教师的数量和素质，为他们提供企业了解和职业能力方面的实际感性经验和实践操作。各级教育行政部门和学校行政领导是中高职课程计划实施的领导者、组织者，是直接影响课程实施者（教师）的积极性的重要因素，要进一步真正重视中高职课程衔接，从政策和现实条件方面为中高职院校教师与学生提供教学基础条件。

（二）营造利于中高职课程衔接的社会外部环境

中高职各种外部环境因素，比如社会舆论、学生家长、国家政策、技术支持、财政支持等都是影响中高职课程实施的外部因素。一方面，通过国家教育政策的变革和财政支持增加积极引导社会舆论与职业教育的办学方向；另一方面，为中等职业教育学生进一步学习和职业生涯规划提供实质有效的社会环境和上升通道，或者人才成长立交桥。

（三）进一步加强课程实施模式革命性变革

提高课程实施过程中的开放性，改变得过且过的保守现状，大胆实施革新。课程实施革新，需要实施者（主要是教师）的行为、思维方式、教学方法、内容安排，以及教学组织形式都方式一系列变化。现代职业教育课程改革就是首先对职业教育课程开发模式的改革，就是必须打破学科课程，明确工作实践是职业教育课程体系的逻辑主线，建立工作课程体系，这是职业教育性质决定的。职业教育课程不是简单的技能加知识，课程内容与岗位任务必须紧密联系或者相关度较高，教学方法不是符号的传授。职业教育与普通教育有着本质的区别，职业教育课程改革不是对学科本位或者知识本位的简单否定，在普通教育或者传统职业教育课程开发理念和操作中实践只是知识的延伸和应用，但是在现代职业教育课程开发与实施中，实践是职业教育课程的逻辑出发点，也是职业技能和职业教育课程的目标。

四、建立多元参与的核心能力课程评价机制

调查发现，中高职课程评价只能称为目标评价或者总结性评价。而这些功能是我国教育传统使用的评价方法，单调不全面，固化不灵活。它们不能很好地服务于或者促进现代职业教育体系下的中高职课程衔接。不管是高职院校还是中职学校，它们的课程评价在价值取向上基本上是总结性，缺失形成性差。在评价模式上，多数采用目标评价，单调化趋向明细。在评价主体上，基本上属于内部评价。评价过程简单，缺乏系统方案。

（一）综合应用各种课程评价模式

目前，比较常见的课程评价模式有以下 7 类：目标评价模式，目的游离评价模式，背景、输入、过程、成果评价模式，外观评价模式，差距评价模式，CSE 评价模式，自然探究评价模式。采取何种课程评价模式何种手段是根据评价者和评价对象的不同而不同，没有统一或者必然一致的标准。课程评价依据不同的评价标准有不同的分类，一般可以分为诊断性，形成性和总结性等 3 种评价类型。无论评价者做出何种决定，他们在评价时一定会体现他们的价值取向。不同的课程评价取向会采取不同的评价手段、技术和方法，进而形成了不同的课程评价模式。

（二）制定一些共同的指导性的课程评价标准或者准则

虽然，人们在课程评价模式和手段或者价值观的方面持有不同的意见，但是在绝大多数评价模式中涉及的基本问题和步骤还是具有一些共同的特征。课程评价的目的是为了课程决策，课程评价需要一些共同的标准或者准则，以及一定的基本步骤，以便于形成一定的共同语言指导评价过程和评价工作。有了统一的基本原则和标准，可以进一步指导中等职业教育学校与高等职业教育院校在课程目标设置、课程内容选择、课程实施等方面逐步实现层次清楚和相互沟通衔接。

（三）建立课程评价多元参与机制

随着社会发展和职业教育管理观念的变革，传统的职业教育管理由教育行政部门绝对控制和决定的独导权被打破，代之而起的是各方治理主体共同对职业教育发展进行共治共存的格局，中高职课程衔接管理开始出现共同自主共治的多元化态势。中高职课程衔接中，衔接方式、衔接内容、衔接范围、衔接时间、衔接层次、衔接规模等均以政策和文件发布的时代绝对控制权威被破解，打破了旧有的中高职课程衔接管理规则或原则，教育行政部门由原来的教育管理的纯控制者转变为与职业院校、教师、学生一起共同管理的民主时代，并以参与者、指引者和共建者的身份出现在中高职课程衔接管理活动当中，由原来居高临下的权威指挥官转向以指导为主的平等首席咨询顾问，积极吸引职业院校、教师、学生参与中高职课程衔接管理与变革，形成了一个真正意义上的中高职课程衔接治理的共同体。中高职课程衔接管理过程中逐渐呈现出更加民主的气氛，各方主体之间也逐渐构建出和谐平等对话的人际关系。教育行政部门更加注重发挥职业院校的主导作用，职业院校更加注重教师与学生的主动性与积极性，中高职课程衔接中出现了更多的互动和宽容。中高职课程衔接评价的多元主体，带动课程评价对政府决策、教师教学、学生学习、企业预期等多元主体和多向目标的行为和内容的积极影响。

第四节　保障措施：建立政府主导与多元参与相结合的机制

事实上，自20世纪60年代以来，即使在职业教育高度发达的国家，积极鼓励与引导职业教育发展的角色，大多是由其政府来承担的。在我国，职业教育体系还不够完善，人们的科学认识职业教育观念还没完全建立，中高职课程衔接各方主体之间自觉地按现代职业教育规律走中高职协调发展的道路的内在需求不强烈，因此政府出面组织、协调、规范、激励、引导更是十分必要的。

世界上许多国家和地区都把加强中高职课程衔接作为现代职业教育体系建设的一项重要工作来推动，特别是德国、美国、日本、英国等发达国家的中高职课程衔接工作起到了重要作用，对世界职业教育的发展产生了很大的影响。成功经验表明，要推动一国或者地方的职业教育发展，仅靠中高职院校、科研机构本身的力量是远远不够的，必须有政府的政策支持和发展战略。

政府作为唯一具有规则制定能力的主体，对我国中高职课程衔接工作中具有不可替代的作用。其作用机制主要体现在四个方面：一是加强政策设计和引导，建立功能完善层次结构合理的现代职业教育体系，满足高技能职业教育人才培养的需要，通过计划手段，引导地方本科高校资源流向高层次职业教育主体转型，填补我国职业教育高层次院校空白，完善职业教育层次结构；二是制定职业教育国家招生考试制度，促进中高职教育协调发展；三是建立职业教育国家课程标准和专业目录编制机制，提供中高职课程衔接动力，促使中高职院校主动合作和教育资源整合；四是以金融、财政为主要手段调控，引导作为中高职课程衔接创新主体的中高职院校等研究开发机构，建立多元的课程开发参与机制。

一、建立完善的现代职业教育体系

完善现代职业教育体系建设规划的重要意义。当前，我国正处于加快转变经济发展方式的历史关键时期，在明确了未来10年现代职业教育体系建设目标的新形势下，职业教育已经进入以全面提高技能型人才培养质量为核心的改革发展新阶段。因此，必须加强现代职业教育体系建设的顶层设计，着力完善职业教育现代管理系统、职业资格证书系统、教学质量评价系统、法律制度系统和经费投入系统，加快建设科研支撑系统、师资队伍建设系统、学生职业发展和就业服务系统，为职业教育的持续健康发展提供强有力的支撑，为加快建设一支门类齐全、技艺精湛的高素质技能型人才队伍，形成我国技能型人才的竞争优势，实现由职业教育大国向职业教育强国、人力资源大国向人才强国转变做出重要的贡献。

目前，我国普通教育从学前教育、小学、初中、高中、大学、硕士、博士建立了较完整的体系。职教体系设计上应该更加系统、更加完整，明确了现代职业教育体系的基本内容，特别是强化了中职和高职的沟通衔接，职业教育与其他教育的协调发展，形成科学的人才成长立交桥，为技能型人才培养奠定了坚实的基础，为全面建设小康社会，加快推进社会主义现代化提供了有力的技能型人才保证和人力资源支撑。积极探索中高职课程的沟通衔接，不断更新课程内容和教学方法，提高教学质量。无论是中职还是高职，都要思考如何提高学校教育质量，如何通过提高质量实现中高职课程衔接，如何通过中高职课程衔接进一步提高教育质量。

建设现代职业教育体系是我们全体人民期盼和共同奋斗的宏伟目标。群策群力，积极探索、大胆创新、理论联系实际，逐步建设现代职业教育体系的有效结构，逐步推进职业学校主系统协调发展和重心上移，着力完善管理系统、职业资格证书系统、法律制度系统和经费投入系统，加快建设科研支撑系统、师资队伍建设系统、学生职业发展和就业服务系统。一个完善合理的现代职业教育体系主要通过增强外部适应性、内部适应性、内在协调性三个基本路径来实现。

要建立现代职业教育体系，必须完善职业教育各层次相互衔接和沟通，提供职业教育学生从初等职业教育、中等职业教育、高等职业教育、大学本科、专业学位（硕士、博士）较完整的学习通道和载体（图7-10）。这是我国职业教育发展的客观需要，也是国际教育发展的趋势。

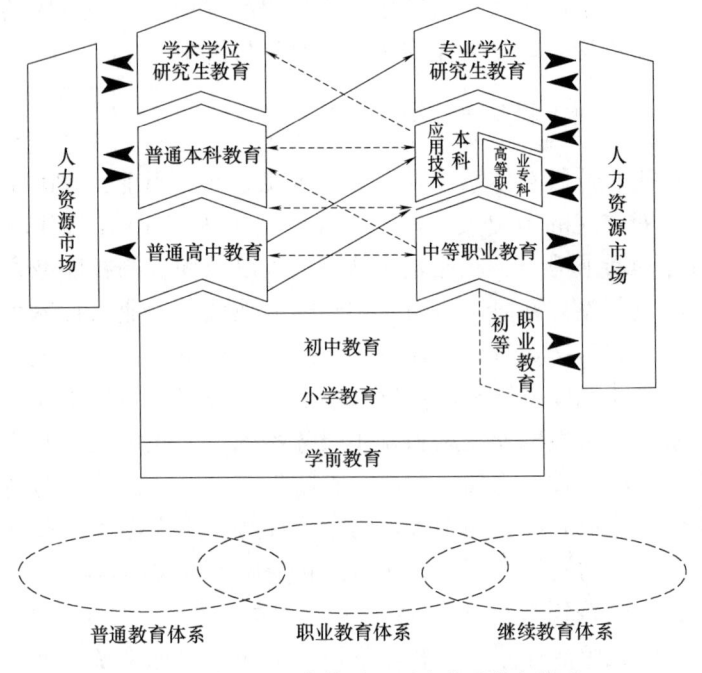

图7-10　现代职业教育体系（对应普通教育体系）

职业教育要向本科及以上层次延伸，关键问题之一，就是如何提供足够数量的高层次教育教学机构，即办学载体。高等职业院校的数量，决定了高等职业教育的规模。我们要配置数量合理的高层次职业教育院校。我认为主要从以下两个途径来解决：一是部分地方本科院校或者本科院校内部院系转型或转向，即是将具有成功的应用型本科具有办学经验的地方院校改制成具有本科及以上的高职院校，或将其中部分院系改制成本科及以上的高职院系；二是部分高职院校升格为有本科及以上的高职院校，把少数办学特色鲜明、师资力量雄厚、专业技术含量高且社会需求量大的国家级示范高职院校升格。

二、建立职业教育国家招生考试制度

职业教育国家招生考试制度是中高职课程衔接的重要国家政策制度。建立完善的职业教育国家招生考试制度是我国政府义不容辞的义务和职责，既是国家重视职业教育的反映，更是国家教育功能的体现。它直接决定我国现代职业教育体系的建设和中高职课程衔接的顺利实施。

(一) 完善和确立职业教育招生考试制度

调查发现，虽然目前有对口高职、单独招生、选择合作定向、"3+2"模式、技能拔尖人才免试等方式，表面上丰富多彩，而实际上，这些通过路径升学的招生计划规模仅仅占高职招生计划总数的5%，而另外95%的生源来自普通高中毕业生。也就是说，目前升学路径"初中—中职—高职—极少部分能升本"模式没有成为主要路径，绝大多数的中职毕业生不可能升入高职学习，中职教育仍然是终点教育，中高职教育衔接不是主流，中高职课程衔接没有引起足够重视。加快推进高职院校分类考试，逐步建立我国国家职业教育招生考试制度，让中职生源成为高职招生主渠道。明确提出职业教育是一类相对独立的教育类型，完善现代职业教育体系，建立"初中—中职—高职—职业教育本科"模式成为招生考试主渠道之一。

(二) 增加职业教育高层次职业教育院校数量

我国还没有一所真正意义上的以招收中职毕业生的高技能的职业教育层次的本科院校。在我国教育历史上，普通教育有完善的层次体系，有初级（初中）、中级（高中）、高级（专科、本科、硕士、博士）等完善层次构成。但是，严格地说，职业教育就是只有初级（初中）、中级（中职）两个层次，缺少更高教育层次的供给设计。高职院校教育只能算是普通教育里的组成部分，因为他们基本上只招收普通高中毕业生，我国完善的职业教育体系没有建立起来，顶层设计没有完善或者缺少。我国明确提出职业教育是一类相对独立的教育类型，完善现代职业教育体系，建立"初中—中职—高职—职业教育本科"模式成为招生考试主渠道之一，那么职业教育高层次本科院校已成为目前当务之急需要解决的重要问题。

三、建立统一的课程标准与专业目录编制机制

国家课程标准是整个教育课程的灵魂，是一个国家在课程方面最基本的纲领性文件，是国家对课程的基本规范和质量要求。职业教育课程标准是对职业教育学生在一定学习阶段的职业能力与职业技能形成的课程的教与学进行详细规定的指导性文件。职业教育课程标准反映了课程的基本性质和一定的课程设计与开发理念。国家（地方）政府、行业协会、职业教育专家、职业院校教师与学生等构成职业教育课程标准建设主体。在政府层面表现为：专业目录、专业设置标准。学校层面表现为：专业人才培养方案、专业大类课程标准和课程管理文件等。在职业院校层面分为普通文化课程标准、专业课程标准和综合实践课程标准等类型。职业教育课程标准的价值取向分为综合职业素质取向、实践能力取向和人格本位取向等价

值取向。

调查表明，职业教育院校教材采用与管理方面问题严重，这些问题严重制约了中等职业教育与高等职业教育课程连续性、顺序性和整合性。迄今为止，我国在基础教育方面进行了 7 次课程改革，为国家基础教育课程标准的制定和修订做出了大量卓有成效的工作。但是，在职业教育发展与改革方面比较薄弱。由于职业教育课程缺少国家课程标准，各中职学校采用的教材不统一，高职院校各自也不同，中高职院校之间就更加政出多门，教材非整合性非常突出，教材管理自由化严重。一个专业使用的教材出版社门类繁多，整个学校教材版本缺乏一个良好规划与体系，同时还有学校自编教材，有一些教材分不清是中职阶段或者高职阶段，有一些中职学校提前采用高职阶段的教材。

（一）进一步加大国家对课程标准编制的投入

课程标准是教材、教学和评价的灵魂。这也正是各国极其重视课程改革，尤其是极其重视课程标准研制工作的重要原因。现在英美等国纷纷组织全国最强的力量、投入大量物力经费研制职业教育课程标准，表现出他们对国家课程标准的日益重视。无论教材怎么编，无论教学如何设计，无论评价如何开展，都必须围绕着这一基本素质要求服务，都不能脱离这个核心。

（二）建立统一的中高职专业目录编制机制

专业设置是中高职课程衔接的基础。表面上中高职教育专业名称大多数相同或相近，但是，实际上它们设置依据标准不统一，价值倾向不同，导致专业脱节或不对应，中高职教育课程衔接基础缺失。所以，要夯实中高职课程衔接的基础，就需要建立统一的中高职专业目录编制机制。中高职教育是不同层次的同一类型教育，他们专业设置的依据应该相同，专业设置和修订工作按照"科学、规范、拓宽"的原则进行，改变了过去过分强调"专业对口"的教育观念和模式。

（三）要制定严格的编制、调整、修订、申报和发布程序，明确相关职能部门的责任和权限

专业编制、调整、修订、申报经有关评议专家组织审议通过后，对专业的科学性、可行性以及专业名称规范性提出意见，并提交到教育主管部门，主管部门召开专业设置评议专家组织会议，进行审议。主管部门根据审议情况确定拟同意设置的专业并进行汇总，经同意后以文件形式进行公布。未经备案或审批同意设置的专业，不得进行招生宣传和招生。中等职业教育要以保证规模、加强建设和提高质量作为工作重点，高等职业教育

要以提高质量、创新体制和办出特色为重点。

四、建立多元的课程开发参与机制

课程开发是中高职课程衔接的基础阶段。现代职业教育课程改革就是首先对职业教育课程开发模式的改革，打破学科课程，建立工作课程体系，这是职业教育性质的要求。职业教育课程开发模式不仅要求体现职业教育特点，也关系着中高课程衔接的课程目标、课程内容、课程实施与课程评价的发展和水平。我国构建现代职业教育体系就是从我国国情实际出发，更加重视职业教育的社会经济发展促进功能，更加突出职业教育的规律和特点，中高职课程衔接与职业教育课程开发就是最能体现和反映职业教育特点的重要环节。课程开发过程是一个专业性比较强的活动，涉及许多复杂的因素。调查表明，我国现行的职业教育课程开发模式仍然没有脱离学科本位中心课程模式的套路，严重制约了中高职课程有效衔接。要改变过去课程开发主体和评价体系的单调性、片面性，就必须建立多元化的课程开发参与机制。

（一）建立中高职课程衔接开发主体多元化机制

中高职课程衔接的主体分别由各级教育行政部门、中等职业教育学校、高等职业教育院校、中等职业教育学校教师、高等职业教育院校教师、中等职业教育学校学生、高等职业教育院校学生组成。营造中高职课程衔接管理过程中更加民主的气氛，建立各方主体之间和谐平等对话的人际关系。学校必须根据自身的各种资源和办学历史，依据自己学校独特的教育宗旨或教育哲学来确定本学校课程开发的发展方向，在此之后就要成立课程开发队伍以便开展各项活动。校本课程开发队伍应包括学校内部人员与学校外部人员。学校内部人员主要包括校长、主管主任、学科教师、学生代表。外部人员包括地方当局行政主管领导、课程或学科专家、家长和社区代表等。只有内外配合、群策群力，才能有效地促进校本课程开发。

（二）建立中高职课程衔接课程评价体系多元化机制

目前，对职业教育课程质量的评价主要是学校主导型评价，即人才培养工作评估或终结性评价，虽然评估工作的开展对促进职业院校深化教学改革，加强内涵建设具有重要作用，但现有的评估仍以对办学构成要素和教学过程的评价为主，而对人才培养结果的评价不足，多元化的社会评价机制尚未建立。因此，政府如何注重发挥职业院校的主导作用，职业院校如何注重教师与学生的主动性与积极性，如何吸收家长、学生、用人单位参与人才培养质量评价，建立多元化的社会评价机制，对职业教育发展质量和中高职课程衔接的长远发展具有重要意义。因此，职业院校要进一步强化质量意识，尤其要加强中高课程衔接质量管理体系建设，重视过程评价和信息反馈，建立符合职业教育特点的中高职课程衔接课程评价体系多元化机制。

第八章 中高职课程衔接探索的反思

在现代职业教育体系下，如何解决中高职教育课程衔接的问题，实现中高职有效衔接，是我国提高中高职院校人才培养质量、遵循人才成长规律、适应社会行业发展对高技能人才的迫切需要，是当代构建现代职业教育体系、深入职业教育改革和发展的关键。笔者通过对四川省德阳市中高职课程衔接现状调查研究，发现中高职课程衔接存在的现实问题严重制约了职业教育质量提高，中高职课程衔接质量是我国职业教育历史政策与实践探索的诉求，影响我国中高职课程衔接的因素是多方面的系统问题。解决中高职课程衔接的问题应该从职业教育系统出发，在一定科学理论的指导下，对中高职课程衔接系统的特征、结构、功能、理论框架和现状问题进行深入调查研究，充分发挥各方主体的积极作用，解放思想，转变观念，打破传统职业教育课程开发模式，探讨和建立符合职业教育特点的中高职课程衔接开发模式，进一步推动我国现代职业教育体系建设。

第一节 中高职课程衔接探索结果总结

一、我国中高职课程衔接的问题严重制约了职业教育质量提高

中高职课程衔接的本质应该是现代职业教育体系内部要素之间的有机衔接，中高职课程衔接的应然状态应该是现代职业教育体系下的必然状态，即应具有适应需求、有机衔接和多元立交的状态。通过问卷调查和数据分析显示，我国中高职课程衔接的实然状态却与应然状态存在很多问题。当前中高职课程衔接中同时在课程目标、课程内容、课程实施、课程评价等方面还存在很多问题。我国中等职业教育与高等职业教育的课程体系缺乏有效的适应性、层次性和连续性，两者独立发展，各自为政。这些问题或者不良现象严重影响中高职课程衔接质量的提升，制约了整个职业教育质量提高，影响了现代职业教育体系的构建。

中高职课程衔接是我国构建现代职业教育体系的重要基础工程，构建层次显著连贯一体的中高职课程衔接体系已成为我国职业教育发展的应然之路，推进中等和高等职业教育培养目标、专业布局、课程体系、教学过

程等方面全面衔接，形成促进技术技能人才职业素养与能力不断提升的成长通道。真正转变观念，从思想到行动上真正重视职业教育；强化基本定位，大力提高职业教育质量；坚持贴近市场、贴近社会、贴近需求，建立符合市场和社会需求的现代职业教育体系。

二、提高中高职课程衔接质量是实践探索的诉求

构建现代职业教育体系是我国社会经济发展的现实诉求，中等职业教育与高等职业教育之间的课程衔接是构建现代职业教育体系的基础性工程。近年来，我国建设职业教育体系工作取得了突破性的进展，但是，中高职教育在课程与教学上的脱节、断层和疏离是制约实现中高职教育协调发展的关键环节，影响现代职业教育体系建设进一步深化的重要因素。升学就是进入比原来高一级的学校或年级学习。中高职课程衔接的基本目的就是为从中职升入高职的学生服务或者设计的。中职毕业生如何才能升入高职专科，专科升入本科或更高层次学习？通过哪些途径？推进中高职课程的衔接，是实现中高职衔接的根本保障。对当前中高职课程衔接的基本问题进行研究，建设技术技能人才系统培养的课程及体系，夯实现代职业教育体系建设的基础工作，不断提高职业教育吸引力，满足社会对教育的不同需求、满足社会经济发展对各种技能人才的需求等等具有非常重大和深远的现实意义。研究中高职课程衔接是加快推进职业教育改革的紧迫任务。我国很多地区都积极开展以中高职课程衔接为基础的现代职业教育体系建设实践探索和理论研究，形成了各自的特色，研究热点逐渐集中，研究队伍扩大，研究方法丰富多样，为推进构建现代职业教育体系积累了丰富的实践经验与理论基础。

三、影响我国中高职课程衔接的问题表征及症结归因

通过对我国中高职课程衔接在课程标准、课程内容、课程实施、课程评价等多方面内容的调查发现，在课程衔接的起点、衔接基础、衔接核心、衔接主体、衔接保障和升学路径等方面还存在很多问题。具体的表征体现在：一是课程目标，目标取向稳定性差，目标确定学科化趋向；二是课程内容，内容取向层次性差，课程管理自由化趋向；三是课程实施，实施取向开放性差，课程教学课堂化趋向；四是课程评价：评价取向形成性差，评价模式单调化趋向。通过研判，中高职课程衔接问题归因主要在于：一是职业教育社会地位提高理念变革滞后；二是现代职业教育体系顶层设计理论阶段；三是职业教育政策制度保障支持力度薄弱；四是职业教

育课程衔接管理机制强度分散。

四、解决我国中高职课程衔接问题的系统建构思路

首先，现代职业教育体系是我国中高职课程衔接的本质逻辑起点和基本出发点，所以中等职业教育与高等职业教育之间的课程衔接应该遵循和符合现代职教系的基本特征。坚持体现终身教育理念。其次，根据课程理论，本研究认为提出建立符合职业教育特点和规律的课程开发模式是中高职课程衔接体系的基本路径。再次，中高职课程衔接应该在培养目标衔接、专业设置衔接、课程内容衔接、教学方式衔接、招生考试衔接、质量评价衔接等方面体现统一标准与层次差异融合共生。最后，本研究在中高职课程衔接的保障措施方面，应该建立政府主导与多元参与相结合的合作机制。政府主导建立完善的现代职业教育体系、建立职业教育国家招生考试制度与课程标准、配置合理的高层次职业教育院校、建立统一的专业目录编制机制、建立多元的课程开发参与机制。

第二节　中高职课程衔接探索中的主要问题

提高中高职课程衔接质量，推动我国现代职业教育体系建设步伐，既是关系国家职业教育发展与改革的大事，也是关系人民群众对教育需求的大事。为实现这一目标，对中高职课程衔接的现状进行调查、对问题进行分析是非常关键的因素。本书仅对四川省德阳市中高职院校的中高职课程衔接进行了调查，初步对中高职课程衔接涉及的本体、特征、功能、现状问题及归因、应对策略等内容进行了分析研究。目前仍有几个需要进一步探讨的问题，有待后续解决。一是中高职课程衔接如何影响学生学业成绩和高职院校教学质量？二是本研究所提出的中高职课程衔接的系统设计时效性究竟如何？

一、研究视角局限

由于中高职课程衔接是一项复杂的系统工程，本书仅仅从现代职业教育体系的视角入手，以软系统方法论原理为主综合使用其他研究工具，探讨了中高职课程衔接的重要性和必要性，对我国中高职课程衔接的现状和问题进行了调查，分析了问题表征和归因，提出来了中高职课程衔接的概念模型，在借鉴他国家和地区的中高职课程衔接经验的基础上，提出了现代职业教育体系视角下的中高职课程衔接的问题解决策略。所以，由于研

究视角限制，提出的研究策略可能有所不足，或者偏向具有个人主观色彩。

二、研究样本局限

由于诸多客观原因限制，仅仅选取了四川省德阳国家级职业教育综合改革试验区为调查样本，导致调查的样本总量不足，可能对本研究结论的客观性、正确性具有较大影响。因而在确定调研对象时，为了便于取得较为真实的一手材料，只是选取了四川省德阳市的中高职院校，在调研范围上有所不足，调研所获得的数据和所做分析对四川省德阳市中高职课程衔接问题有一定的解释力，但能否作为普遍性的结论进行推广，还有待于进一步验证。同时，在对中高职课程衔接问题所做的调查中，一方面由于调查问卷和访谈提纲设计上可能存在着不足，调查结果未必能全面反映中高职课程衔接的真实现状。另一方面，由于被调查者对于中高职课程衔接概念理解的差异性和模糊性，通过问卷所获得的部分情况可能与实际情况有一定的误差，这会在一定程度上影响本论文的研究水平。我国地域广阔，地情复杂多样，有以偏概全之嫌。

三、成果应用局限

由于中高职课程衔接工作的复杂性与多样性，本书所提出的中高职课程开发路径、内容设计和保障措施的地方应用和推广使用必然会受到限制，这些都是后续研究需要实践进一步检验的问题。不同的学者、不同的教师、不同的学生对课堂环境的理解是不一样的。因此，很难找到一个统一的理论来为中高职课程衔接的解释提供支撑。同时，尽管本书在第五章中试图提供一个中高职课程衔接的思路，但对不同的地区、职业院校、不同的教师而言，这些思路并不一定具有普遍的参考意义。我们唯一能确定的是，只要一个地区或者职业院校从实际问题出发，总能找到一些合适的措施来改善中高职课程衔接策略，从而为我国建设现代职业教育体系提供真实有效的实践探索案例。

第三节　进一步探索中高职课程衔接问题的建议

一、研究问题热点化

从20世纪80年代初期起，在教育研究领域，我国关于现代职业教育体系、中高职衔接、中高职课程衔接方面的研究，经历了一个从无到有，由少到多的发展过程。到21世纪，研究数量迅速增长，研究质量不断得到提高，研究视野不断扩大，研究问题不断深入，研究成果不断得到现实中应用。当前，为了适应我国产业结构调整和升级，建设和谐社会，职业教育研究已成为我国理论研究的重要方向，关于现代职业教育体系、中高职衔接、中高职课程衔接方面的研究逐渐升温。未来趋势表明，我国中高职课程衔接问题研究必然会得到进一步猛烈增长，成果继续不断大量涌现。

二、研究人员广泛化

实践需要理论指导，理论需要实践丰富。在研究队伍方面，文献表明，最初主要是高职院校的老师是我国中高职课程衔接研究的主力人员，而后扩大到部分本科院校教师队伍，再后来，逐步出现中等职业学校和职业高中、技工学校教师队伍。中等职业教育与高等职业教育的课程衔接研究，必然应该包括中职学校、职业高中、技工学校和教师和教研人员，也应该在深化教学改革、创新教学实践的同时，积极鼓励具有优秀教学经验的高等职业教育学院的全部教育工作者来参与。文献表明，中职学校、职业高中、教育行政（职教科室）、技工学校研究成果、高等院校研究成果，高等院校与中职学校、职业高中、教育行政（职教科室）、技工学校研究者合作研究成果快速增长必然会成为我国中高职课程衔接研究的新动向。研究地域方面，我国中高职课程衔接研究有从东部沿海发达地区向西部落后地区逐渐扩散的趋势。

三、研究方法多样化

研究文献表明，中高职课程研究已成为我国当前研究热点，研究队伍迅速扩大，中高职课程衔接研究方法不断丰富，研究视角不断扩大，研究方式不断革新。研究方法多样化是教育理论研究发展的关键、也是关系我国职业教育实践发展的主要原因之一。我们在借鉴国外的职业教育中高职课程衔接教育及教育学的理论和方法的同时，要积极创新，形成符合我国社会实际的自己的研究方法。未来，关于中高职课程衔接和现代职业教育体系的研究，必然是质性与量化研究同行、理论研究与实践研究同步，研究成果越来越丰富，研究水平不断提高，现代职业教育体系建设得到加速发展。

附　　录

附录一　中高职课程衔接高职院校教师调查问卷

尊敬的老师：

　　您好！这是一项有关中等职业教育和高等职业教育课程衔接的调查，通过调查可以帮助我们了解目前中高职课程衔接的真实情况，并为进一步改善中高职课程衔接和相关的研究提供重要依据。因此，您的参与对我们的调研非常重要。我们郑重承诺：我们会对您的回答严格保密。除我们研究人员外，其他任何人都不会接触到您的问卷。因此，请您放心填写。在开始填写问卷前，请您仔细阅读以下说明。

　　1. 答案无对错之分，请根据您的实际情况回答。

　　2. 在填写过程中，若有问题请向问卷施测者提问。

　　非常谢谢您的合作与支持！

年　月　日

第一部分　学校基础数据

　　1. 贵院（校）的办学层次是：_____（本科、高职高专、中职、其他）

　　2. 贵院（校）的学科类型是：_____（综合、理工、财经、农林、其他）

　　3. 目前贵院（校）校内专、兼任教师总人数：_____
专任教师人数：_____双师型教师人数：_____生师比为（格式为 $N:1$）：_____

　　具有副高级及以上职称的教师人数：_____

　　具有硕士研究生学历的教师人数：_____

　　具有博士研究生学历的教师人数：_____

　　专任教师人均企业挂职锻炼时长：_____

4. 校外兼职教师总人数：_____
   来自企业的人数：_____
5. 贵院（校）目前采取的贯通培养形式：
   A. 中职＋高职分段贯通培养 B. 中职＋本科分段贯通培养
   C. 高职＋本科分段贯通培养 D. 无此类培养形式 E. 其他
6. 中职＋高职分段贯通培养的专业名称及年度招生人数：_____
7. 中职＋本科分段贯通培养的专业名称及年度招生人数：_____
8. 高职＋本科分段贯通培养的专业名称及年度招生人数：_____
9. 贵校年度计划招生总人数：_____
10. 请列出贵院（校）各专业开设的必修课（格式：专业名称：课程数量，课程名称）

11. 请列出贵院（校）各大类专业开设的选修课（格式：专业名称：课程数量，课程名称）

12. 请列出贵院（校）各大类专业开设的校本课程（格式：专业名称：课程数量，课程名称）

13. 请列出贵院（校）各大类专业校企合作开发课程（格式：专业名称：课程数量，课程名称）

14. 请列出贵院（校）大类专业省部级及以上精品课程

15. 请列出贵院（校）大类专业省部级及以上资源共享课程

16. 请问高校各专业校内实训场馆的数量：_____。其中校企共建实训场馆的数量；经营型实训场馆的数量：_____。

17. 校内实训设施是否覆盖所有大类专业？

18. 大类专业校内实践课课时占总课时的比重（%）？

19. 贵院（校）是否设立了职业技能鉴定站（所）？

20. 2019年毕业生中获得职业资格证书的比例（%）？

21. 目前贵院（校）校外（国内）实习基地的数量：_____

22. 学生参加校外实习的人数比例（%）？

23. 请列出贵院（校）各专业校外实习天数（2019—2020学年）（格式：专业名称：实习天数）

24. 校外实习指导生师比（格式：$N:1$）：_____

25. 高校校企合作案例介绍

26. 贵院（校）是否设有就业、创业教育专门机构？

27. 贵院（校）就业指导课程是否纳入教学计划？

28. 贵院（校）是否有订单式培养合作单位？

29. 贵院（校）2019年毕业生总人数：_____总体就业率（%）：_____其中省内就业率（%）：_____海外就业率（%）：_____专业对口就业率（%）：_____升入更高级别学校（包括考研、专升本、中职升高职等）的比例（%）：_____

第二部分　教师基本问答

1. 您的工作单位？

2. 您现在教什么专业？
   教什么课程？

3. 您目前所教学生来源于哪些类型的中等学校（如中等职业学校、普通高中等）？
   来自不同类型中等学校学生的大致比例是多少？

4. 您的学生中，来自中等职业学校与来自普通高中的学生，在学习文化课、专业基础课、专业课和实习实践课时是否有明显的能力差异？

   （1）有□　　　　　没有□

   （2）如果有，主要表现在什么方面？

5. 学生的不同学习背景，给您的教学带来什么问题与困难？

6. 依据您的教学经验，您认为毕业于中等职业学校的学生在贵校学习的困难与问题有哪些？

7. 依据您所教的专业内容，您认为，中等职业教育与高等职业教育的课程衔接吗？
   A. 衔接　　　B. 不衔接　　　C. 部分衔接、部分不衔接
8. 以您所教课程为例，说明中等与高等职业教育课程哪些方面衔接、哪些方面不衔接？

9. 您认为中高职衔接存在哪些问题？造成这些问题的原因是什么？解决这些问题您有什么建议？

附录二　中高职课程衔接中职院校教师调查问卷

尊敬的老师：

您好！这是一项有关中等职业教育和高等职业教育课程衔接的调查，通过调查可以帮助我们了解目前中高职课程衔接的真实情况，并为进一步改善中高职课程衔接和相关的研究提供重要依据。因此，您的参与对我们的调研非常重要。我们郑重承诺：我们会对您的回答严格保密。除我们研究人员外，其他任何人都不会接触到您的问卷。因此，请您放心填写。在开始填写问卷前，请您仔细阅读以下说明：

1. 答案无对错之分，请根据您的实际情况回答。
2. 在填写过程中，若有问题请向问卷施测者提问。

非常谢谢您的合作与支持！

年　月　日

第一部分　学校基础数据

1. 贵院（校）的办学层次是：_____（本科、高职高专、中职、其他）

2. 贵院（校）的学科类型是：_____（综合、理工、财经、农林、其他）

3. 目前贵院（校）校内专、兼任教师总人数：_____
专任教师人数：_____双师型教师人数：_____生师比为（格式为 $N:1$）：_____
具有副高级及以上职称的教师人数：_____
具有硕士研究生学历的教师人数：_____
具有博士研究生学历的教师人数：_____
专任教师人均企业挂职锻炼时长：_____

4. 校外兼职教师总人数：_____
来自企业的人数：_____

5. 贵院（校）目前采取的贯通培养形式：
A. 中职＋高职分段贯通培养　　B. 中职＋本科分段贯通培养
C. 高职＋本科分段贯通培养　　D. 无此类培养形式　　E. 其他

6. 中职＋高职分段贯通培养的专业名称及年度升学人数：
7. 中职＋本科分段贯通培养的专业名称及年度升学人数：
8. 高职＋本科分段贯通培养的专业名称及年度升学人数：
9. 贵校年度计划升学总人数：_____，占毕业生比例（％）：____？
10. 请列出贵院（校）各专业开设的必修课（格式：专业名称：课程数量，课程名称）

11. 请列出贵院（校）各大类专业开设的选修课（格式：专业名称：课程数量，课程名称）

12. 请列出贵院（校）各大类专业开设的校本课程（格式：专业名称：课程数量，课程名称）

13. 请列出贵院（校）各大类专业校企合作开发课程（格式：专业名称：课程数量，课程名称）

14. 请列出贵院（校）大类专业省部级及以上精品课程

15. 请列出贵院（校）大类专业省部级及以上资源共享课程

16. 请问高校各专业校内实训场馆的数量_____。其中校企共建实训场馆的数量；经营型实训场馆的数量_____。

17. 校内实训设施是否覆盖所有大类专业？

18. 大类专业校内实践课课时占总课时的比重（％）？

19. 贵院（校）是否设立了职业技能鉴定站（所）？

20. 2019 年毕业生中获得职业资格证书的比例（％）？

21. 目前贵院（校）校外（国内）实习基地的数量_____

22. 学生参加校外实习的人数比例（％）？

23. 请列出贵院（校）各专业校外实习天数（2019—2020 学年）（格式：专业名称：实习天数）

24. 校外实习指导生师比（格式：$N:1$）_____

25. 校企合作案例介绍

26. 贵院（校）是否设有就业、创业教育专门机构？

27. 贵院（校）就业指导课程是否纳入教学计划？

28. 贵院（校）是否有订单式培养合作单位？

29. 贵院（校）2014 年毕业生总人数_____总体就业率（％）_____其中省内就业率（％）_____海外就业率（％）_____专业对口就业率（％）_____升入更高级别学校（包括中职升高职各种形式）的比例（％）_____

第二部分 教师基本问答

1. 您的工作单位？

2. 您现在教什么专业？

   教什么课程？

3. 您目前所教学生来源于哪些类型的学校（如初中学校、普通高中等）？

   来自不同类型学校学生的大致比例是多少？

4. 您的学生中，来自初中学校与来自普通高中的学生，在学习文化课、专业基础课、专业课和实习实践课时是否有明显的能力差异？

   （1）有□　　　　　　没有□

   （2）如果有，主要表现在什么方面？

5. 学生的不同学习背景，给您的教学带来什么问题与困难？

6. 依据您的教学经验，您认为毕业于中等职业学校的学生在升学后学习的困难与问题可能有哪些？

7. 依据您所教的专业内容，您认为，中等职业教育与高等职业教育的课程衔接吗？

  A. 衔接   B. 不衔接   C. 部分衔接、部分不衔接

8. 以您所教课程为例，说明中等与高等职业教育课程哪些方面衔接、哪些方面不衔接？

9. 您认为中高职衔接存在哪些问题？造成这些问题的原因是什么？解决这些问题您有什么建议？

附录三　中高职课程衔接现状调查问卷（高职学生）

亲爱的同学：

　　你好！这是一项有关中等职业教育和高等职业教育课程衔接的调查，通过调查可以帮助我们了解目前中高职课程衔接的真实情况，并为进一步改善中高职课程衔接及相关的研究提供重要依据。因此，你的参与对我们的调研非常重要。我们郑重承诺：我们会对你的回答严格保密。除我们研究人员外，其他任何人都不会接触到你的问卷。因此，请你放心填写。在开始填写问卷前，请你仔细阅读以下说明：

　　1. 答案无对错之分，请根据你本人真实想法或实际情况回答。
　　2. 在填写过程中，若有问题请向问卷施测者提问。

谢谢你的合作与支持！

年　月　日

一、你的基本情况

　　性别：_____　年龄：_____民族：_____在读年级：_____
　　学习专业：_____　学校类型：_____（中职/高职）
　　家庭地址：_____（城市/乡村）

二、调查内容问答

　　1. 你所在学院对中职生源的管理方式？
　　　A. 单独编班　　　B. 混合编班　　　C. 其他方式
　　2. 你所在学校的人才培养目标适应了行业人才需求
　　　A. 完全符合　　　B. 比较符合　　　C. 一般符合
　　　D. 比较不符合　　E. 完全不符合
　　3. 你所在学校的人才培养目标与你个人预期发展目标差别不大
　　　A. 完全符合　　　B. 比较符合　　　C. 一般符合
　　　D. 比较不符合　　E. 完全不符合
　　4. 你所在学校的人才培养模式与中职学校有明显的差异
　　　A. 完全符合　　　B. 比较符合　　　C. 一般符合
　　　D. 比较不符合　　E. 完全不符合

5. 你所在学校的教学计划根据学生来源不同而有区别
   A. 完全符合　　　　B. 比较符合　　　　C. 一般符合
   D. 比较不符合　　　E. 完全不符合

6. 你所在学校和以前就读的中职校在专业课程设置上重复的方面多
   A. 完全符合　　　　B. 比较符合　　　　C. 一般符合
   D. 比较不符合　　　E. 完全不符合

7. 与中职课程相比，高职专业课程名称没有重复
   A. 完全符合　　　　B. 比较符合　　　　C. 一般符合
   D. 比较不符合　　　E. 完全不符合

8. 在中职课程阶段，高职课程知识提前渗入有利于高职阶段学习
   A. 完全符合　　　　B. 比较符合　　　　C. 一般符合
   D. 比较不符合　　　E. 完全不符合

9. 与中职课程相比，高职公共基础在内容方面没有重复
   A. 完全符合　　　　B. 比较符合　　　　C. 一般符合
   D. 比较不符合　　　E. 完全不符合

10. 你在高职所学专业的学科设置是否合理
    A. 合理　　　　　　B. 不太合理　　　　C. 不合理

11. 你在高职所学专业的学科设置如何优化？
    A. 提高教师素质　　B. 加大实践比例　　C. 理论与实践结合
    D. 提高课堂质量　　E. 其他

12. 你认为高职毕业生与同专业的中职毕业生在就业岗位上有明显层次区分
    A. 完全符合　　　　B. 比较符合　　　　C. 一般符合
    D. 比较不符合　　　E. 完全不符合

13. 升读高职后你更希望日后能从事所读专业的相关工作
    A. 完全符合　　　　B. 比较符合　　　　C. 一般符合
    D. 比较不符合　　　E. 完全不符合

14. 与中职相比，你认为自己在专业知识与技能方面有明显提升
    A. 完全符合　　　　B. 比较符合　　　　C. 一般符合
    D. 比较不符合　　　E. 完全不符合

15. 与中职相比，你认为自己在综合能力方面有明显提升
    A. 完全符合　　　　B. 比较符合　　　　C. 一般符合
    D. 比较不符合　　　E. 完全不符合

16. 与中专课程相比，大专英语课程在教学内容上没有重复

A. 完全符合　　　　　B. 比较符合　　　　　C. 一般符合
D. 比较不符合　　　　E. 完全不符合

17. 与中专课程相比，大专专业课程在教学内容上没有重复
A. 完全符合　　　　　B. 比较符合　　　　　C. 一般符合
D. 比较不符合　　　　E. 完全不符合

18. 中专课程内容能体现时代与行业的实际需求
A. 完全符合　　　　　B. 比较符合　　　　　C. 一般符合
D. 比较不符合　　　　E. 完全不符合

19. 经过大专学习，你认为中专应特别加强文化基础课程
A. 完全符合　　　　　B. 比较符合　　　　　C. 一般符合
D. 比较不符合　　　　E. 完全不符合

20. 经过大专学习，你认为中专应特别加强专业课程的理论学习
A. 完全符合　　　　　B. 比较符合　　　　　C. 一般符合
D. 比较不符合　　　　E. 完全不符合

21. 你认为中专应在最后一学期开设一门综合训练课程，巩固之前的专业学习
A. 完全符合　　　　　B. 比较符合　　　　　C. 一般符合
D. 比较不符合　　　　E. 完全不符合

22. 中专与大专非常有必要共同制定一体化的课程体系，增强衔接
A. 完全符合　　　　　B. 比较符合　　　　　C. 一般符合
D. 比较不符合　　　　E. 完全不符合

23. 你认为中专阶段，对于升学与就业不同需求的学生应设置不同教学内容
A. 完全符合　　　　　B. 比较符合　　　　　C. 一般符合
D. 比较不符合　　　　E. 完全不符合

24. 你认为中专与大专课程之间能很好地体现由浅入深、层次递进的关系
A. 完全符合　　　　　B. 比较符合　　　　　C. 一般符合
D. 比较不符合　　　　E. 完全不符合

25. 与中专相比，大专的课堂实训内容与形式方面有明显提升
A. 完全符合　　　　　B. 比较符合　　　　　C. 一般符合
D. 比较不符合　　　　E. 完全不符合

26. 高职阶段，学校非常注意收集你对课程教学的意见
A. 完全符合　　　　　B. 比较符合　　　　　C. 一般符合

D. 比较不符合　　　E. 完全不符合

27. 高职课程考核评价方式基本以笔试为主
A. 完全符合　　　B. 比较符合　　　C. 一般符合
D. 比较不符合　　　E. 完全不符合

28. 高职课程成绩一般为教师考核，很少甚至没有自评与互评
A. 完全符合　　　B. 比较符合　　　C. 一般符合
D. 比较不符合　　　E. 完全不符合

29. 高职教师对你的学习表现以鼓励性的正面评价为主
A. 完全符合　　　B. 比较符合　　　C. 一般符合
D. 比较不符合　　　E. 完全不符合

30. 你认为你的课程成绩能真实反映出你对该课程的掌握情况
A. 完全符合　　　B. 比较符合　　　C. 一般符合
D. 比较不符合　　　E. 完全不符合

31. 你认为你的课程考核结果能促进你继续努力、提升自我
A. 完全符合　　　B. 比较符合　　　C. 一般符合
D. 比较不符合　　　E. 完全不符合

32. 您认为校企合作培养方式在我国职教中的侧重程度
A. 侧重企业实践　　　B. 侧重理论教育　　　C. 齐头并进
D. 不适用，原因是：

33. 您认为职教毕业生，对就业影响较大的因素是
A. 考核成绩　　　B. 证书　　　C. 专业操作技能
D. 个人综合能力　　　E. 实习经验　　　F. 学校知名度
G. 其他

34. 您认为高职院校在教育过程中应更加注重？
A. 传授知识　　　　　　　　　B. 专业技能培养
C. 培养学生职业素质　　　　　D. 培养学生学习方法
E. 培养学生的人生观、价值观　F. 培养学生兴趣爱好
G. 培养学生适应社会的能力

35. 请根据您的情况作答

	课堂讲授	边讲边练	实践操作	现场教学	其他
最喜欢的					
收益最大的					

36. 通过实验、实训、实习等教学环节,你认为能否加深理论理解、培养实际操作能力?

　　A. 能　　　　　　　　B. 不能

37. 若不能,主要原因是?

　　A. 教师缺乏实际经验,教学效果差

　　B. 学校实验、实训仪器设备陈旧仪器设备少

　　C. 学校安排的实验、实训、实习学时数太少

　　D. 工厂对学校实习不支持,实习次数少或无法深入具体工作环节

38. 在校学习期间到用人单位实习或生产认识的次数?

　　A. 从来没有　　　　　B. 低于2次

　　C. 2~4次　　　　　　D. 4次以上

39. 你对现在的专业教材的满意度?

	非常满意	比较满意	一般	比较不满意	非常不满意
贯通性					
进阶性					
广度					
深度					

40. 贵校在中高职衔接中,招生是如何衔接的?

　　A. 对口高职　　　　　B. 单独招生　　　　　C. 合作定向招生

　　D. "3+2"模式　　　　E. 技能拔尖人才免试　F. 其他

41. 您选择职业教育的原因?

　　A. 家人安排　　　　　B. 朋友推荐　　　　　C. 个人意愿

　　D. 经济原因　　　　　E. 考试失利　　　　　F. 其他

42. 你对"初中—中职—高职—极少升入本科"发展路径的观点是

　　A. 比较悲观　　　　　B. 无所谓

　　C. 可以接受　　　　　D. 非常满意

43. 你对"初中—普高—高职—极少升入本科"发展路径的观点是

　　A. 比较悲观　　　　　B. 无所谓

　　C. 可以接受　　　　　D. 非常满意

44. 对于高职对口专业5%的升学录取比例,你的看法是

A. 完全赞同 B. 比较赞同 C. 无所谓
D. 比较不赞同 E. 完全不赞同
45. 你所在高职招收三校生占全校学生的总人数的
A. 30%以下 B. 30%~50%
C. 50%~60% D. 60%以上

附录四　中高职课程衔接现状调查问卷（中职学生）

亲爱的同学：

　　你好！这是一项有关中等职业教育和高等职业教育课程衔接的调查，通过调查可以帮助我们了解目前中高职课程衔接的真实情况，并为进一步改善中高职课程衔接及相关的研究提供重要依据。因此，你的参与对我们的调研非常重要。我们郑重承诺：我们会对你的回答严格保密。除我们研究人员外，其他任何人都不会接触到你的问卷。因此，请你放心填写。在开始填写问卷前，请你仔细阅读以下说明：

1. 答案无对错之分，请根据你本人真实想法或实际情况回答。
2. 在填写过程中，若有问题请向问卷施测者提问。

谢谢你的合作与支持！

　　　　　　　　　　　　　　　　　　　　　年　月　日

一、你的基本情况

　　性别：_____　年龄：_____民族：_____在读年级：_____
　　学习专业：_____　学校类型：（中职/高职）
　　家庭地址：_____（城市/乡村）

二、调查内容问答

　　1. 如果你将来升入高职院校后，希望中职生源管理方式？
　　　A. 单独编班　　　B. 混合编班　　　C. 其他方式
　　2. 你希望高职院校的人才培养目标适应行业人才需求
　　　A. 完全符合　　　B. 比较符合　　　C. 一般符合
　　　D. 比较不符合　　E. 完全不符合
　　3. 你希望高职院校的人才培养目标与你个人预期发展目标差别不大
　　　A. 完全符合　　　B. 比较符合　　　C. 一般符合
　　　D. 比较不符合　　E. 完全不符合
　　4. 你希望高职学院的人才培养模式与中职学校有明显的差异
　　　A. 完全符合　　　B. 比较符合　　　C. 一般符合
　　　D. 比较不符合　　E. 完全不符合

5. 你希望高职学校的教学计划根据学生来源不同而有区别
   A. 完全符合　　　　B. 比较符合　　　　C. 一般符合
   D. 比较不符合　　　E. 完全不符合
6. 你希望高职院校和现在的中职校在专业课程设置上重复的方面很少
   A. 完全符合　　　　B. 比较符合　　　　C. 一般符合
   D. 比较不符合　　　E. 完全不符合
7. 与中职课程相比，希望高职专业课程名称没有重复
   A. 完全符合　　　　B. 比较符合　　　　C. 一般符合
   D. 比较不符合　　　E. 完全不符合
8. 在中职课程阶段，希望高职课程知识提前渗入有利于高职阶段学习
   A. 完全符合　　　　B. 比较符合　　　　C. 一般符合
   D. 比较不符合　　　E. 完全不符合
9. 与中职课程相比，希望高职公共基础在内容方面没有重复
   A. 完全符合　　　　B. 比较符合　　　　C. 一般符合
   D. 比较不符合　　　E. 完全不符合
10. 你认为现在中职学校所学专业的学科设置是否合理
    A. 完全合理　　　　B. 比较合理　　　　C. 一般
    D. 比较不合理　　　E. 完全不合理
11. 你希望将来在高职所学专业的学科设置如何优化？
    A. 提高教师素质　　B. 加大实践比例　　C. 理论与实践结合
    D. 提高课堂质量　　E. 其他
12. 你希望高职毕业生与同专业的中职毕业生在就业岗位上有明显层次区分
    A. 完全符合　　　　B. 比较符合　　　　C. 一般符合
    D. 比较不符合　　　E. 完全不符合
13. 升读高职后，你希望日后能从事所读专业的相关工作
    A. 完全符合　　　　B. 比较符合　　　　C. 一般符合
    D. 比较不符合　　　E. 完全不符合
14. 与中职相比，你希望自己在专业知识与技能方面有明显提升
    A. 完全符合　　　　B. 比较符合　　　　C. 一般符合
    D. 比较不符合　　　E. 完全不符合
15. 与中职相比，你希望自己在综合能力方面有明显提升
    A. 完全符合　　　　B. 比较符合　　　　C. 一般符合
    D. 比较不符合　　　E. 完全不符合

16. 与中专课程相比，希望大专英语课程在教学内容上没有重复
    A. 完全符合　　　　B. 比较符合　　　　C. 一般符合
    D. 比较不符合　　　E. 完全不符合

17. 与中专课程相比，希望大专专业课程在教学内容上没有重复
    A. 完全符合　　　　B. 比较符合　　　　C. 一般符合
    D. 比较不符合　　　E. 完全不符合

18. 你希望高职课程内容能体现时代与行业的实际需求
    A. 完全符合　　　　B. 比较符合　　　　C. 一般符合
    D. 比较不符合　　　E. 完全不符合

19. 你认为中专应特别加强文化基础课程
    A. 完全符合　　　　B. 比较符合　　　　C. 一般符合
    D. 比较不符合　　　E. 完全不符合

20. 你认为中专应特别加强专业课程的理论学习
    A. 完全符合　　　　B. 比较符合　　　　C. 一般符合
    D. 比较不符合　　　E. 完全不符合

21. 你希望中专应在最后一学期开设一门综合训练课程，巩固之前的专业学习
    A. 完全符合　　　　B. 比较符合　　　　C. 一般符合
    D. 比较不符合　　　E. 完全不符合

22. 希望中专与大专有必要共同制定一体化的课程体系，增强衔接
    A. 完全符合　　　　B. 比较符合　　　　C. 一般符合
    D. 比较不符合　　　E. 完全不符合

23. 你希望中专阶段，对于升学与就业不同需求的学生应设置不同教学内容
    A. 完全符合　　　　B. 比较符合　　　　C. 一般符合
    D. 比较不符合　　　E. 完全不符合

24. 你希望中专与大专课程之间能很好地体现由浅入深、层次递进的关系
    A. 完全符合　　　　B. 比较符合　　　　C. 一般符合
    D. 比较不符合　　　E. 完全不符合

25. 与中专相比，希望大专的课堂实训内容与形式方面有明显提升
    A. 完全符合　　　　B. 比较符合　　　　C. 一般符合
    D. 比较不符合　　　E. 完全不符合

26. 希望在高职阶段，学校非常注意收集你对课程教学的意见
    A. 完全符合　　　　B. 比较符合　　　　C. 一般符合

D. 比较不符合　　　　E. 完全不符合

27. 希望高职课程考核评价方式基本以笔试为主

A. 完全符合　　　　B. 比较符合　　　　C. 一般符合

D. 比较不符合　　　　E. 完全不符合

28. 希望高职课程成绩一般为教师考核，很少甚至没有自评与互评

A. 完全符合　　　　B. 比较符合　　　　C. 一般符合

D. 比较不符合　　　　E. 完全不符合

29. 希望高职教师对你的学习表现以鼓励性的正面评价为主

A. 完全符合　　　　B. 比较符合　　　　C. 一般符合

D. 比较不符合　　　　E. 完全不符合

30. 你希望你的课程成绩能真实反映出你对该课程的掌握情况

A. 完全符合　　　　B. 比较符合　　　　C. 一般符合

D. 比较不符合　　　　E. 完全不符合

31. 你希望你的课程考核结果能促进你继续努力、提升自我

A. 完全符合　　　　B. 比较符合　　　　C. 一般符合

D. 比较不符合　　　　E. 完全不符合

32. 您希望校企合作培养方式在我国职教中的侧重程度

A. 侧重企业实践　　B. 侧重理论教育　　C. 齐头并进

D. 不适用，原因是：

33. 您认为职教毕业生，对就业影响较大的因素是

A. 考核成绩　　　　B. 证书　　　　　　C. 专业操作技能

D. 个人综合能力　　E. 实习经验

F. 学校知名度　　　G. 其他

34. 您希望高职院校在教育过程中应更加注重？

A. 传授知识　　　　　　　　　　B. 专业技能培养

C. 培养学生职业素质　　　　　　D. 培养学生学习方法

E. 培养学生的人生观、价值观　　F. 培养学生兴趣爱好

G. 培养学生适应社会的能力

35. 中职阶段，请根据您的情况作答

	课堂讲授	边讲边练	实践操作	现场教学	其他
最喜欢的					
收益最大的					

36. 通过实验、实训、实习等教学环节，你认为能否加深理论理解、培养实际操作能力？

  A. 能   B. 不能

37. 若不能，主要原因是？

  A. 教师缺乏实际经验，教学效果差

  B. 学校实验、实训仪器设备陈旧仪器设备少

  C. 学校安排的实验、实训、实习学时数太少

  D. 工厂对学校实习不支持，实习次数少或无法深入具体工作环节

38. 中职阶段，在校学习期间到用人单位实习或生产认识的次数？

  A. 从来没有   B. 低于 2 次

  C. 2～4 次   D. 4 次以上

39. 你对现在的专业教材的满意度？

	非常满意	比较满意	一般	比较不满意	非常不满意
贯通性					
进阶性					
广度					
深度					

40. 贵校在中高职衔接中，招生是如何衔接的？

  A. 对口高职   B. 单独招生   C. 合作定向招生

  D. "3+2"模式   E. 技能拔尖人才免试   F. 其他

41. 您将来选择高职教育的原因？

  A. 家人安排   B. 朋友推荐   C. 个人意愿

  D. 经济原因   E. 考试失利   F. 其他

42. 你对"初中—中职—高职—极少升入本科"发展路径的观点是

  A. 比较悲观   B. 无所谓   C. 可以接受

  D. 非常满意

43. 你对"初中—普高—高职—极少升入本科"发展路径的观点是

  A. 比较悲观   B. 无所谓

  C. 可以接受   D. 非常满意

44. 对于高职对口专业5%的升学录取比例，你的看法是

A. 完全赞同 B. 比较赞同 C. 无所谓
D. 比较不赞同 E. 完全不赞同

45. 你所在中职升入高职学院的毕业生年均占全校学生的总人数的
A. 30%以下 B. 30%~50%
C. 50%~60% D. 60%以上

附录五　中高职课程衔接访谈提纲

第一部分　高职学校基础数据

1. 贵院（校）的办学层次是：_____（本科、高职高专、中职、其他）
2. 贵院（校）的学科类型是：_____（综合、理工、财经、农林、其他）
3. 目前贵院（校）校内专、兼任教师总人数：_____
专任教师人数：_____双师型教师人数：_____生师比为（格式为 $N:1$）：_____
具有副高级及以上职称的教师人数：_____
具有硕士研究生学历的教师人数：_____
具有博士研究生学历的教师人数：_____
专任教师人均企业挂职锻炼时长：_____
4. 校外兼职教师总人数：_____　来自企业的人数：_____
5. 贵院（校）目前采取的贯通培养形式：_____
6. 中职+高职分段贯通培养的专业名称及年度招生人数：_____
7. 中职+本科分段贯通培养的专业名称及年度招生人数：_____
8. 高职+本科分段贯通培养的专业名称及年度招生人数：_____
9. 贵校年度计划招生总人数：_____
10. 请列出贵院（校）各专业开设的必修课、选修课、校本课程、校企合作开发课程、省部级及以上精品课程、资源共享课程。

11. 请问贵院（校）各专业校内实训场馆的数量有多少？其中校企共建实训场馆的数量有多少？经营型实训场馆的数量有多少？校内实训设施是否覆盖所有大类专业？
12. 大类专业校内实践课课时占总课时的比重（%）是多少？
13. 贵院（校）是否设立了职业技能鉴定站（所）？2019年毕业生中获得职业资格证书的比例（%）是多少？
14. 目前贵院（校）校外（国内）实习基地的数量有多少？学生参加

校外实习的人数比例（%）是多少？

15. 请列出贵院（校）各专业校外实习天数（2019—2020 学年）有多少？校外实习指导生师比是多少？

16. 高校校企合作案例介绍

17. 贵院（校）是否设有就业、创业教育专门机构？
18. 贵院（校）就业指导课程是否纳入教学计划？
19. 贵院（校）是否有订单式培养合作单位？
20. 贵院（校）2019 年毕业生总人数：_____。总体就业率（%）：_____，其中省内就业率（%）：_____，海外就业率（%）：_____，专业对口就业率（%）：_____，升入更高级别学校（包括考研、专升本、中职升高职等）的比例（%）：_____

第二部分　高职教师基本问答

1. 您的工作单位？
2. 您现在教什么专业？
   教什么课程？
3. 您目前所教学生来源于哪些类型的中等学校（如中等职业学校、普通高中等）？

4. 来自不同类型中等学校学生的大致比例是多少？

5. 您的学生中，来自中等职业学校与来自普通高中的学生，在学习文化课、专业基础课、专业课和实习实践课时是否有明显的能力差异？

6. 学生的不同学习背景,给您的教学带来什么问题与困难?

7. 依据您的教学经验,您认为毕业于中等职业学校的学生在贵校学习的困难与问题有哪些?

8. 依据您所教的专业内容,您认为,中等职业教育与高等职业教育的课程衔接吗?

9. 以您所教课程为例,说明中等与高等职业教育课程哪些方面衔接、哪些方面不衔接?

10. 您认为中高职衔接存在哪些问题?造成这些问题的原因是什么?解决这些问题您有什么建议?

第三部分　中职学校基础数据

1. 贵院(校)的办学层次是:_____(本科、高职高专、中职、其他)

2. 贵院(校)的学科类型是:_____(综合、理工、财经、农林、其他)

3. 目前贵院(校)校内专、兼任教师总人数:_____
专任教师人数:_____双师型教师人数:_____生师比为(格式为 $N:1$):_____
具有副高级及以上职称的教师人数:_____

具有硕士研究生学历的教师人数：_____
具有博士研究生学历的教师人数：_____
专任教师人均企业挂职锻炼时长：_____

4. 校外兼职教师总人数：_____ 来自企业的人数：_____

5. 贵院（校）目前采取的贯通培养形式：

6. 中职＋高职分段贯通培养的专业名称及年度升学人数：

7. 中职＋本科分段贯通培养的专业名称及年度升学人数：

8. 高职＋本科分段贯通培养的专业名称及年度升学人数：

9. 贵校年度计划升学总人数：_____，占毕业生比例（％）：_____

10. 请列出贵院（校）各专业开设的必修课、选修课、校本课程、校企合作开发课程、省部级及以上精品课程、资源共享课程。

11. 请问高校各专业校内实训场馆的数量：_____。其中校企共建实训场馆的数量：_____，经营型实训场馆的数量：_____。校内实训设施是否覆盖所有大类专业_____，是否设立了职业技能鉴定站（所）：_____2019年毕业生中获得职业资格证书的比例（％）：_____校外（国内）实习基地的数量：_____

12. 大类专业校内实践课课时占总课时的比重（％）：_____学生参加校外实习的人数比例（％）：_____各专业校外实习天数（2019—2020学年）：_____校外实习指导生师比：_____

13. 校企合作案例介绍

14. 贵院（校）是否设有就业、创业教育专门机构？

15. 贵院（校）就业指导课程是否纳入教学计划？

16. 贵院（校）是否有订单式培养合作单位？

17. 贵院（校）2019年毕业生总人数：_____，总体就业率（％）：_____。其中省内就业率（％）：_____，海外就业率（％）：_____，专业对口就业率（％）：_____，升入更高级别学校（包括中职升高职各种形式）的比例（％）：_____

第四部分　中职教师基本问答

1. 您的工作单位？
2. 您现在教什么专业？
   教什么课程？
3. 您目前所教学生来源于哪些类型的学校（如初中学校、普通高中等）？

4. 来自不同类型学校学生的大致比例是多少？

5. 您的学生中，来自初中学校与来自普通高中的学生，在学习文化课、专业基础课、专业课和实习实践课时是否有明显的能力差异？

6. 学生的不同学习背景，给您的教学带来什么问题与困难？

7. 依据您的教学经验，您认为毕业于中等职业学校的学生在升学后学习的困难与问题可能有哪些？

8. 依据您所教的专业内容，您认为，中等职业教育与高等职业教育的课程衔接吗？

9. 以您所教课程为例，说明中等与高等职业教育课程哪些方面衔接、哪些方面不衔接？

10. 您认为中高职衔接存在哪些问题？造成这些问题的原因是什么？解决这些问题您有什么建议？

参 考 文 献

[1] Taylor（泰勒）. 课程与教学的基本原理［M］. 施方良，译. 北京：人民出版社，1994.

[2] Taylor（泰勒）. 课程与教学的基本原理［M］. 施方良，译. 北京：人民教育出版社，2011.

[3] 董绿英. 中、高等职业教育衔接的制约因素及发展对策［D］. 桂林：广西师范大学，2004.

[4] 范爱民，张晓雷，覃岭. 中高职衔接三二分段一体化人才培养方案的设计［J］. 中国职业技术教育，2013（11）：55-58.

[5] 范唯，郭扬，马树超. 探索现代职业教育体系建设的基本路径［J］. 中国高教研，2011（12）：62-66.

[6] 胡春光. 课程衔接：含义分析、学理基础及主要问题［J］. 武汉商业服务学院学报，2010（8）：57-62.

[7] 金珊. 武汉城市圈中高职衔接的教学模式研究［D］. 武汉：湖北工业大学，2013.

[8] 刘育锋，陈鸿. 中高职课程衔接：我国职业教育政策的历史诉求［J］. 职教论坛，2012（1）：43-47.

[9] 刘育锋，周凤华. 中高职课程衔接：来自实践的诉求［J］. 中国职业技术教育，2011（24）：31-32.

[10] 刘育锋. 中高职课程衔接：英国经验对我国的借鉴［N］. 中国教育报，2012-11-07（5）.

[11] 柳燕君. 构建"能力递进、纵横拓展、模块化设置"的中高职课程衔接模式［J］. 中国职业技术教育，2012（17）：57-60.

[12] 马树超，郭扬. 中国高等职业教育历史的抉择［M］. 北京：高等教育出版社，2009.

[13] 秦虹. 德、日、美职业教育体系的特色比较及其对我们的启示［J］. 教育改革，1996（5）：51-55.

[14] 施良方. 课程理论——课程的基础、原理和问题［M］. 北京：教育科学出版社，2007：80-81.

[15] 苏玉仙. 澳大利亚资格框架体系对我国高职教育"双证书"制度的启示［D］. 成都：四川师范大学，2012.

[16] 孙子秀. 中等和高等职业教育协调发展中的专业衔接研究［D］. 上海：上海师范大学，2013.

[17] 向朝伦. 四川高职教育6年实现大跨越［N］. 四川日报，2013-01-28（16）.

[18] 徐国庆. 职业教育课程论［M］上海：华东师范大学出版社，2008.

[19] 臧志军，石伟平. 中美两国中高职衔接机制比较研究［J］. 教育发展研究，2013，33（1）：67-72.

[20] 张洪静. 基于工作过程的中高职课程有效衔接的实证研究［D］. 杭州：浙江工业

大学，2013.
[21] 周大农. 中高职教育课程衔接的设计与思考［J］. 职教论坛，2013（3）：12-15.
[22] 朱澍清. 中高职衔接专业人才培养方案的编制［J］. 教育与职业，2015（5）：131-132.
[23] 邹亚丽. 陕西省中高职教育衔接研究［D］. 杨凌：西北农林科技大学，2012.

后　记

2020年是决战精准扶贫与中国进入全面小康社会的关键时刻，也即我国现代职业教育体系破茧化蝶之际，本书出版，无比感慨。

本书系2019年贵州省重点学科"教育学"项目成果之一，继承与发展了四川省教育科研资助项目的研究成果，历时5年左右方得以完成，期间得到相关专家、职业院校同仁的大力支持和无私帮助。恩师西南大学崔延强教授欣然为本书作序，令人感动。对此，表示崇高的谢意。

本书参考、引用和转载了大量专家学者，特别是施良方、刘育锋、徐国庆、马树超等的教育成果与思想，柳燕君、张洪静等的研究成果，还有部分职业院校相关教研成果与教学资料。在此，对难以一一具名的众多专家与同仁表示衷心感谢。本书编写和前期研究过程离不开近50所中职、高职院校及20多位一线职业教育战线同仁的大力支持与帮助。本书的出版得到了黔南民族师范学院的相关资助，在此也一并表示感谢。

本书可作为未来教育科学研究的参考资料，对教育行政部门和一线教育实践工作者也应有所裨益。目前，我国中高等职业教育协调发展的人才培养模式改革取得了明显成效，各地逐步形成了各具特色的课程衔接模式。职业教育体系现代化是中国教育体系现代化的重要组成部分，中高职课程衔接研究是职业教育现代化的关键环节，因此本书应具有一定的理论与实践价值，如能为同行提供一定的借鉴，能对推动我国现代职业教育体系建设贡献绵薄之力，便不枉自己多年的辛劳。

谭强

2020年2月于贵州都匀